师道新语丛书　主编　朱晓宏

大学教师教育论稿

朱晓宏　著

首都师范大学出版社

CAPITAL NORMAL UNIVERSITY PRESS

图书在版编目(CIP)数据

大学教师教育论稿 / 朱晓宏著. —北京：首都师范大学出版社，
2024.6

(师道新语丛书 / 朱晓宏主编)

ISBN 978-7-5656-8387-9

Ⅰ．①大…　Ⅱ．①朱…　Ⅲ.①高等学校－师资培养－文集
Ⅳ．①G645.12-53

中国国家版本馆 CIP 数据核字(2024)第 100421 号

DAXUE JIAOSHI JIAOYU LUNGAO

大学教师教育论稿

朱晓宏　　著

责任编辑　禹　冰

首都师范大学出版社出版发行

地　　址　北京西三环北路 105 号
邮　　编　100048
电　　话　68418523(总编室)　68982468(发行部)
网　　址　http://cnupn.cnu.edu.cn
印　　刷　北京印刷集团有限责任公司
经　　销　全国新华书店
版　　次　2024 年 6 月第 1 版
印　　次　2024 年 6 月第 1 次印刷
开　　本　710mm×1000mm　1/16
印　　张　19.75
字　　数　291 千
定　　价　50.00 元

总　　序

　　道之所存，师之所存。在教育研究领域，关注为师之道，不仅是教育基本理论研究的重要内容，也是教育学科的初心与使命。首都师范大学前身是北京师范学院，自 1954 年建校以来，成立以知名教育家傅任敢先生为学科带头人的教育学教研室，承担教育研究与教师培养等相关工作。综观世界各国教师教育发展态势，先后经历了中等师范、高等师院、综合型大学的升级转型，即教师教育大学化进程。在此过程中，教育学科的确立及其发展水平直接关乎教师专业素养的提升。教育学科在教师培养中的专业地位与作用力则经历逐步清晰与理论自觉的过程。

　　从学科发展史的视域看，教育学科的诞生与教师培养密切相关。德国哲学家赫尔巴特(1776—1841)在大学讲授教育学之时，曾以极大的热情关注当时已负盛名的教育家裴斯塔洛齐的教育思想及实践活动，同时，他积极参加当时普鲁士的教育改革，创办了教育研究所、师范研究班和附属实验学校，按照他的教育理论来培养教师，并使教师有实践机会。有感于当时教育学科被其他学科殖民的窘境，赫尔巴特产生了创立一门科学的教育学理论体系的学术自觉，其代表作《普通教育学》(1806 年)和《教育学讲授纲要》(1835 年)正是以培养教师为宗旨的教育学体系，已成为世界教育学史的经典著作，深刻地影响着 19 世纪末至 20 世纪初世界各国的教育学科发展、教师培养及基础教育实践走向。

　　从首都师范大学教育学科发展史来看，在北京师范学院创立之初，以傅任敢先生为代表的首都师范大学第一代教育学人就确立了教育基础理论研究的主攻方向：一是重视教育理论与教育实践的结合；二是重视世界经典教育思想与中国传统教育思想的融合。傅先生是夸美纽斯《大教学论》、洛克《教育漫话》等多部世界教育名著汉译本的首译者，同时，他专心研读我国教育经典，撰写《学记译述》，把对教育的理解融进对中国教育经典学习的阐释之中。

进入 21 世纪以来，以王长纯教授、孟繁华教授、宁虹教授、丁邦平教授为代表的首都师范大学新一代教育学人致力于推进我校教育学科新发展，尤其关注高师院校在教师培养过程中长期存在的教育理论与教育实践相脱节的问题，着力于建设实践取向教师教育理论：一方面推进大学内部的教师教育课程体系变革，另一方面通过"教师发展学校"（Teacher Development School，TDS）项目探索大学与中小学合作新路径，建立教育理论与教育实践双通道，反哺大学教师教育。经过二十多年的理论探索，首都师范大学教育基本理论研究团队在承续既往学术传统的基础上逐步形成建设教师教育理论之路的学术自觉。

今天，我们以"师道新语丛书"来推出近些年的阶段性研究与教学成果，本成果坚持"历史—逻辑""历史—比较"的研究路径，真实呈现我们在教师教育理论研究方面的学术探索。当然，我们秉持现代大学的科研与教学一体化原则，这些成果也是本研究团队全体师生多年来教学相长的智慧结晶。

"师道新语"仅表明以我们理论探索态度呈现教师教育之学的一种新的可能视域。因其在探索过程中，未成熟或未完成性是其本然属性，请各位专家、同人及学生，以一种开放的态度理解我们的努力，并不吝赐教。在诸君的阅读体验中，即使各书的理论进路尚未通达，如果能够从中感受到我们的努力，就是我们的同道中人。我们有理由相信，首都师范大学的教育基本理论研究，以及由此开启的教师教育理论道路，正是在几代教育学人的代际相传之中不断生长出的新的学术力量，将真正成为支撑高素质教师培养的理论基石。

朱晓宏

首都师范大学白堆子校区

2022 年 11 月 26 日

前　　言

首都师范大学前身为北京师范学院，自1954年建校以来，始终坚守为基础教育培养优秀教师的办学初心。以我国知名学者傅任敢先生为代表的第一代首师大教育学人以其扎实的教育基本理论研究成果服务于师范生的培养。时至21世纪，一方面我国基础教育发展对师范大学的人才培养改革提出强烈要求；另一方面受世界范围教师专业化发展思潮的影响，回应教师教育改革的时代需求，以王长纯教授、孟繁华教授、宁虹教授、丁邦平教授等为代表的新一代首师大教育学人在国内率先发起大学与中小学合作项目——"教师发展学校"（TDS），开启了具有首都师范大学特色的教师教育改革之路。

我于2004年来到首都师范大学工作，加入宁虹教授领导的教育基本理论研究团队，有幸参加"教师发展学校"项目的相关工作，也有缘深度参与大学与中小学合作的全过程，亲历大学立场教师教育理论道路的前沿性与探索性工作。在此过程中，我深刻体验到大学教师在三重工作境域的切换：教师教育研究、职前教师培养、服务职后教师专业发展。

就我个人的专业成长来说，在华东师范大学获得教育学原理（教育哲学方向）博士学位之前，我已经有多年的中学教师工作经历。一方面，它为我进入教育原理研究提供了鲜活的学校生活体验；另一方面，我也深刻感受到中学教师的经验、惯习对于进入教育理论之境的干扰；同时，深刻意识到以理论之思超越经验之思的必要性与紧迫性。基于在研究生期间经历的学术训练，我进行了反思——反观自身意识，或者说基于大学立场的教育理论之思超越中学立场的工作经验之思。

秉持大学立场的教师教育研究基调，我的研究工作主要在三个维度展开：一是重新理解中小学教师的为师之道；二是反思与重构大学教师教育之路；三是重温大学教师之教的经典范例。由此构成《大学教师教育论稿》的三个组成部分。

第一部分是基于教育哲学视域反思中小学教师的为师之道。本部分收录论文 13 篇。审视中小学教师的为师之道，实质上也是自我省思的过程。以往作为中学教师的我基本上是按照前辈和同行的职业惯习展开日常工作，并不能给予充分的说理。基于"教师发展学校"项目的工作契机再次进入中小学课堂，我得以反观自身，尤其是从现象学哲学获取理论资源之后，拓展我的教育哲学理论视域，开启理解中小学教师职业境遇的新视界，从教育学立场阐释为师之道，由此获得理解教师专业成长的新的可能路径。

第二部分是从大学立场反思与重构教师教育理论道路，实质上是反思高师院校的教师教育培养问题。本部分收录论文 7 篇。从世界范围看，师范院校培养教师的专业地位长期以来面临大学内外的质疑，即所谓专业化与解制化的冲突，一些国家甚至将师范院校直接并入综合型大学。在我国，此类问题直接表现为大学的教育理论教学与中小学教师的教育实践之间存在脱节现象，即"理论与实践两张皮"现象，职前教师对于教育理论课程的满意度偏低。自 2009 年我国正式实施全日制教育专业硕士研究生的招生政策，首师大教育学院全面负责全日制教育专业硕士研究生的招生与培养工作。从中国教师教育历史的角度来看，文理学士起点的全日制教育专业硕士培养是全面提升基础教育师资水平的重要举措，但是，国内没有任何办学经验可资借鉴。当时，着眼于探索首师大特色的教师教育改革之路，首都师范大学和教育学院两级领导全力支持宁虹教授创立全日制教育专业硕士生试点班，我也加入宁虹教授负责的试点班导师团队。其间，也跟宁虹教授、蔡春教授、张景斌教授、王智秋教授等参与首师大自主设置教师教育二级学科博士点的论证工作。对此，我在理论上开启"大学教师教育者"的自我检视过程，也自觉走上了改革大学教师教育课程的探索之路。2017年首都师范大学进行相关机构调整，由新设的教师教育学院负责全日制教育专业硕士研究生的招生与培养工作，同时，为了继续开拓首都师范大学特色的教师教育理论探索之路，教育学院决定保留"全日制教育专业硕士生试点班"，在时任教育学院院长蔡春教授领导下，我和荣利颖教授、丁永为副教授、杜钢副教授、胡萨青年教授、乔鹤副教授、沈蕾娜副教授、刘帆博士、李雅婷博士等组建教育学院新的导师团队，继续全日制教育硕士生试点班的改革与探索工作，开启新一轮的教师教育课程体系重构与课堂教学模式改革，其成果"超越经验取向的教师教育范式变革"获得北京市高等教育教学成果一等奖（2017年），该试点班的后续探索性工作成果也直接成为北京市高等教育教学成果特等奖"构建教师教育'双链循环'机制，培养高素质专业化创新型教师"（2022年）的重要内容。

第三部分是通过大学教师的经典范例重新理解大学教师的专业生活。本部分收录文章6篇。师范大学中的"师范"二字对于教育学教授的意义非凡，或者说师范大学的教育学教授不仅是研究者的示范，更是教师之教的楷模。为此，我在日常学习和工作中尤其关注身边的经典示范。通过黄济先生、陈桂生先生、陆有铨先生的专业示范，我们直观地感受到新中国第一代教育学人为建设中国教育学科所做出的学术贡献。正是在诸位大先生对于教育学信念的坚守之中，我们看到了大学理想之光在闪耀，并且召唤着我们这一代中国教育学人在追求真理的道路上勇于前行。作为师范大学的教育学科教师，不仅要在教育基本理论研究领域实现薪火相传，更要在大学课堂上彰显教育学的学术尊严与专业影响力。

诚然，本书稿集中呈现我多年来从事教师教育研究与教学工作的阶段性成果，诸篇文章的形成存在一定的时间跨度。为了方便读者阅读，特在每一编前加上导言，简要交代每篇文章的写作缘由或背景，期待读者朋友的进一步指正。或许表面上看，每篇文章针对的现实问题有些许变化，但是，从根本上看，"教师之教何以可能"是教师教育研究者面对的基本理论问题。从这个意义上来说，拙作仅是一些探索性工作，真诚期盼学界同人的斧正，同时，也期待能够为教师教育方向研究生提供一个参考案例，为中小学教师提供一个他者视域。

进入新时代，在全面推进"中国式现代化"的大背景之下，首都师范大学即将迎来 70 华诞。作为中国教育学人中的一员，作为首都师范大学的一份子，吾不避谫陋，妄自梳理多年之拙见。本书的 26 篇文章真实地记录了我的学术求索历程。从字面上看，上述文章的主要撰写人是我本人，实质上，我的研究工作受益于首师大教育学院拥有一支高度理论自觉意识的专业团队。历史地看，这个团队在 2000 年开启的"教师发展学校"(TDS)项目标志着首都师范大学教育学科明确提出大学立场的教师教育改革方向。在这个富有学术创见与坚定专业理想的团队里，我充分体验到研究与教学一体化的大学教育理念，我的大学教师之路也有幸避免一些弯路。回首来时路，26 篇文章承载着我和我的团队共同探索大学教师教育理论道路的足迹，今朝汇聚成册——《大学教师教育论稿》，也是我主编的"师道新语"丛书中的一本。

大学之道在先，大师引领在前，才有我等后学求索中的笃定与坚强。

在此，首先感谢给予我专业成长支持的首都师范大学教育基本理论研究团队的各位同人，尤其是带领我进入教师教育研究之门的王长纯教授、孟繁华教授、宁虹教授、丁邦平教授、张景斌教授等各位师长。其次，感谢和我共同执教全日制硕士生试点班的蔡春教授、王攀峰教授、荣利颖教授、岳欣云教授、丁永为副教授、杜钢副教授、胡萨青年教授、刘帆博士、高洁副教授、李雅婷博士等伙伴，感谢多年来参与我所执教的"教育原理""教育研究导论""教师教育哲学专题"等多门课程学习的学生们，师生课堂对话无数次掀动我的思想触角，这些文字或许是当初思想的凝结状态。本书中的多数文章已经在国内教育学领域的代表性期刊发表，在此，一并致谢各位编辑同人长期以来的热情支持与鼓励！本书书稿的汇总工作也得益于博士生翟雨辰、王蒙雅、马燕迪、唐明超、蒙跃平、王静、洪玲、刘畅耐心细致的工作。本书能够如期出版，诚谢首都师范大学出版社编辑王晶老师及其团队的专业贡献。

朱晓宏

首都师范大学白堆子校区

2023 年 11 月 27 日

目　录

1

第二部分　大学教师教育：理论反思与路径探寻

第三部分　师者示范：大学教师专业形象

第一部分

重新理解为师之道

为师之道，端在德行道艺有于身，而超乎其类，拔乎其萃，聪明睿智，皆入泉源，砥节砺志，行可仪表，以身率教，而为人之模范也。

——萧承慎：《师道征故》

本部分主题为"重新理解为师之道"，收录文章 13 篇，着力于从教育学专业立场聚焦中小学教师的为师之道。对于我国的中小学教师来说，大家自然而然地认为"传道、受业、解惑"是对教师职业的定位，至于"传道""受业""解惑"三者之间的关系，教师们似乎缺乏教育专业角度的思考。在"教师发展学校"(Teacher Develop School，TDS)项目推进过程中，我直观地感受到大学教师与中小学教师在理解"传道、受业、解惑"等问题方面存在的差异。同时，我来首都师范大学工作后也经历了从中学教师到大学教师的职业身份转型，由此探索从教育专业视角反思中小学教师的职业境遇与思维习惯，也尝试以理论态度超越个人过往的经验态度。在此期间，我尤其重视汲取现象学理论资源建构教育学理论视域，进而考察教育实践领域的经典问题。

论哲学之思与教师专业发展①

《论哲学之思与教师专业发展》的写作缘于参加 TDS 项目过程中对于中小学教师工作的反思，更是对自己过往经验态度的专业审视。遵循我的导师陈桂生先生传授的研究原则——"历史—逻辑""历史—具体""历史—比较"，回顾教育史上杰出教师的范例（苏格拉底、孔子）——他们同时也被视为思想家、哲学家——由此展开对于现代中小学教师远离哲学思考的教育学反思。

在当今的教育改革浪潮中，"教师专业发展"已然成为业内的时尚语汇。对教师专业发展的根本问题进行哲学思考，更有其现实意义。从教育史的角度看，无论是中国还是古希腊的最早一批职业教师中，能够成为教育家型教师的共同特点是，一方面从事教育活动，另一方面思考和研究教育实践中出现的各种问题。他们既通过对教育的思考来表达自己的哲学理念，又通过教育实践活动来检验自己的哲学思想。在相当大的程度上，他们的哲学思想和教育思想是融为一体的。

一、密切关注教育的根本问题：在最早的职业教师中诞生了哲学家

教师这一职业从其诞生之日起就和哲学结下了不解之缘。杜威在考察欧洲哲学史后得出的结论是"欧洲哲学是在教育问题的直接压力下（在雅典

---

① 本文以题名《论哲学之思与教师专业发展》刊于《教育研究》2007 年第 10 期，文中内容略有改动。

人中)起源的"；他还指出，真正的哲学研究正是由于欧洲第一批职业教师(古希腊的智者)把早期哲学家的研究结果和方法运用于人的行为。① 从此，哲学才开始研究个人和宇宙的关系。

智者作为欧洲第一批职业教师，他们以授徒讲学为谋生手段，在把美德、政治艺术及管理城邦和家政的学问传授给年轻人的同时，也开始研究人与自然、人与人、个人和某一群体及知识与行动的关系，等等。在柏拉图的对话录《美诺篇》和《普罗塔戈拉篇》中真实再现了苏格拉底与智者们在一些教育基本问题方面存在的分歧。

当时的教育实践迫使教师们思考这样的问题：美德是什么？美德能学会吗？美德可教吗？什么是学习？什么是教？美德是不是知识？知识是什么？知识是先天就有再通过回忆得来的，还是通过感官获得的？是通过某种实践学到的，还是通过理性获得的？学习和知识的关系是什么？知识和德行的关系是什么？等等。

古希腊教师又从讨论知识与德行的关系问题引出了理性与行动的关系、理论与实践的关系问题，因为德行显然寓于行动之中。可见，那个时代的教师所关心的问题是：纯粹智力活动本身是不是一切优点中最崇高的优点？睦邻和公民生活等德行和纯粹智力活动比较，是否居于次要的地位？

显然，知行问题是哲学的基本问题。可是，这些问题与其说是哲学家在哲学思辨中提出的，不如说是教师在教育实践中提出的。正是这些教育问题的紧迫性，才使得当时的职业教师进行系统的思考。也正是因为他们系统地思考这些教育的根本问题，并有所成就，他们才从教师成为哲学家。直到19世纪末，这些问题才脱离了与教育的实际关系，成为一个独

---

① ［美］约翰·杜威著，王承绪译：《民主主义与教育》，北京：人民教育出版社，2001年，第348-349页。

立的问题领域。① 在中国，以孔子为代表的古代第一批职业教师正是在从事教育活动的同时思考和研究与教育有关的各种社会问题，这些研究成就使他们成了中国思想史上的先哲。孔子就曾提出许多重要范畴，如学思、学行、知行等，这些思想也成为中国古代教育哲学思想的基础。所以，张岱年先生曾指出，中国古代哲学（特别是儒家哲学）是教育家的哲学。②

二、逐步放弃对教育问题的哲学思考：近现代的教师成为"教书匠"

随着人类认识的深化和知识的积累，早期职业教师关注的根本问题才逐步远离了具体的教育活动。一些人专注于讨论某些问题本身，这些问题也因此被视为哲学问题，并由此演变成一门"专门"的学问，研究这些问题的人被称为哲学家。与此同时，普通教师作为"局外人"，没有专门的哲学学习和哲学思维训练，很难有机会或有资格讨论哲学问题，所以，近代以后的教师也逐渐远离哲学思考，变成了名副其实的"教书匠"了。教师之所以放弃对教育问题进行哲学思考，或许有以下四个方面的原因。

其一，对"实践"的误解。

长期以来，人们习惯于把"实践"理解成与"理论"对立的东西，即纯粹的科学理论应用的生产和技术工艺活动等，这种情况导致实践沦落为技术。实质上这只是一种"技术—实践"的活动，真正的实践却是"道德—实践"的，即是与人的行为活动相关的一种理论活动。③ 20 世纪以来，由于技术理性的强势地位，人们逐步放弃了自己行为实践的自由，越来越服从于专家型统治或权威性统治，即人们把人应当怎样生活的思考和选择权统统交给所谓的专家和权威。这也反映在中小学教师的职业生活之中，他们过

---

① 黄向阳：《教育哲学导论（讲义）》，上海：华东师范大学，2000 年。
② 张岱年：《儒家哲学是教育家的哲学》，《华东师范大学学报（教育科学版）》，1989 年第 1 期，第 13—14 页。
③ 张能为：《理解的实践》，北京：人民出版社，2002 年，第 140 页。

于依赖于专家的权威，也就失去了对自身日常教育行为的理论反思能力。

其二，对"哲学"的片面理解。

对于很多教师来说，"哲学"可能是一门抽象而高深的学问，他们很少在自己的教育活动中用到哲学。许多教育理论工作者也可能有类似观点。这可能与我们理解哲学的方式有关。一般而言，对哲学的理解有两种方式：一种是静态的理解，它指的一系列非常专业化的知识体系；另一种是动态的理解，哲学被看作一种思维方式、一种寻根问底和不断反省的思想态度。① 从这个意义来说，哲学源于人们对日常生活问题的深入追问。其实，每个普通儿童都有可能提出过具有哲学意味的问题。我们的童年回忆中难道找不出一些具有哲学意味的困惑和思考吗？我们每个人都可能在日常生活中进行过具有哲学意味的思考。从这个角度来说，哲学与我们的日常生活有着一种天然的亲密关系。

其三，学校课程制度似乎剥夺了教师进行专业思考的权利。

学校的兴起与教育的普及，形成了井然有序的课程机制。如果说孔子那个时代的教师要思考教什么及教对于学生的影响，那么，近代以来的教师则不必思考这类问题了。以我国的课程制度为例，长期以来形成的格局是"政府定课程，学校管教学，教师用教材"。这种课程制度把课程的设计和课程的实施截然分开，把教材的选择和教材的使用截然分开。自此以后，教师似乎无权干预课程的设计和教材的选择，也无须关注为什么"教"和"教"什么之类的问题。② 教师可能只是照章办事，每天的工作是完成教学进度，提高学生的成绩。教师的这些日常工作也被视为评价其工作业绩的"硬指标"，迫使教师们整天忙碌于此。

其四，教师职业呈现技术化和功利化取向。

在工具理性日益膨胀的今天，人们也越来越鼓吹功利的东西，人们过

---

① 石中英：《教育哲学》，北京：北京师范大学出版社，2002 年，第 6 页。

② 陈桂生：《师道实话》，上海：华东师范大学出版社，2004 年，第 50－51 页。

多地关注一些微末的技术问题，教育活动也不例外。一方面，教师往往花费大量的精力在一些细枝末节的问题上，如教学方式或教学方法的所谓革新；另一方面，由于职业生活的压力和工作琐事的烦恼，教师很少或不愿去思考一些看上去很遥远而实质上却迫切需要回答的根本性问题，而是更多地寻求便捷的可能路径。

其实，"如何教"的问题只是实现教育意义或教育目的这个整体中的一个枝节性问题，或者说是一个技术性问题，而其背后的基本问题则是"教育是什么"的问题。只有当教师对"教育是什么"的思考越来越深刻，才会在"如何教"的层面发生质的变化，教师的发展才可能走向真正的教育专业道路。

无论我们承认与否，教师个人的教学方法是以个人的哲学理念为基础的，换言之，教师个人的教学实践活动主要受到其个体价值观和教育理念的影响。当我们从教育哲学的视角关注教师专业发展的时候，我们就会提出这样的问题，即教师个人的教育哲学是什么？这些教育哲学观念又是怎样影响教师的实践活动和学校教育功能的实现？为此，我们深感忧虑的问题是，现在的教师专业发展似乎比较偏重于教师的技能转变。尽管耳熟能详的说法是转变"教师的观念"，但是教师个人的教育哲学似乎很少被关注。

三、回归哲学之思：教师专业发展之本

随着我国基础教育课程改革的深入，教师专业发展受到广泛重视。教师从"教书匠"转变成"研究型教师""专家型教师""学者型教师"和"智慧型教师"。这些关于教师的"新型号"似乎在有意无意间提升了教师的专业地位。但是，关于教师类型的规定对于众多教师意味着什么？教师转型的前提是否存在（是否可能存在）？对于这些问题或许缺乏深入的思考。

乍看起来教师所从事的工作多是一些具体的琐事，如备课、上课、批

改作业、和学生谈话，等等。就每一项具体的活动来说，教师似乎很难找到它们与哲学的联系。如果孤立地看待教师的日常工作，确实非常琐碎。但是，从教育活动的整体来看，这些具体的教育事件服务于整个教育目的，并受到教育目的的支配。因此，教师的处理方式并非随心所欲，教师必须在思想深处清楚地理解日常工作与整个教育目的的关系，并能够进行充分的理性辩护。因此，教师个人的哲学思考是不可缺少的，这也正是教师专业发展的根基所在。[①]

哲学思考对于一个教师的专业发展尤为重要。

(一)课程改革迫使教师思考教育的根本问题

在课程改革过程中，教师面对不同教育专家的观念冲突，他们中的很多人可能感到无所适从。例如，面对课程改革中出现的诸多变化，教了几十年的教师会说不知道该怎么教了。的确，正在实施的课程改革给教师们带来了很多困惑与迷茫。但是，很少有教师会问这样的问题：课程应该包括哪些内容？要回答这个问题，就要进一步思考一个人应该学习什么样的内容，学习的价值是什么，非常重要的一点就是要思考学习者的本性。这样思考问题的方式就是哲学思考方式。教育者要想在课程改革的实践过程中明智地行动，就需要养成哲学的思考习惯。

其实，教师作为课程实施者不可能是课程改革的被动参与者，教师必然要独立思考这样的问题：这次课程改革所包含的理念和思想是什么，对传统课程中的观念和理想进行了哪些修改。教师即使懂得"新课程"的理论和技术，也不足以实现课程革新。因为在见识独到的"课程设计"背后还存在教育理论和教育哲学的问题。对于广大教师来说，如果不能对教育目的进行深思熟虑的独立思考，就无法真正寻觅到教育的意义。

(二)教育的根本问题即哲学问题

一切教育的根本问题都可归为哲学问题，这也正是哲学与教育的密切

---

① 石中英：《教育哲学导论》，北京：北京师范大学出版社，2002年，第3、6页。

关系所在。杜威认为，教育为我们提供了一个优势，从这里把哲学上的讨论深入到人生的意义上。① 如果教师从教育实践中所引起的分歧出发来研究一些根本问题就会涉及哲学问题，也就不难看到这些哲学问题所表述的生活情境。对于教师来说，关注青少年的成长问题和教师自身的职业发展问题，就是关注人的存在问题，而人的存在是一种可能性，人要给自身的可能存在一个合理的理由。因此，包括教师在内的每个人永远都要面临应该如何生活的问题。

一个人应当如何生活的问题不是"一个"问题，而是人生一切问题的中心，是超越于其他一切问题之上的问题。关于一个人如何生活的知识也不是一般的知识，而是最高的知识。柏拉图把这种知识看作德性和幸福。他还指出，教育的最高形式是哲学。② 因此，教师有必要把教育视为一种哲学式的努力过程。杜威说："如果我们把教育看作塑造人们对于自然和人类的基本理智和情感的倾向的过程，哲学甚至可以解释为教育的一般理论。"同时，他还指出教育乃是使哲学上的分歧具体化并受到检验的实验室。③ 因此，教师要关注其职业生活中"最重要的事情"——学生和教师的德性和幸福。在教育过程中，教师要对学校教育在当代生活中的地位进行哲学工作所提供的那种广泛的和同情的考察，使教育工作超越经验主义束缚，使教育的目的和方法富有生气。

(三)哲学思考将丰富教师的实践智慧

从字源上看，"哲学"一词就意味着"爱智慧"——一种对观念、传统、创新及思维方式热忱的探索。英国哲学家和教育家洛克曾提到关于"智慧"的一般理解："它使得一个人能干并有远见，能很好地处理他的事务，并

---

① [美]约翰·杜威著，王承绪译：《民主主义与教育》，北京：人民教育出版社，2001年，第347页。

② 刘铁芳：《教育如何走向哲学》，《教育研究》，2005年第4期，第8—12页。

③ [美]约翰·杜威著，王承绪译：《民主主义与教育》，北京：人民教育出版社，2001年，第347页。

对事务专心致志。这是一种善良的天性、心灵的努力和经验结合的产物。"①教师要拥有这种智慧力量，只能凭借哲学思考。

"哲学解放了教师的想象力，同时又指导着他的理智。教师追溯各种教育问题的哲学根源，从而以比较广阔的眼界来看待这个问题。教师通过哲理的思考，致力于系统地解决人们已经认识清楚并提炼出来的各种重大问题。那些不能用哲学去思考问题的教育工作者必然是肤浅的。一个肤浅的教育工作者，可能是好的教育工作者，也可能是坏的教育工作者——但是好也好得有限，而坏则每况愈下。"②教师的专业是教育，教育在本质上是实践的。然而，对"实践"这一重要理念的简单的、表层化的理解，往往导致对教育、教师专业之实践性质的忽视和误解，以致偏离教师专业发展的根本。其实，"实践"一词原指一切有生命体的活动，亚里士多德用此概念专指人的实践行为，但又不是专指人的具体的行事，而是在不同于理论知识、技术知识的实践知识层面，将实践看作关于人类活动与生活的反思行为。③ 这种反思行为也就是一种实践判断力，亦即人的一种实践理性。在亚里士多德那里，"实践"概念具有最广泛的意义，完全不同于近代以来被狭隘理解的那种与科学理论相对立的单纯技术应用的生产活动的含义。伽达默尔恢复了古希腊哲学中关于"实践"概念的正确理解。他认为，"实践"意味着全部实际的事物，以及一切人类的行为和人在世界中的自我设定。"实践"与其说是生活的动力，不如说是与生活相联系的一切活着的东西，它是一种生活方式，一种被某种方式所引导的生活。④ 如何看待实践，决定了我们由此形成一种什么样的哲学视角。

教育作为一种实践活动，教师可能面对大量的实践问题：教育是什

---

① ［英］约翰·洛克著，傅任敢译：《教育漫话》，北京：教育科学出版社，1999年，第117页。

② 陈友松：《当代西方教育哲学》，北京：教育科学出版社，1982年，第135页。

③ 张能为：《理解的实践》，北京：人民出版社，2002年，第97页。

④ 同上书，第141页。

么？学习是什么？知识是什么？人的发展变化真的可能吗？如果一个教师希望自己成为更加有效的专业教育工作者，他必须学会从哲学的视角来反思日常教育行为的意义和合法性根据，必须学会从哲学的视角来理解学生、课程、管理及目标之间的相互关系。当然，这并非易事。在现代社会中，人们变得一天比一天忙，一年比一年忙。如果教师沉浸于每天忙碌的生活，最终会迷失自我。因此，教师要想在个人和专业生活中获得一种深刻性和广博的视野，就需要培养自己的哲学视角。①

那么，整天埋头于日常琐事的教师如何用哲学去思考教育问题？

维特根斯坦说："哲学不是理论，而是活动。"②首先，哲学是一种活动，但人们却更多地把眼光停留在了这种活动的结果或产物上（作为理论的哲学）。这种活动简单地说就是一种"思"的活动。所以，康德主张人可以学习的是"哲学史"，而不能学习"哲学"③，人只能通过"哲学化"和"哲学的"活动去"做哲学""做哲学思考"而成为"哲思"者。④ 其次，哲学还是一种生活态度，致力于对人生经验的统一的、一致的和综合的观照。遵循这种态度，人们会去努力发展一种有助于解决冲突、恢复某种生活一致性的、综合的观点。

教师需要一种什么样的哲学思考？或者说如何"做哲学"？

"重新学习"古希腊人的哲学思维。从古希腊人身上，我们看到具有实践性质的哲学思维与人们的具体生活实践息息相关，并对人的实践行为做出理性反思，提供行动的指南。这种哲学思维也就是我们所说的"实践智慧"。实践智慧所表现出来的是一种随机应变的知识形态，即实践之知，

---

① Howard A. Ozmon, Samuel M. Craver. 石中英、邓敏娜译：《教育的哲学基础》，北京：中国轻工业出版社，2006 年，第 12 页。

② ［英］维特根斯坦著，楼巍译：《哲学研究》，上海：上海人民出版社，2001 年，第 72 页。

③ ［德］康德著，邓晓芒译：《纯粹理性批判》，北京：商务印书馆，1997 年，第 573 页。

④ 蔡春：《现象学精神及其教育学意蕴》，《现象学与教育学国际学术研讨会论文集》，北京：首都师范大学教育科学学院，2006 年，第 129 页。

它不同于理论之知，也有别于技术之知，在某种意义上说，它不可学、不可教，而完全内在于人自身的理性反思判断力。① 这种实践智慧与人的存在紧密相连，它直接以对善本身的反思为目的来考察人类实践生活的状态与形式，以及目的和意义。

教师作为一个生命主体，"做哲学"就是作为一种"思"的存在。事实上，一些觉悟起来的中小学教师已经开始尝试用"哲学"的活动去"做哲学"了。对于广大教师来说，"哲学之思"不在教育生活之外，而在教育生活之中。如果教师不对一些教育实践的过程和结果进行严肃认真的思考，就一厢情愿地指望能够发现新的教育方法，这几乎是空想。为此，我们建议教师不仅要主动吸收古今中外的教育哲学思想，还要不断地对自己的教育经验进行回忆与反思，理解教育生活中相互冲突的理论和观点，提出有关目的的问题：教育的目的是什么？教育的目的是把儿童培养成一个独立和幸福的成人吗？教育的目的是维护民族利益和国家安全吗？为什么"我"在这里？"我"在学校生活中的角色是什么？诸如此类的发问可以让教师反思存在的目的和活着的意义。这种"哲学之思"将引导着一个教师的日常行为，并帮助教师不断建构个人的教育哲学，使教师的专业发展真正成为可能，教师也将走在真理之路上。

---

① 张能为：《理解的实践》，北京：人民出版社，2002年，第138-139页。

重新理解教师的境域与习惯

——基于生活世界现象学的理论视域①

《重新理解教师的境域与习惯——基于生活世界现象学的理论视域》的写作意图是借助胡塞尔现象学的"生活世界"理论（"普遍境域的世界"和"特殊世界"的关系）来构建反思教师日常工作习惯的教育学解释框架。一方面，教师在多年的教育工作中积累了比较可贵的教育经验；另一方面，教师因受狭隘分工影响比较多地局限在"特殊世界"里，缺乏理论眼光（缺乏"普遍境域的世界"）。基于现象学"生活世界"理论看教师实践困惑，既看到了特殊世界的多样性与有限性，也看到了通过特殊世界进入普遍世界的可能性。

在日常生活中，人们各自生活在他们的世界之中——儿童的世界、教师的世界、家长的世界……这些就是胡塞尔所说的"特殊世界"②，即人们各自的境域。根据胡塞尔的生活世界理论，对象从来不是孤立地向我们显现出来的，它们是在其意义中相互指引的，即对象总是在某个境域中与我们照面，而诸境域通过它们之间的指引构成一个境域性的总体联系，即作为普遍境域的世界——"生活世界"③。基于此，我们既看到了特殊世界的

---

① 本文以题名《重新理解教师的境域与习惯——基于生活世界现象学的理论视域》刊于《教育研究》2014 年第 5 期，文中内容略有改动。本文系 2012 年教育部新世纪人才资助项目（项目编号：NCET－12－0608）的阶段性研究成果。

② "特殊世界"是胡塞尔使用的概念。胡塞尔认为，生活世界是非主题的，我们只有在特殊的世界中才能以主题的方式生活；我们以特殊世界作为唯一的主题的世界，作为我们兴趣的地平线。参见胡塞尔的《欧洲科学的危机与超越论的现象学》一书，商务印书馆 2008 年版，第 555 页。

③ ［德］埃德蒙德·胡塞尔著，王炳文译：《欧洲科学的危机与超越论的现象学》，北京：商务印书馆，2008 年，第 556 页。

多样性与有限性，也看到了通过特殊世界进入普遍世界的可能性。若依据这一理论视域重新考察教师的世界，或许能够看到教师的境域决定其观看、思考、表述和行动的方式等习惯。如果教师固守其个别境域，就可能妨碍其对普遍境域的世界敞开目光，即在一定程度上影响教师对教育实事的理解与准确把握，进而阻碍其走上真正的专业发展道路。如果教师能有意识地克服自身境域的局限，或许能开启其在此境域中的重新判断与行动的可能性空间，教师也因此能成功地驾驭其整个生活。

一、现象学视域中的境域与习惯

根据胡塞尔的理论，一方面，生活世界总是预先给定的世界，它"凭其自身"始终已经存在，并且将作为普遍境域存在下去；另一方面，每一种由人类(个别地或共同地)形成的特殊世界本身都是生活世界的一部分，都以生活世界为前提，作为特殊境域显现出来。① 但是，一切由其职业目的结合在一起的人们，受到其行动的习性化制约，只关注到其生活中的特殊世界，却忽视了特殊境域与普遍境域的内在关联。换言之，境域似乎以其主体性特质阻塞了人们通往自在存在的道路。在此，胡塞尔的理论或许能够拓展我们理解这类问题的思路。

(一)世界是人的普遍境域

基于胡塞尔的理论，世界被理解为普遍境域，即普全的指引联系，所有意义指引的个别联系都共同归属于其中，而人的行为就是由这种意义指引来引导的。指引联系的这种不可锁闭性乃是一种潜在的无限性，它也是作为普遍境域的世界的主要特征。② 根据当代现象学家黑尔德对胡塞尔生

---

① [德]埃德蒙德·胡塞尔著，王炳文译：《欧洲科学的危机与超越论的现象学》，北京：商务印书馆，2008年，第558—559页。

② 同上书，第554—555页。

活世界理论的解读，"世界乃是现象学的真正实事"①。它本身并不引起我们的关注，并且总是保持在背景当中，或者说就是处于我们当作"课题"的事物的阴影中。从"回到实事本身"的现象学基本态度中，我们可以理解胡塞尔关于去除遮蔽，以及让"实事"本身显现出来的现象学诉求。

因为"世界"本身是完全不显现的，它只是从我们在与上手事物打交道的过程中开放出一个空间。但这个空间不是一个静态现成的容器，作为敞开状态之维度的世界是一种发生，并且是一种紧张的发生。因为在这种发生中包含着两种运动，它们恰恰由于相互冲突而构成一个整体：作为自行遮蔽的自行克制，作为让事物显现的自行开启。它们之间构成"紧张的和谐"。作为这种发生，世界乃是一切区域的区域——普遍境域。

由于世界的存在具有一种发生性质，显现之发生就是"生活世界"的生气活力。生活世界本身就是"自发地"发生的、具有"大自然"特征的显现过程，它对于一切人而言是共同的世界，对一切人的行为举止来说是预先给定的。也就是说，在我们的每一种行动举止中，我们都处于对已经事先给定的世界的依赖状态之中。我们所遇到的一切都是由这些世界中走出来的，普遍境域就是我们人类生活于其中的这些"世界"。

(二)境域是每个人的特殊世界

一般而言，每个人总是生活在许多不同的境域之中，即不同文化的境域。这些不同境域就是个人生活于其中的那些"特殊世界"，如教育界、体育界、工商界，等等。在日常生活中，一个人总是与某些当下境域实际联系着，并且为其思想和行为定向。他也因此体验到世界的有限性。例如，特定的职业、年龄和生活经历会使得一个人具有不同于他人的境域。事实上，这样的特殊境域总是由个人特定的对象兴趣决定的。

---

① [德]克劳斯·黑尔德著，倪梁康、张廷国译：《世界现象学》，北京：生活·读书·新知三联书店，2003年，第97页。

由于个人的对象兴趣会把其意识推向相应的目标设定，这样，每一个人的个别境域都是一个特定的世界。这个世界是这样形成的，即意向性意识构成总是与这种目标相关的指引联系着。为此，它就给某些指引联系以优先地位，而削弱其他一些指引联系。由于这种限制，个别境域只不过是普遍境域的片段，因此是有限的。具体而言，一个人只能从他自己的境域出发来认识作为普遍境域的世界，或者说这个世界仅从我们的"特殊世界"的角度向我们开放。

由此可见，境域规定了我们每个人能够从生活中的某个事件转向其他事件上的方向和顺序。在此，生活中的事件是指我们当下正在关心的对象，如一个人、一件物、一个机构、一种想法，等等。换言之，我们当下正在关注的世上事物会根据其意义把我们继续指引到何处，取决于境域。每个境域皆是一种指引关系，当我们想掌握自己行为的某些可能性时，我们即让自己为此种指引联系所引导。[①]

(三)习惯是境域在时间中的积淀

境域对我们来说始终是先行被给予的，因为绝没有一种行为是能够独立于所有指引联系而发生的。境域之所以作为先行被给予的东西而被我们熟悉，是因为我们对它们已经习惯了。通过习惯化，我们形成了相应的习性。这里的习性是指生活的自身负责的持续状况。

由于习性化过程维系于主体性的自由，所以，境域的先行被给予性得以与其主体性格相协调。对于人来说，习性化过程是一种被动的发生，即一种经受；或者说，习性是"自然地"降临到我们身上的，成为我们的"第二本性"。在此，时间是一种强力，我们的行为方式借着时间积淀为习惯，而境域则是借着习惯而开启给我们的。归根结底，一个人不可能像占有某物那样养成正常习惯，习惯之习性化过程总是要归因于时间。

---

① ［德］克劳斯·黑尔德著，倪梁康、张廷国译：《世界现象学》，北京：生活·读书·新知三联书店，2003年，第275—276页。

从某种意义上说，我们的自然态度①就是这样一种习惯，它经受一定的时间，"自然地""自发地"形成。它是我们完全无须加以采纳的，因为我们自始便生活于其中，它也被黑尔德称为"原习惯"（Urgewohnheit）②。它对于人来说是自明的，以至于人置身其中而浑然不察。笛卡尔在其著名的《沉思》中首次认识到，自然态度就在于一种习惯，也就是一种肯定世界之存在的根深蒂固的自明性的倾向。③ 持自然态度的人，他们的思想和行为局限于各自的"我觉得"的见解方式之上。这种拘泥于片面立场的状况妨碍了他们将自己敞开给那些有别于他们见解的见解。

（四）摆脱特殊世界之困囿，目光转向普遍世界

在日常生活中，人的注意力并不是放在普遍世界之上，而是放在其在特殊世界中必须处理的事件之上。人们一般处理事件常常依据传统或习惯，他们的处理态度具体表现为"我觉得""在我看来"……这些态度被柏拉图称为"意见"，被胡塞尔看作"自然态度"④。换言之，他们的思想和行为往往局限于他们各自的"我觉得"的见解方式之上。事实上，这些人由于持自然态度常常拘泥于片面的立场，也就在一定程度上妨碍自己向有别于其见解的人敞开。因为传统习惯的惯性力量是拒绝新东西的当前化的，所以，生活的一种持续状况是对即将来临的变化视而不见，并使传统习惯得以维系，即使它已经显得陈旧过时。

胡塞尔洞察到世界的原初的先行被给予性与境域的受习性化制约的先

---

① 胡塞尔认为，自然态度即自然观点或自然思维。在自然的思维中，我们直观地和思维地朝向实事，这些实事被给予我们，并且是自明地被给予。或者说，我们表达直接经验所提供给我们的东西。例如，在知觉中，一个事物显而易见地摆在我们眼前。参见胡塞尔的《现象学的观念》一书，人民出版社 2007 年版，第 16 页。

② ［德］克劳斯·黑尔德著，倪梁康、张廷国译：《世界现象学》，北京：生活·读书·新知三联书店，2003 年，第 60 页。

③ ［法］勒内·笛卡尔著，庞景仁译：《第一哲学沉思集》，北京：商务印书馆，1986 年，第 35 页。

④ ［德］埃德蒙德·胡塞尔著，倪梁康译：《现象学的观念》，北京：人民出版社，2007 年，第 16 页。

行被给予性之间的关系。为了戒除这种习以为常的肯定倾向，胡塞尔主张只有在摆脱了特殊世界的限制之后，一个人才能真正进入无成见的、不先入为主的同一个世界（普遍世界）。① 这就意味着一个人必须从那些将意向意识羁绊于特殊世界的兴趣中脱身出来，借助于"悬置"，让意识穿透那些遮蔽同一个世界的重重屏障。或者说，只有摆脱自然态度的成见困囿，一个人才可能以哲学的真理、诉求的目光观看世界之本源。而这种目光的转向首先依赖于一种情调——"惊奇"的出现，这也正是亚里士多德所说的哲学始于惊奇。

在自然观点中的人始终被固定在他们各自的特殊世界的兴趣之上，并习惯于从中寻找生活的根据，这就造成一般人在辩解实践之时始终处于"意见"的层面之上。若要突破这种限制，人必须向作为普遍境域的世界敞开自身。或者说，人必须从特殊世界的自然态度转向普遍世界的反思态度②，从而让我们接受一种与这同一世界的新型关系。

总之，现象学关于世界、境域和习惯的理论分析为我们重新理解教师境域与习惯提供了学理依据，借此理论维度，或许能够获得建构教师专业发展理论的新视域。

二、教师境域的有限性：教师专业发展之困囿

在古希腊哲学的意义上，所有职业知识都是一种技艺知识。从事一个职业的前提就是熟悉那些与特定职业相关的特殊世界内可能出现的对象，也正是这种熟悉开启了一个人对特殊世界的观看。与此同时，人的特殊世界的兴趣也阻止其自然态度向普遍世界开启自身。因为针对特殊世界的兴

---

① ［德］埃德蒙德·胡塞尔著，李幼蒸译：《纯粹现象学通论》，北京：商务印书馆，1996 年，第 91—93 页。

② 在胡塞尔看来，哲学态度或哲学思维首先表达一种批判性或者说是一项认识论的任务，通过对认识本质的研究来对自然态度进行反思与批判。参见胡塞尔的《现象学的观念》一书，人民出版社 2007 年版，第 16—24 页。

趣遮掩了那些通向普遍世界的指引关系。例如，商人在其职业兴趣中看到的是物品的价格或价值；画家在其职业兴趣中看到的可能是物品的色彩或形状；教师在其职业兴趣中看到的是物品的教育功用；等等。

(一)教师的意向兴趣将其束缚在特殊世界中

胡塞尔认为，自然态度的兴趣是与其意向状态联系在一起的，一个人的基本兴趣主宰其意向意识，而意向意识则构成特殊世界，即构成局部的对象境域。① 教师所从事的特定职业和生活经历会使其具有不同于他人的境域。这样的境域总是由特定的对象兴趣决定的，教师在其特殊世界中所遭遇的东西只是其兴趣所指向的某物。例如，有些教师在教学过程中偏爱教学技术，即着力于通过改进教学设计程序来实现某些教学效果。

在自然态度中，教师的意向兴趣状态将其束缚在特殊世界上，使得教师失去了明确地进入一种与普遍世界的关系之中的可能性。在自然态度中，教师始终被固定在他们各自的特殊世界的兴趣之上，并从中寻找生活的根据。这就造成教师在为其实践进行辩护时始终处于意见层面上。例如，教师之间讨论问题多用"我觉得"或"我认为"之类的语言，很少有教师能够为其观点寻找严格的理论依据。

由此可见，教师出于自然态度的判断、决定和行动始终是一个自身限制的过程，并且带有"有限性"的印记。若要突破这种限制，就要摆脱其对特殊世界的兴趣，也就是强调超越个人兴趣的直观，即古希腊实践哲学的传统意义。从古希腊哲学意义上来看，理论兴趣与实践行动之间是相互蕴含的关系。从最高意义上看，只有那种活动于思想领域，并且仅仅为这种活动所决定的人，才可以被称作行动者。②

---

① [德]埃德蒙德·胡塞尔著，李幼蒸译：《纯粹现象学通论》，北京：商务印书馆，1996年，第92页。

② [德]伽达默尔著，薛华等译：《科学时代的理性》，北京：国际文化出版公司，1988年，第78页。

(二)教师的习惯使其趋于保守与平庸

基于上述现象学理论，境域之习性化过程的对象化结果是不变更的先行被给予性。由于习性是按照时间强力生成和消逝的，所以，境域的先行被给予性是受历史制约的。但是，作为习惯化的结果，这种先天性却是实际的和偶然的。某些确定的习惯正是由于被某个共同体视为"正常"的习惯来贯彻自身的。与此同时，另一些习惯或习性则被视为"反常"而被拒绝了。正常习惯也因此在某个特定的人类共同体中获得某种约束力。如此引发关注的问题是：教师的哪些习性在特定境域中变得习以为常呢？

就教师的境域特征而言，近代学校教育制度形成后，每一个教师只是在既定的教学组织中按照既定的课程体系、课程编制和课程机制进行教学活动。这就是说，每一个教师的行为仅是统一的课程组织活动中的一个环节而已，所以教师自主活动的时间与空间非常有限。长期以来，教师的教学行为已经习惯于以课标为指导、以教材为依据、以考纲为标准等，在这样的学校文化中，教师的这些习惯借着交互主体性已经习性化了，教师也因此形成其自然态度或者说原习惯，而与此不相一致的现象都被他们视为"反常"。

长此以往，教师可能逐渐对一些新事物反应迟钝，其行动与思考方式也日趋保守与平庸。例如，一位拥有多年教学经验的语文教师看到实习教师在说课时提出"语言的意义在于使用，语文课要体现语言的使用"这一见解时，表现出十分不解之情，并以课标中"语文学科是工具性和人文性统一"的观点来反驳实习教师，却不去追问或深究这两种观点之间的差异。

如前所述，每个人都活在自己的特殊世界中，而且在其做出判断或采取行动时首先依赖自己的特殊世界。一个人的境域就可能因此变得狭窄，或者说一个人的视野也可能变得狭窄了。如果教师能够有意识地克服自己的境域局限，他或许让自己"被唤醒"，他的职业生活世界也将可能因此更加丰富。

三、教师境域的开放性：教师专业发展之可能

一般来说，教师的生活只能滞留在其特殊世界中，但是，依据上述现象学理论，这些特殊世界并不是彼此隔绝的，而是相互指引的，并因此通过这一指引关系构成一个唯一的作为普全境域的普遍世界。因此，现象学家一方面指出境域之有限性；另一方面，他们也承认世界恰恰因其有限性而成为一个敞开维度。① 作为敞开维度的"世界"，尽管其本身是完全不显现的，却为我们在与上手事物打交道的过程中开放出一个空间，使得我们能够从锁闭的状态里被解放出来。当然，这种解放是由"惊奇"这一基本情调而引发的，惊奇让世界从其自明性和不引人注目的性格中凸显出来。对于教师来说，这种惊奇之情调必须在世界中的某个事件上"引燃"自己，这就是古希腊哲人所说的"契机"。契机的一种开放性蕴含着教师被唤醒的内在可能性。

(一)惊奇：教师从自然态度走向反思态度

众所周知，在多年的教学生活中，教师或多或少地都积累了对这部分教材或那部分教材如何教的可贵的实践经验(教学法)。虽然这些经验存在一定的局限性，但是，教师大抵能按照这些经验去评价教学，"以致在很长时间里，从事一般教育理论研究的大学教师如果不懂中小学教材教法，因同中小学教师缺乏共同语言，而很难走进中小学"②。但是，教师因受狭隘分工的局限，又缺乏教育理论的视野与教育研究的训练，所以他们难以应对教育实践领域出现的新问题。

面对儿童、教材、学校乃至世界发生着的日新月异的变化，如何有效地教学是每个教师回避不了的难题；但是，凭借个人经验则无法做出准确

---

① [德]埃德蒙德·胡塞尔著，李幼蒸译：《纯粹现象学通论》，北京：商务印书馆，1996年，第92—93页。

② 陈桂生：《普通教育学纲要》，上海：华东师范大学出版社，2009年，第196页。

判断并采取有效的行动。依据上述现象学理论，教师只有摆脱个人经验的成见，才可能以新的目光观看教学或教育之本源。这种目光的转向首先依赖于一种态度的转向，即从自然态度转向反思态度。在此，反思态度与自然态度的决裂预设了作为一种对世界敞开之情调——惊奇。

自亚里士多德把惊奇作为哲学的本原以来，人们已经认识到必定有一种情调推动着世界开放状态的提升。从态度转向的意义上我们重提古希腊哲人的"惊奇"，必须审慎地承认惊奇的本真创始力量在今天仍然持续存在。这种力量使得教师能够从盲目的封闭经验境域里走出来，获得一种思想解放。这种力量就像新生儿从孕育他的子宫的锁闭里显露而出现于"能在"的开放之中。

在教师的日常工作中，其注意力多是放在工作中必须处理的事件上。教师在其日常工作中每天打交道的人多为学生、同事，人事的工作也多是备课、上课、批改作业等，这一切恰恰构成他所熟悉并信赖的境域。教师习惯于依据经验确定自己处理上述事件的方向和顺序。例如，他最关心的是学生的学习成绩，这种特殊的指引弱化了其境域中其他可能的指引联系，或者说，他的特殊世界中的其他指引联系始终于处于隐蔽之中。这也意味着"教育的本质已处于完全失落的危险之中。"[①]因为教师每天忙碌于教给学生学科知识，并期待学生以此获得好的考试成绩，而缺乏对整体教育的关心。

纵观哲学史，正是内在于惊奇里的创始力量在古希腊哲人那里实际地发生效用，惊奇的光辉照亮古希腊哲学的道路。同理，我们希望惊奇之光照亮教师的专业发展之路，即教师能够实现从自然态度向反思态度的转向，获得对教育本质的关注，而非对技术性事物的执着。胡塞尔把摆脱自然态度的行为称为"悬置"，而通过"悬置"暴露的正是朝向普遍世界的敞开

---

① ［德］雅斯贝尔斯著，邹进译：《什么是教育》，北京：生活·读书·新知三联书店，1991年，第46页。

状态，这样，奇迹就得以显现了。例如，如果教师"悬置"其对某个学生的固有看法，那么，寻常的孩子或许会显现为不同寻常的状态了。当然，教师的这种惊奇之情必须在其世界中的某个事件上"引燃"。这就需要教师始终保持一颗"赤子之心"，在预先给定的境域中恭候那惊奇之情的不期而遇；或者说，一旦有新的"契机"，教师就能够立刻采取行动。

(二)契机：教师实现自我更新的可能性

由于自然态度的惯性力量是拒绝"看见"新事物，所以，对教师而言，一种对日常教育生活的全新思考只能以一种反思态度为依据，而这恰恰需要一个契机。契机是一种新的可能性，它隐蔽在将来中，但又已经突入当前之中。如果一位教师真正抓住这样一种可能性，那么，他的特殊世界就借此获得了一个全新的形态，其普遍世界自行开启之发生仿佛也获得一种新的推动力。

对于教师的当前行为来说，时间起着支配作用。一方面，时间总是使某种思或行的方式变成习惯；另一方面，如果教师能够意识到一种即将来临的变革使传统教学习惯显得陈旧过时，他就会又令人吃惊地使这个契机从可能性变为现实性。例如，在大学与中小学合作的过程中，一部分教师意识到理论的原创性力量，于是，他们能够在其实践辩护中自觉地从自然态度转向反思态度。

对教师来说，一种处境是否被衡量为可能的契机，他的"决心"或许能显示出一种行动开端的基本情调。这里的决心是透过一种觉醒情调而成为可能的。在教师的觉醒情调中，他获得了一种"诞生"的体验，即从一种允诺生命的隐蔽状态中感受到自己，亦即感受到他的特殊世界向普遍世界开放之可能。当然，教师做出某个特殊决定需要一个"时机成熟"的时刻，但是，教师也可能"错失良机"。这取决于他在某种处境中究竟如何行动。

总之，教师的专业发展成功与否首先取决于他自己。但是，关键点在于教师如何理解本己的责任，并赋予其作为此在的基本状态。由此引出的关键所在是教师个人对其生活负责的持续状况的形成。综上所述，由于受到各自境域与习惯的局限，教师在判断和行动时首先依赖其特殊世界，借着自然态度去决定如何行动。事实上，只有凭借反思态度，教师才可能拓展其思想方式与行动类型，超越其境域的界限，并能够向普遍境域开放自身——理解教育本质。只有通过这条道路，教师方可从特殊世界通达普遍世界，进而实现真正的专业发展。

重新理解教师之爱

——基于舍勒的情感现象学视域①

《重新理解教师之爱——基于舍勒的情感现象学视域》的写作意图是尝试从现象学教育学视角反思师爱问题。从现实层面看，教师认为自己的行为体现对学生的关爱，但是，学生是否能够感受到来自教师的爱，这方面的研究成果还比较少。德国哲学家舍勒的基本命题：人是爱的存在；爱在人的存在中起着根本性的奠基作用，它是一个人认识世界并做出意志行动的前提。基于现象学"回到事情本身"的原则来看，爱本身是一种精神意向行为，由此开启重新理解师爱的新视域，师爱总是从教师内心深处涌出的一种超越外在性的爱的意图，存在于孩子对爱的亲身体验中。

也许对许多人来说，不管对于爱的内涵是否有深刻理解，都不妨碍他们去体验爱、实践爱。但是，教师之爱是教育之基础，如果教师没有对于爱的实质内涵的真正理解，日常生活中的教师之爱就可能变得支离破碎。就师爱的主题研究而言，以往我们比较多地关注教师热爱学生和热爱教育事业的伦理规范和实用价值，而对于教师之爱是什么，我们则缺乏深刻的理论思考。在此，从爱的哲学思考入手，拟对师爱问题做些探讨。

一、爱：一种精神意向行为

爱的问题不是科学问题，而是哲学问题。我们必须立足于哲学的学

---

①　本文以题名《重新理解教师之爱——基于舍勒的情感现象学视域》刊于《教育研究》2009 年第 11 期，文中内容略有改动。

理,对于爱的本质进行纯粹的探讨。也许已经有一些关于爱的理论了,但是我们对于爱的哲学思考则显不足。这可能与中国的哲学传统有关,几乎没有中国哲学家曾经对爱进行主题化的研究,自儒家以来,关于爱的思想是由"仁"所统摄的。① 与此相反,爱的哲学反省一直是西方哲学的重要课题。因此,我们有必要从西方哲学家关于爱的研究成果中获取重要的思想资源。德国著名现象学家舍勒(Max Scheler)有关爱的理论为我们研究师爱问题提供了一个有重要参考价值的学术视域。

当舍勒以现象学态度与世界本身进行直接接触时,他发现了这样一个事实,即"爱是倾向或随倾向而来的行为,此行为试图将每个事物引入自己特有的价值完美之方向,并在没有阻碍时完成这一行动"②。舍勒的基本命题:人是爱的存在;爱在人的存在中起着根本性的奠基作用,它是一个人认识世界并做出意志行动的前提。舍勒说:"在人是思之在者或意愿之在者之前,他就已经是爱之在者了。人的爱之丰盈、层级、差异和力量限定了他的可能的精神和他与宇宙的可能的交织度的丰盈、作用方式和力量。"③这是舍勒关于爱的哲学的核心观点。没有爱,世界就不会向人照面,它也因此不会成为人的认识对象和意志对象。④

与传统的理性主义和经验主义不同,舍勒明确将爱作为认识的基础。在爱与认识的关系方面,舍勒继承了歌德和帕斯卡的观点。歌德说,人只能认识自己所爱的对象,并且人越是热爱认识的对象,对对象的认识就越深刻和完整。帕斯卡也说,认识对象只有先呈现在爱的过程中,然后感知才能描述它们,理性才能判断它们。⑤ 依据舍勒的观点,人的情感领域具

① 倪梁康等:《中国现象学与哲学评论·第七辑(现象学与伦理)》,上海:上海译文出版社,2005年,第167页。
② 刘小枫:《舍勒选集(下)》,上海:上海三联书店,1999年,第750页。
③ 同上书,第751页。
④ 同上书,第47页。
⑤ 同上书,第776—777页。

有自身的行为合法性，不是从理性和意志演绎出来，因此，他总是强调"心有其理"，即"心灵在它自己的领域拥有一种严格的逻辑类推法则——但并不因袭知性的逻辑"①。换言之，心灵有自己的"根据"，或者说存在着一种心的秩序、心的逻辑。

这里所说的"心"，是指人对各种价值的不同意向体验和情感感受活动，而"理""秩序""逻辑"则是指在这些意向体验、情感感受之间的奠基关系和奠基顺序。舍勒的"人心之序"包括两重含义：一是人对价值进行体验和感受的情感活动的秩序；二是人在爱的引导下，通过意向体验和情感感受所实际获得的，或者说是被给予的价值结构、价值方向和价值秩序。舍勒认为，人类的心灵作为爱的秩序的核心，并非一片混乱的情感状态，而是所有可能存在的价值的一种有秩序的对应物，是价值世界的缩影。② 也就是说，爱有着自己明确的价值方向，即爱有自己的秩序。

爱的秩序乃是生命个体的核心，爱的秩序意指人的情感的整个结构，以及情感所意向的客观的价值秩序，人的一切价值选择都以之为源泉。舍勒从先验的意义上将爱理解为四种形式，即感官之爱、生命之爱、精神之爱和信仰之爱。这四种类型的爱与其所意向的价值之间存在本质性的联系，并且这种联系不会随价值载体的变化而改变。与此相对应，基于现象学的直观，舍勒发现了四种基本的价值存在样式：感官价值、生命价值、精神价值和神圣价值。"爱是对价值对象的直接的反应方式，并且无论如何与关于对象及其价值判断没有任何关系。"③因此，人无法为爱寻找理由。除非在爱的行为发生之后才会寻找理由，但这些理由绝不可能全面说明真正的爱。

---

① 刘小枫：《舍勒选集（下）》，上海：上海三联书店，1999 年，第 75 页。

② ［美］曼弗雷德·S. 弗林斯著，王芃译：《舍勒思想评述》，北京：华夏出版社，2003 年，第 49 页。

③ 同上书，第 46 页。

在舍勒看来，爱是带有内在价值指涉的一种意向性行为、自觉实现的行为。真正的爱的秩序与先天的价值秩序对应，真正的爱怀着较高的价值意向参与到对象当中，"作为爱者的这一方期待着对象完美无缺并对被爱对象保持一种稳定的情感"①。总之，作为一种精神意向运动，"爱在爱之时始终爱得更远一些，而不仅限于它所把握和占有的东西"②。这也正是爱的本质。人是爱的存在，正是由于这种爱，才使得人的发展不会终止于某一个终点，而是沿着特有的理想性和完善性方向趋于无限。

人在其生命活动中参与各种具体形式的爱：对信仰的爱、对自然的爱、对国家的爱、对家庭的爱、对父母的爱、对孩子的爱……在爱的所有形式中，它都揭示着价值。一个人、一个时代或者一个民族具有什么样的爱的情感结构，他就具有什么样的认识对象和认识概念。因此，才形成了不同的个人、时代、民族的文化体系、生活方式、价值标准及其特有的精神气质。但是，在现实生活中，人们对各种价值等级的虚假偏好已经深入灵魂，由此导致的结果是价值等级秩序——爱的秩序已经在情感生活中变得模糊不清了。正是由于洞察到现代社会中人们对感官价值和实用价值的偏爱，舍勒用"价值颠覆"来概括现代社会中人心失序的问题。

舍勒以其卓越的现象学眼光看到人是爱的存在，并把人的经验之爱升华到先验之爱，使之具有了奠基性作用。尽管舍勒关于爱的阐释蕴含着浓厚的基督教文化色彩，但是我们更看重舍勒关于爱的思考中所呈现的一种现象学态度，即"回到事情本身"去追问爱的本质内涵——爱是一种精神意向行为。这为我们在教育学研究中重新理解师爱问题提供了一种新的理论视域。

---

① [美]曼弗雷德·S. 弗林斯著，王芃译：《舍勒思想评述》，北京：华夏出版社，2003年，第47页。

② [德]马克斯·舍勒著，孙周兴、林克译：《爱的秩序》，北京：生活·读书·新知三联书店，1995年，第50页。

二、教师之爱：心向着孩子

"现象学的基本态度是首先朝向活生生的事情本身，你自己睁开你的眼睛去看，去听，去直观，然后从这里头得出最原本的东西。"①在舍勒那里，现象学态度是指在人面对世界时所应保持的诚实态度或应该具有的实事求是精神，也就是不带任何成见去聆听现象本身的诉说或与世界本身进行直接接触。如果我们以这种现象学态度来理解教师之爱，就必须重新找回教师和学生之间自然的联系，在直观中展示师爱最原初的东西。

从小学生的日常学校生活体验中，我们能够看到师生之间天然的情感联系，以及教师之爱对于孩子生活世界的直接影响。意大利著名作家亚米契斯在《爱的教育》中就描述了小学生安利柯的内心体验。新学期开始了，因为升入小学四年级，原来的老师不再教他了。于是，在安利柯的心里，"因为那位亲爱快活的先生已不在，学校也不如以前有趣味了"②。当然，新老师的态度也在改变着这个孩子的生活。安利柯的新老师虽然板着面孔，但是并没有责备课堂上违纪的学生，而是用亲切的声音说：

大家听着！我们从此要同处一年，让我们好好地过这一年吧！大家要用功，要规矩。我没有一个家属，你们就是我的家属，去年以前，我还有母亲，母亲死了以后，我只有一个人了！你们以外，我没有别的家属在世界上，除了你们，我没有可爱的人！你们是我的儿子，我爱你们，请你们也喜欢我！我一个都不愿责罚你们，请将你们的真心给我看看！请你们全班成为一个家族，给我做慰藉，给我做荣耀！我现在并不想你们用口来答应我，我确已知道你们已在心里答应我"肯的"了。我感谢你们。③

正是老师的这番肺腑之言让安利柯感受到"从今天起，现在的先生也

① 张祥龙：《朝向事情本身》，北京：团结出版社，2003 年，第 5 页。
② [意]亚米契斯著，夏丏尊译：《爱的教育》，上海：华东师范大学出版社，1995 年，第 2 页。
③ 同上书，第 3—4 页。

可爱起来了"①。

可见，一个孩子对师爱的体验也总是与他个人的生活情境息息相关的。依现象学眼光看，人跟这个世界从一开始就是以某种动态的、境域的方式结合在一起的。所以，师爱的发生也总是情境的或境域的。根据舍勒的观点，学校或班级本身就是一个生活共同体，而且在这个生活共同体中，成员之间在情感上存在着某种"自然而然的理解"。因此，教师不必对孩子讲一些深思熟虑的大道理，只要以那颗真诚的心向着孩子。孩子在教师的眼神、手势、言语甚至语调中就能感受教师的真爱了。"对人而言，所谓事物的'本质'的'核心'始终在他的情性赖以维系之处。凡是远离人的情性的东西，人始终觉得'似是而非'和'不在其位'。"②

从词源上看，教师职业中在最初就存在着一种朝向孩子的意趣。教师职业的日常行为表述就是"教书"(teaching)，在英语词典中，"teaching"的解释义是"pedagogy"。英语中的教师(pedagogue)一词源自希腊语，但它的原意不是教师，而是担任监护任务的奴隶或卫士，其职责是指引(ago-gos)孩子(paides)去上学。所以，教师的最初含义是孩子的引路人，具体职责是指引孩子怎样去学校、怎样回家。当然，教育学意义上的"引路"(agogos，leading)有比希腊词源更为丰富的内涵，即陪伴孩子、与孩子在一起、关心孩子，而且这一内涵始终是教师与孩子关系的核心所在。③ 在师生构成的交往关系中，引路意味着率先走在前面，即"以其昭昭，使人昭昭"；引路还意味着一种召唤。"引路"的行动也许有技术性的方面，但是在本质上不是一些技巧，而是教师怀着一颗向着孩子的爱心。

更确切地说，教师的爱就是指教师的心始终向着孩子，心向着孩子生

---

① [意]亚米契斯著，夏丏尊译：《爱的教育》，上海：华东师范大学出版社，1995年，第3页。

② 刘小枫：《舍勒选集（下）》，上海：上海三联书店，1999年，第751页。

③ [加]马克斯·范梅南著，李树英译：《教学机智——教育智慧的意蕴》，北京：教育科学出版社，2001年，第50—51页。

存和成长的固有本性。因此，我们把师爱的本性理解为：在世上使孩子臻向至善，以及使孩子的人格有所提升的意向性行为。这种精神意向活动是一种带着价值倾向的发掘事物价值的行为。因此，教师之爱就是导向价值正确的完善行为，始终指向孩子至善成长的可能性。成长是人的生命当中一直拥有的可能性。"人的精神本身成长并发展着；成长和发展并不完全是对和偶然事实有关的认识结果进行新的搜集。也就是说，与出于实践目的而专注于知识的'累积'相比，人的精神的'进化'具有更高的价值。"①正是这种关注孩子成长的意向吸引着教师始终心向孩子。这也是教师"命运"的独特之处，换言之，教师命中注定要去"爱"孩子。"疼爱自己的孩子是本能，疼爱别人的孩子则是神圣。"②在此，师爱也显出其神圣价值，反映出教师个人的特殊使命和天职。

从词源上看，"使命"（vocation）这个词就内含"召唤"（vocare）的意义。做教师就意味着生活中有了一种召唤——教育的召唤。这种召唤把孩子与教师联结为一体。教师和孩子之间有一种投入双方生命和生活意义的关系。孩子的命运与教师的命运也由此变得息息相关。只有当教师真正感受到教育作为一种召唤而激起活力和深受鼓舞的时候，教师与孩子的生活才可能拥有教育学的意义。在此，爱作为一种奠基性存在，对教师的激情具有奠基作用。教师没有爱，激情将不存在；培植爱，一切激情将得以复活。激情是一个教师持续的潜能。教师在孩子的召唤中听到更根本的声音，体验到一种创造性力量。

因此，教师心向孩子，正是这种爱的意向体现了教师是谁、在做什么，以及以何种方式面对世界。"心向孩子"首先召唤教师去行动，然后又召唤教师对行动做出反思，即与孩子一道生活并不断反思与孩子的生活方

---

① [美]曼弗雷德·S. 弗林斯著，张志平、张任之译：《舍勒的心灵》，上海：上海三联书店，2006 年，第 229 页。

② 林崇德：《教育的智慧》，北京：北京师范大学出版社，2005 年，第 25 页。

式，这也正是教师在学校生活中呈现的大爱。在此，爱构成了教师意向生活与情感生活的最高阶段，"它可以说是在展示着一个运动，在这个运动过程中，各个新的和更高甚至是完全未知的价值昭示并闪现出来"①。其中，爱的意向是教师精神的最重要的基本倾向，这种精神的强有力的基本行动就是师爱的创造性力量。

在教育实践中，爱的秩序在教师生命个体身上的体现就是他的性情或气质。师爱作为一种性情就在于尽心、尽性、尽力，而不在于实际好处的大小。师爱也因此具有其内在的高贵品质，也只有这种高贵才是其精神尺度所在。教师爱学生、爱教学，这种爱本身不是出于一种义务或责任，而是由于教师内心充盈着对孩子无限的爱，这才促成其怀有一种强烈的义务感或责任感。教师之爱在其意向中展开，并"干预"他所从事的教育实践的"世界"。正是教师作为爱者的努力与期盼，孩子(其所爱对象)身上才会显现出较高的价值。真正的爱是"让其成其所是"，而不是把自己的意愿或者观点强加于被爱的对象之中。教师的爱就是牵手、引路，即召唤、邀请孩子走进这个世界。

教师之爱就是指教师把爱的意向伸展到对学生，即"我们的心向着孩子"②。师爱总是从教师内心深处涌出的一种超越外在性的爱的意图，存在于孩子对爱的亲身体验中。在此，师爱也就涵盖了一切教育学的意蕴。换言之，师爱是教育之爱，也是教师职业生活中最有价值的部分，是教师职业生命的根本所在。

三、师爱的实践

著名教育家夏丏尊先生曾把"情"和"爱"比作教育上的水。他说："教

---

① [德]马克斯·舍勒著，倪梁康译：《伦理学中的形式主义与质料的价值伦理学(上册)》，北京：生活·读书·新知三联书店，2004年，第317页。

② [加]马克斯·范梅南著，李树英译：《教学机智——教育智慧的意蕴》，北京：教育科学出版社，2001年，第42页。

育没有了情爱，就成了无水的池，任你四方形也罢，圆形也罢，总逃不了一个空虚。"①在夏先生从教的时代，学校教育从制度和方法上走马灯似的更变迎合，好像掘池，朝三暮四地改个不休。因此，夏先生担心学校教育忽视生命所在——人的培养。其实，在技术理性变得日益强大的今天，如夏先生对爱的教育的忧虑依然存在。某市教委在教师中随机抽取100名教师，问："您热爱学生吗?"90％以上的被试者回答"是"；在这100名教师所教的学生中进行调查："你体会到老师对你的爱了吗?"回答"体会到"的仅占10％。② 为什么存在如此巨大的反差?

根据舍勒的观点，情感行为和情感体验背后隐藏的价值趋向才真正揭示出人的本质的所在。但是，"现代人恰恰在本质上丧失了这一切。对于他本来能够在此谛听的东西，他一开始就缺乏信赖的真诚"③。现代人否认人的情感生命也有其自身的明证性与合规律性，而是从各种具体的情感和价值对象的不断变化出发，把情感和价值判断视为主观任意的。所以，现代人陷入了爱的"迷乱"和"价值颠覆"的境地。

诚然，现代人在爱的问题上出现的价值错位也不同程度地反映在师爱问题中。一般来说，我们对于师爱的理解往往放弃在至高和终极价值问题上的追问，而更多地关注师爱的属性、功能与方法等问题。许多教师认为，"爱能融化坚冰，爱能点石成金"。这种观点无疑隐含着工具理性的思维方式，即把师爱视为一种操作方式和手段。以有用性价值来理解师爱，这只能是"伪善"的爱。师爱远离其爱的本性，那么，教育实践也就失去了努力的方向。

其实，工具理性思维背后正是强大的理性主义传统。长期以来，我们

---

① [意]亚米契斯著，夏丏尊译：《爱的教育》，上海：华东师范大学出版社，1995年，译者序言第2页。

② 林崇德：《教育的智慧》，北京：北京师范大学出版社，2005年，第25页。

③ [德]马克斯·舍勒著，孙周兴、林克译：《爱的秩序》，北京：生活·读书·新知三联书店，1995年，第58页。

依据理性主义传统理解师爱，以认识论的理性逻辑来阐释心灵的逻辑，也过于迷信因果关系的推理，普遍草率地对待感情事物和爱的事物，忽视了师爱所产生的内心感知行为，即教师之爱在教师和学生的意识中所发生的事情，而是过于关注师爱所引起的外感知行为。因此，情感生命仅仅成为心理科学研究的对象，教育学也由此丧失了爱的根本基础。正是在心理科学研究成果的支持下，教师在教育实践中的爱被理解为一种特殊的爱，是一种会导向实践行为举止方式的爱。因此，在教师职业伦理中，师爱变成一种师德的规范性要求。教师被要求去承担爱的义务。事实上，心理科学主要考虑对情感状态的理解，但行为并不"在此"。① 这种被规范的"实践的爱"已经不具有爱的本性了。教师之爱作为一种"实践的爱"，是一般意义上的爱（舍勒的"爱"）的属种，它是人的精神意向性行为。因此，"爱是不能被诫令"的。② 这也正是舍勒提出的与爱的实践有关的重要命题。

如果教师被要求去履行爱的义务，那么，师爱就可能被悄悄地转换成有好意或做好事。这其中就存在一个巨大的危险：爱作为一种意向活动，原初只是人的精神行为，而现在一定要被某些外部可见的行为所证明。例如，根据教师职业道德规范的要求，教师对学生有好意或做好事，那么，自私的、有意图的鼓励就可能被伪装成教师对孩子的爱，师爱也因此变得无力与无能，这也就是前文提到的教师和学生对师爱的理解为何存在巨大差异的根源所在。

根据舍勒的观点，一方面，"有好意"和"做好事"在根本上是有别于爱的行为，它们可以存在，却不是爱的结果，也可能是出于功利心和名誉欲。③ 例如，教师出于追求个人荣誉的愿望也可能对学生表现出好意。另

---

① ［美］曼弗雷德·S.弗林斯著，王芃译：《舍勒思想评述》，北京：华夏出版社，2003年，第47页。

② ［德］马克斯·舍勒著，倪梁康译：《伦理学中的形式主义与质料的价值伦理学（上册）》，北京：生活·读书·新知三联书店，2004年，第270页。

③ 同上书，第272页。

一方面，爱并不一定会导向有好意或做好事，人们可能出于爱而发怒和施加痛苦。因为师爱在本性上恰恰不能简单地以孩子的感官价值满足为目标，而是以孩子在人格上实现最高精神价值为追求。教师之爱应该建基于孩子精神人格提升的基础上。在此，教师也可能会对孩子采取严格的教育措施，孩子也会因此承受一定的痛苦，但这其中有着神圣师爱的真情。

的确，教师愿意对他所爱的学生履行"义务"，而且出于爱学生和热爱教育事业也愿意遵守所有的职业规范。但是，此时此刻，爱学生、爱事业已经不是一些简单的伦理规范了。在教师的内心深处，出于"心向孩子"的意向比"出于义务"有着更高的价值，这也正是舍勒所说的"爱的逻辑"或"心灵的逻辑"。这一结论也许对当今教师教育有着深刻的启示，即教师职业道德素养形成的关键是教师如何拥有"心向孩子"的意识品质。

他者经验与儿童成长：师生关系的另一种解读

——基于舍勒的情感现象学理论视域①

《他者经验与儿童成长：师生关系的另一种解读——基于舍勒的情感现象学理论视域》的写作意图是基于德国哲学家舍勒的情感现象学理论构建理解师生关系的教育学理论。在教育领域，师生关系、亲子关系是老生常谈的话题，本文基于舍勒关于主体间关系的理论阐释，拟重新考察亲子关系与师生关系的内在联系，进而揭示这两种关系对儿童成长的重要影响。

作为一个社会性存在，儿童个体的成长不可能独立完成，必须依靠那些处于他生命周遭的他人的本质帮助。父母和教师无疑是儿童生命中的重要他人，儿童在与父母、教师的交往中获得的他者经验对其成长有着重要影响。德国著名现象学学者舍勒对主体间关系的现象学理解为我们思考儿童与重要他人的交往关系提供了有价值的理论参考视域。基于舍勒的视角，笔者拟重新考察亲子关系与师生关系的内在联系，进而揭示这两种关系对儿童成长的重要影响。

---

① 本文以题名《他者经验与儿童成长：师生关系的另一种解读——基于舍勒的情感现象学理论视域》刊于《教育研究》2011年第9期，文中内容略有改动。本文系教育部人文社会科学研究规划项目"学士后教师专业发展的理论与实践研究"（项目编号：10YJA880198），以及北京市社科规划项目"U-S协作对北京中小学教师专业发展影响力的研究"（项目编号：10BaJY066）的研究成果之一。

一、舍勒关于主体间关系的理解

主体间性问题通常被视为有关"你"或"他者"的问题。舍勒对此类问题的理解是建立在其独特的现象学分析基础上的。他非常关注个体对共体、对他人意识的起源问题，并认为个体与共体的关系问题及作为心灵主体的"自我"与"他人"的问题从最根本上是伦理学问题。[①] 他重点讨论了"自我"的本质、"你"的明证性和对"他者"的感知，还将其现象学立场运用于主体间的情感经验领域，拓展了对主体间情感关系的理解。

(一)"自我""你"或"他者"的原初共在

凭借对鲁宾逊经历的现象学解读，舍勒认为，他人心灵中的思想不一定后于我们自己的，而我们自己心灵中的内容也不一定先于他人的，主体间性的自我与你(或他者)在最初尚未得以区分，而且这种主体间性的无差别源自最初的心理之流，人与人之间也由此发生情感上的相互关联。这种原初的共在也构成了主体间达成理解的内在意识前提。

1．"自我"的本质

笛卡尔曾提出"我思故我在"，思的行为与自我实体相关，而胡塞尔的"我思"总是对某种东西的意识。在现象学还原之后，意识行为乃是最原初的存在领域，独立于一切内在的心理事物和外在的物理事物。这种原初性也被称为行为的自我关涉性，即行为不依赖于任何生理—心理性的偶然实在性的组织形式。在这种行为的自我关涉、自我构成中，世界的实在存在的问题就自然被排除了。

舍勒将胡塞尔的意向性原理进一步扩展，并把意向性意识视为一种超越性意识。这种超越性表明意识或者精神原初地就是超出自身而指向他物的行为。这种意向性实质上也是一种关系性(relation)，这种关系性同样是

---

① 刘小枫：《舍勒选集(上)》，上海：上海三联书店，1999 年，第 353 页。

原初的和不可还原的，绝不是某个主体或者先验自我的构造的产物。因此，舍勒从根本上否定了胡塞尔的"先验自我"。在舍勒对"自我"的本质分析中，"自我"是精神人格的内知觉的对象。内知觉的根本所指是在"对……的意识"中被给予的。一个意向行为始终要求意向对象的充实，这种要求是先天的，与经验对象无关。

2. "你"的明证性

由于舍勒的"自我"是内知觉的对象，"你"就是自我的直接关联项，即自我的意向所指是"你"。"你"对于"我"而言，不是经验的给予，也不是从类比推论中来，而是自明地给予。"你"的先天性是作为一个意识领域而发挥作用的①，由于意识的"超越性"，"世界"现象是超越于自我的。在这种意识中，不是"世界"而是"你"被自我的瞬间意向所指。

为了说明"你"的明证性，舍勒还对鲁宾逊的经历进行现象学分析。鲁宾逊在开始有目的的行为时所出现的本质上确定的和不容混淆的空位之中，将在他心灵中出现关于作为"你"之领域而临在的东西，仅作为实在的直观和理念，只是他不曾见过它的任何范例而已。因此，舍勒说："你性是人类思维的基本存在范畴。"②海德格尔也有同样观点："即使他人实际上不现成地摆在那里，不被感知，共在也在存在论上规定着此在。此在之独在也是在世界中共在……独在是共在的一种残缺样式，独在的可能性恰是共在的证明。"③

3. "他者"的被给予

从舍勒的视角看，人类个体的存在首先意味着与"他人"的本质联系。与他人一起生活，不只是一个事实，而且这种与他人的联系在本质上是在

① ［美］曼弗雷德·S. 弗林斯著，张志平、张任之译：《舍勒的心灵》，上海：上海三联书店，2006年，第81页。

② 同上。

③ ［德］马丁·海德格尔著，陈嘉映、王庆节译：《存在与时间》，北京：生活·读书·新知三联书店，2000年，第140页。

体性的。① 这种在体性带来了对纯粹本质的开放认识，这样的本质只能是"直观的"。例如，在鲁宾逊的意识领域中，虽然其经验到的意识是缺乏共同体性的，但是，他的情感和理性机能仍能意向性地指向"他者"。这样的"他者性"正是存在于共同体成员的缺席之中。

舍勒还以幼儿生活的事实作为证明，"一个孩子生活于其中的观念、情感和追求方向——除了诸如饥、渴之类的普遍欲求——最先完完全全是他周围的世界，即他的父母、亲友、姐姐、兄长、教养者、故土、民族观念、情感和追求方向"②。可见，人最先体验到的是他人的自我而不是自己的自我，换言之，"自我"与"他者"是原初共在。

综上所述，作为关系世界的实在，"你"或者"他者"总是基本的，总是先于"自我"被给予的，并不证自明地先于所有生命和无生命的自然的实在，而"自我"只能在"我们"之中认识自身。一个人也正是由此获得对主体间情感经验的把握，正是在这一层面上，舍勒勾勒出主体间情感交流的基本样式。

(二)同情：主体间性的情感经验

舍勒将现象学的意向性原理扩展到主体间的情感领域。他认为"他者之我"是可以被把握的，这一事实为主体间发生情感上的相互关联提供可能性。他在前人研究成果的基础上对同情提出了独特的现象学理解，认为"同情不仅指一个人对他人的怜悯，而是有着更为广泛的含义，那就是泛指人们对同一种情感的分享或对他人之情感的参与"③。基于对同情现象的本质与形式的现象学分析，舍勒区分出人与人之间情感经验的四种基本形

---

① [美]曼弗雷德·S. 弗林斯著，王芃译：《舍勒思想评述》，北京：华夏出版社，2003 年，第 37 页。

② 刘小枫：《舍勒选集(上)》，上海：上海三联书店，1999 年，第 375 页。

③ 张志平：《情感的本质与意义——舍勒的情感现象学概论》，上海：上海人民出版社，2006 年，第 116 页。

式，即情感共有、情感参与、情绪感染、情感认同。[①]

1. 情感共有即直接的同情

情感共有的本质表现在三个方面：一是 A 和 B 两个人共同感受着同一种情感，这种情感是由对两人而言共同的价值事态引发的；二是 A 和 B 两个人相互独立地产生了同一情感；三是 B 的情感对 A 而言不仅仅是对象性的，A 确实感受到与 B 一样的情感。这种同情现象在现实生活中大量存在着。当然，舍勒认为情感共有只涉及人的心灵性情感，如悲伤、欢乐、痛苦、自豪等，而与人的生命感受或感官感受无关。[②]

2. 情感参与即参与某种情境的同情

情感参与不同于前者。在情感参与中，A 的情感和 B 的情感源自两个不同的价值事态。例如，A 看到 B 失去父亲时非常痛苦，A 也为 B 感到难过。这里，A 的情感是由 B 痛苦这个价值事态引发的。B 是当事人，A 是旁观者。A 的悲伤和 B 的悲伤是两个不同的事实，而不是像第一种情况（情感共有）那样是一个事实。因此，这里的情感参与不同于怜悯意义上的同情，它不仅指向同悲，还可以指向同乐，更接近于我们理解的情感共鸣现象。舍勒认为，爱是情感参与的前提。[③]

3. 情绪感染即心理传染

这是一种被动的情感反应。单纯的感情传染着眼于人的情绪受他人或外部环境的影响。它可能发生在人与人的情绪之间，并不以对他人欢乐或悲伤的认知为前提，也可能发生在人与环境氛围之间，但都不是一种情感上的主动参与。例如，我也许正在公园散步，人群莫名其妙的骚动可能会引起我内心的恐慌；在阳光明媚的日子里，我的心情也会随之变得明快起

---

① 刘小枫：《舍勒选集（上）》，上海：上海三联书店，1999 年，第 285 页。

② 张志平：《情感的本质与意义——舍勒的情感现象学概论》，上海：上海人民出版社，2006 年，第 121－122 页。

③ 同上书，第 123 页。

来。这种情绪传染的发生具有任意性，而且行动着的"群体"轻易地超越所有个体的意向，可能做着没有任何人"愿意"和"对之负责"的事情。[①]

4. 情感认同即情感一体

这是一种真正的体验性感觉，也是同情现象的极端形式。在此，"不仅他人的、有限的感觉过程被不自觉地当成自己的感觉过程，而且他人的自我恰恰(在其所有基本行为上)与自己的自我被认同为一体"[②]。它一般表现为三种类型：一是自发型，即一个人将别人的自我纳入自己的自我当中，从而使对方完全生活在"我"之中；二是他发型，即一个人完全将自己的自我完全纳入别人的自我当中，从而使"我"完全生活在"他人之中"；三是交融型，即一个人的自我与他人的自我构成相互交融的双向的一体关系。

总之，基于舍勒对主体间关系与情感体验的现象学解读，我们看到在生命空间和生命关联的整体上给予个体感受影响的深刻意蕴，这就使得我们思考儿童与成年人的关系问题能够突破原有的局限，进入一个更为广阔的理论视域。如果将舍勒的现象学理论拓展到教育领域，将有助于丰富我们对儿童与成年人(父母或教师)交往关系的教育学理解。

二、重新理解亲子关系和师生关系的教育意蕴

纵观儿童的成长过程中，孩子与父母、教师构成的交往关系恰恰是其精神成长过程中的独特之处，一个孩子与他者、与世界的遭遇也由此展开。孩子与父母、教师交往构成的亲子关系与师生关系是一个具有连贯意义的统一体。儿童与家长或教师交往中逐渐形成的"我—你"关系意识和情感体验构成其精神生命的基调。

---

① 刘小枫：《舍勒选集(上)》，上海：上海三联书店，1999年，第289页。
② 同上书，第292页。

(一)亲子关系：儿童初获他者经验与情感体验

根据舍勒的理解，家庭是儿童出生于其中的生活共同体的基本形式。家庭是一个孩子生命展开的第一个处所，是他一开始就在其中生活的共同体。儿童在家庭生活中获得"我—你"关系意识和情感体验对他进入学校生活起到了奠基作用。

1. 孩子在亲子关系中获得自我意识

在舍勒看来，在个人生命的早期阶段，婴儿完全被卷入原初的、在其中你的和我的还未区分的心理之流当中；孩子只能从这个可以说在自己头上汹涌流过的心理之流中非常缓慢地抬起自己的头。换言之，在一个孩子的生命早期，最初在他没有关于"我"和"你"的经验之前，他只是用父母的观念和感受来支配自己的观念和感受，渐渐地学会复制父母的想法，但他却把这些想法当成自己的想法，并没有意识到他如何获得这些想法。正是经由这一途径，父母的思想和感受作为"自己的思想或感受"给予儿童。[①]

随着一个儿童的成长，他渐渐意识到自己也有自己的感受、观念和倾向的存在。在这一过程中，儿童逐渐能够对其直接环境中的事物进行客体化，儿童的自我逐渐从他者性占压倒性优势的范围中慢慢分离出来。可见，一个孩子无法逃避他所生活于其中的家庭生活的影响，尤其是受到其父母亲看世界方式的自然而然的影响。对于一个孩子的成长来说，早期家庭生活经历可能影响个体的命运、个人的独特品位、自我意识和道德倾向的形成。

2. 孩子在亲子关系中体验同情

家庭是儿童直接体验同情的最初场所。在家庭生活共同体中，所有的成员都彼此熟悉，没有陌生人，彼此分享着某种特殊的、拥有它自己法则

---

① ［美］曼弗雷德・S. 弗林斯著，张志平、张任之译：《舍勒的心灵》，上海：上海三联书店，2006 年，第 373 页。

的共同经验之流。在此基础上，家庭成员之间存在着某种"自然的理解"①。彼此之间的"自然的理解"表现出持续而又自然的相同的思维、生活、倾听、眼光及爱和恨，简言之，所有成员都被休戚与共和同情感联合在一起。

在家庭生活中，"对于我们成人微不足道的家庭事件，争执或者爱与理解、虚伪的或者善意的微笑、一瞥，对于孩子却是一出至为壮观的戏"②。基于舍勒的同情理论，我们看到孩子在亲子关系中获得的四种类型的情感体验。例如，孩子考试成绩优异，父母为之自豪，孩子和父母彼此能够感受到同一情感；父母感情不和，孩子也会参与父母的情感中而陷入痛苦；父母闷闷不乐，这种情感也会传染给孩子，他也会感到心中郁闷。一些父母会把孩子当成自己生命的一部分，并因此支配孩子的行为和生活，其结果是孩子成为父母的附庸；与此相反，还有另一些父母将孩子视为"太阳"，对孩子唯命是从，成为孩子的附庸。在孩子与父母"亲密无间"的关系中，父母的体验似乎直接为孩子所"理解"，父母的爱与恨影响着一个孩子之所爱和所恨的模式或框架。

总之，儿童在亲子关系中获得的他者经验与情感体验在一定程度上构成他理解师生关系的内在前提。换言之，一个儿童与父母的交往经验为他对待师生关系提供一种指引和规范性模式，构成其处理师生关系的内在意识前提。儿童往往凭借他与父母交往的经验来理解他与教师的交往，并从中逐渐意识到其中的同与异，而这个"求同存异"的过程就是其自我意识成长和情感丰富的真实体验过程。可见，舍勒视角中的亲子关系为我们理解师生关系提供了十分丰富的理论资源。

---

① ［美］曼弗雷德·S.弗林斯著，张志平、张任之译：《舍勒的心灵》，上海：上海三联书店，2006年，第99页。

② 刘小枫：《舍勒选集（下）》，上海：上海三联书店，1999年，第1133页。

(二)师生关系：丰富儿童的他者经验与情感体验

在学校这个特殊的社会生活环境中，对一个儿童的成长来说，教师无疑是塑造或影响其人生的重要他人了。如果我们认可儿童的亲子交往是构成其师生交往的内在意识前提，那么，借鉴舍勒的情感现象学理论，或许能够洞察师生交往对于儿童成长的深刻影响。

1. 师生交往拓展儿童的他者经验

现代学校属于公共教育机构，不同于以血缘为基础的家庭生活共同体。在家庭生活共同体中，父母对于孩子来说，"他者"首先被"自我"经验为"一起生活"的人。"自我"与"他者"是相互渗透的，即"自我"与"他者"总是血脉相连。学校作为一个雏形社会，师生之间是一种有意或刻意建立的人际关系。对于刚刚跨入校门的孩子来说，教师作为他者，首先不是被孩子经验为共同生活的人，而是被经验为异己的他者。与家庭生活共同体相比，师生彼此必须选择与他者休戚与共，而家庭成员彼此是在天然血缘关系基础上的休戚与共。在学校背景中，无论一个儿童是否愿意，他的学校生活都得与教师发生关联。

尽管学校与家庭存在上述差异，但也有着同样本源。舍勒认为，通过意愿和意向所确立的人与人之间的关系根源于生活共同体的休戚与共的情感经验。可见，学校生活中的师生关系是以家庭生活共同体中亲子关系为背景的。一个儿童从家庭生活进入学校生活，他的生活视域由此展开，他所经验到的他者性逐渐变得丰富和多元，而且他对重要他人的情感意向对象也从父母伸展到学校生活中的教师。

2. 师生情谊影响儿童的成长

事实上，教师和学生都是活生生的人，即每位教师和学生各自具有独特情感，师生交往过程中每个人都会有不同的体验与感受。从个别师生交往看，在孩子心目中留下深刻记忆的教师，首先是有人情味的、有爱心的、对学生特别亲切的、容易相处的教师。教师首先呈现于学生的情感体验之中，这也规定着那些隐蔽于意愿之后的"意旨"。

依据舍勒的同情理论，我们可以从四个方面看到师生情感交流给予孩子的影响。其一，师生之间的情感共有可以促进彼此心灵沟通，例如，音乐课上师生共同欣赏一部经典音乐作品的时候，可能引发师生之间共同的感受。其二，师生之间的情感参与分享可以促进彼此之间的信任，如果教师能够对学生采取主动的情感参与，就会让学生感受到教师与他之间形成了一种休戚与共的亲密关系。其三，情绪感染在师生关系中具有潜在效应，尽管情绪感染对于被感染者来说是一种被动反应，如果教师能够让学生在不知不觉中受到某种积极的情绪感染，其中的教育价值是不言而喻的。其四，情感一体可以促成学生对教师的情感认同。尽管情感一体现象中呈现出两种可能性，一方面，学生可能盲目地信服教师；另一方面，学生也许会表现出"亲其师，信其道"，其教育意义也是显著的。

总之，在师生交往过程中，无论学生是否真正意识到教师的影响力，教师在事实上塑造着和构成着学生的观念和意旨。一般来说，学生越少清晰地描述教师的影响，教师对其的成长越是强而有力，这或许就是"润物无声"的效应。在现实的师生交往中，教师对于儿童的影响或许有着完全不同的内涵。着眼于儿童健康品格的养成，我们有必要尝试重构一种新型的师生关系。

三、重建新型师生关系之可能

基于舍勒的理论，我们重新考察了亲子关系和师生关系对于儿童成长的影响，试图找回孩子与成人之间交往的本然联系。在一个孩子的生命早期，他与父母共同生活获得的他者经验与情感体验帮助他去理解"他者之我"，并以此理解他人的心灵。如果教师能够清醒地意识到儿童的他者经验和情感体验特征，就能够明晰什么将触动儿童或唤醒儿童。我们或许可从中看到重构新型师生关系的可能性。

（一）教师需要承担"替代父母"之职

家庭是一个孩子获得他者经验的原初居所，一个孩子的家庭生活经历形成他最基本的生活体验。着眼于儿童的成长，学校必须成为儿童的第二个家。"学校教育和家庭教育一样，关键在于关系，而非控制。"①师生交往就是要鼓励儿童扩展其在家庭生活中已获得的亲子关系体验与理解。当孩子在家庭中生活的时候，父母会向孩子传递这样的信息："我在这里，你可以呼唤我。"②做父母就意味着必须聆听孩子的呼唤并以适当的方式采取行动。

当孩子从家庭走进学校以后，父母不可能对孩子的呼唤做出及时的回应，最可能的替代者就是教师。因此，从现象学教育学的角度看，我们要赋予教师"替代父母"的职责。③ 这种责任意味着教师必须不断提醒自己留意自己与孩子之间的"替代父母"关系，尽可能协助儿童的父母完成育人责任。对一位教师来说，他不可能选择自己的学生，"世界本身以一个学校班级的形式被派来在他的人生道路上作为他的命运与他相会；他的人生意义就是在这命运当中。"④

但是，令人遗憾的事实是，"学校教育一直关注公共生活，而不是家庭生活……我们教育工作者也一直以为生活的起点好像处于'家外'"⑤。其实，学校作为一种公共生活领域与作为私人领域的家庭生活始终有着千丝万缕的联系。对于一个孩子来说，学校和家庭除了是他身体的处所之外，还是他与"他我"的相遇，与我们称之为文化的社会环境的相遇。在这两个

---

① ［美］内尔·诺丁斯著，侯晶晶译：《始于家庭：关怀与社会政策》，北京：教育科学出版社，2006年，第25页。

② 同上。

③ ［加］马克斯·范梅南著，李树英译：《教学机智——教育智慧的意蕴》，北京：教育科学出版社，2001年，第8页。

④ ［奥］马丁·布伯著，张健、韦海英译：《人与人》，北京：作家出版社，1992年，第163—141页。

⑤ ［美］内尔·诺丁斯著，侯晶晶译：《始于家庭：关怀与社会政策》，北京：教育科学出版社，2006年，第177页。

领域中，作为成年人的教师或父母，他们对于孩子的呼唤都应该是令人放心的回应——"我在这里"。这就意味着此人乐于倾听、帮助、保护和引导孩子。"我在这里，你可以呼唤我"，这正是最重要的人与人关系的基础。因为这个人的存在而信任这个人——这正是教育关系最内在的成就。①

(二)理解的心灵需要爱与同情

根据舍勒的同情观，一个孩子如果能够意识到"他者之我"，他就能够体验到他人对自己的道德关怀。② 这种情感体验就是舍勒所说的同情，它可以在教师和学生之间建立一座桥梁，教师和学生的心灵也由此相通了，彼此都会感觉以前所认识的对方好像是另一个人，进而改善彼此的人生际遇。

为了培养学生的同情感，教师首先要对学生同情。它涉及一种存在的转变，在"我—你"关系的体验中存在着深层的联系、直接的真诚甚至爱等高尚的情感。因此，教师必须铭记一个信念：教师必须像父母那样始终怀有一颗向着孩子的爱心。这就要求教师必须从多方面去理解学生，理解是师生建立亲密关系的前提。从舍勒的视角看，理解超越了理性的逻辑，遵循心灵的逻辑，而心灵的逻辑使得教师和学生共同步入一个新的可能性的世界。理解的心灵是一个教师的一切，是怎么高估也不为过的。③

在现实的师生交往中，学生一般很难具体地说清楚爱或恨一位教师的理由，因为爱或恨在他内心深处总是建立在对某位教师的总体印象基础之上的，这是一种未经割裂的情感体验与内心觉察。当一个孩子爱或恨的时候，便表达了他赞同或反对、追随或对抗的倾向了，他可能会因为爱或恨一位教师而热爱或厌恶某一门学科。因此，做教师的第一要旨就是爱学

---

① [奥]马丁·布伯著，张健、韦海英译：《人与人》，北京：作家出版社，1992年，第141页。

② [美]曼弗雷德·S. 弗林斯著，张志平、张任之译：《舍勒的心灵》，上海：上海三联书店，2006年，第117－118页。

③ [美]哈特著，彭正梅译：《从信息到转化：为了意识进展的教育》，上海：华东师范大学出版社，2007年，第88页。

生。教师对待学生要有一种像父母对待自己孩子的那种感情，这种感情是一种内心的状态。孩子感受到师爱，在其内心深处愿意成为像亲爱的教师那样的人，愿意听从教师的教导。在此过程中，这个孩子不断走向他最深层的自我，走向他的"成为你之所是者"。

总之，教师需要充分认识到，儿童在亲子关系中获得的他者经验与其在师生关系中拥有的他者经验有着内在统一性。儿童的家庭生活与学校生活不能被人为地隔离，坐在家里的孩子与坐在教室里的学生本来就是同一个人。为了儿童的健康成长，教师必须不断提醒自己所应该承担的"替代父母"的责任，并始终怀有一颗向着孩子的爱心，这是教育发端之处，教育也应该由此发端。

重新理解师生关系

——基于舍勒的情感现象学视域①

《重新理解师生关系——基于舍勒的情感现象学视域》撰写时间略早于《他者经验与儿童成长：师生关系的另一种解读》，两者的写作意图相同，即尝试运用舍勒的情感现象学理论构建理解师生关系问题的教育学解释框架。同时呈现，以便读者对照审视我运用现象学理论做教育研究的过程。在此，向国内外现象学领域研究者致敬，正是他们提供的相关研究成果为现象学教育学研究与实践提供了重要的理论支撑。

师生关系是学校生活中实存的一种人际关系，它总是发生在具体的教师和学生的相遇过程中，时刻影响着学生的精神生活品质，师生关系也因此被视为一种教育关系。和谐的师生关系能使师生双方心情愉悦，反之，师生双方的内心会增添一份难以言说的烦恼。表面上看，中小学教师和学生之间似乎不乏感情交流，然而实际情况并非如此。相对于过去"一师一生"的教学形式，班级授课形式下的单个学生和单个教师之间联系的纽带日趋松懈，师生之间的精神交往也逐渐淡化。这是我们考察师生关系问题时必须面对的客观事实。② 虽然有关师生关系的理论研究成果颇多，但多把师生抽象化、概念化，以宏大的叙事方式讨论师生交往中的权威、平

---

① 本文以题名《重新理解师生关系——基于舍勒的情感现象学视域》刊于《首都师范大学学报(社会科学版)》2010 年第 3 期，文中内容略有改动。本文系北京市教育科学"十一五"规划重点课题"大学与中小学合作探索学士后教师培养新模式"(课题编号：AIA08062)的阶段性研究成果之一。

② 陈桂生：《普通教育学纲要》，上海：华东师范大学出版社，2009 年，第 293—299 页。

等和民主等问题，未能真正涉及师生关系的精神内涵。为了比较准确地理解师生关系的精神内涵及其对学生成长的影响，本文试图通过情感现象学的理论视域去探寻师生关系中的情感特质及其教育学意义。

一、人与人之间存在着一种"同情"关系

依照现象学的观点，"主体"之间，"精神""心理世界"之间，不能是因果关系，同时也不应是一种纯形式的逻辑推理关系，而是一种"同情"（sympathy）关系。[①] 同情是人与人之间存在的一种情感交流现象，历史上许多哲学家曾对此做过专题探讨。德国著名现象学家马克斯·舍勒在前人研究成果的基础上对同情提出了独特的见解，即"同情不仅指一个人对他人的怜悯，而且有着更为广泛的含义，那就是泛指人们对同一种情感的分享或对他人之情感的参与（participation）"[②]。舍勒将同情理解为主体间的情感经验。在此，舍勒采纳的也是现象学的思想原则——返回实事自身，但他扭转了现象学还原的方向，是要返回到切实的实在域，而不是先验的主体性。在对同情现象的本质与形式进行现象学分析的基础上，舍勒区分出同情的四种基本形式，即直接的同情、参与某种情境的同情、单纯的感情传感、真正的体验性感觉。[③]

（一）直接的同情即情感共有

其本质表现在三个方面：一是 A 和 B 两个人共同感受着同一种情感，这种情感是由对两人而言共同的价值事态引发的；二是 A 和 B 两个人相互独立地产生了同一种情感；三是 B 的情感对 A 而言不仅仅是对象性的，A 确实感受到与 B 一样的情感。这种同情现象在现实生活中大量存在着。例

---

① 叶秀山：《思·史·诗——现象学和存在哲学研究》，北京：人民出版社，1988 年，第 105 页。

② 张志平：《情感的本质与意义——舍勒的情感现象学概论》，上海：上海人民出版社，2006 年，第 116 页。

③ 刘小枫：《舍勒选集（下）》，上海：上海三联书店，1999 年，第 285 页。

如，儿女们面对父亲的逝去都会表现出无比的悲伤。当然，在舍勒看来，情感共有只涉及人的心灵性情感，如悲伤、欢乐、痛苦、自豪等，而与人的生命感受或感官感受无关。在情感共有中，人们是通过心灵而不是自己的肉体参与到同一个价值事态当中的。[①]

(二)参与某种情境的同情是指情感参与

在情感共有中，这种情感的根源是同一个价值事态，而在情感参与中，A的情感和B的情感源自两个不同的价值事态。例如，A看到B失去父亲时非常痛苦，A也为B感到难过。这里，A的情感是由B痛苦这个价值事态引发的。B是当事人，A是旁观者。从舍勒的视角看，A的悲伤和B的悲伤是两个不同的事实，而不是像第一种情况(情感共有)那样是一个事实。因此，舍勒尤其提醒我们注意这里的情感参与不同于怜悯意义上的同情，它不仅指向同悲，还可以指向同乐，更接近于我们理解的情感共鸣现象。舍勒认为，爱是情感参与的前提。没有爱，人就不可能参与到他人的情感当中并与之产生共鸣。[②]

(三)单纯的感情传感

单纯的感情传感着眼于人的情绪受他人或外部环境的影响，是一种被动的情感反应，也被称为情感传染。它可能发生在人与人的情绪之间，并不以对他人欢乐或悲伤的认知为前提，也可能发生在人与环境氛围之间，但都不是一种情感上的主动参与。例如，我正在公园散步，人群莫名其妙的骚动可能会引起我内心的恐慌；在阳光明媚的日子里，我的心情也会随之变得明快起来。舍勒认为，这种情感传染的发生具有任意性，而且行动着的"群体"轻易地超越所有个体的意向，做着没有任何人"愿意"和"对之

---

① 张志平：《情感的本质与意义——舍勒的情感现象学概论》，上海：上海人民出版社，2006年，第121—122页。
② 同上书，第123页。

负责"的事情。①

(四)真正的体验性感觉

真正的体验性感觉是指情感一体，这是同情现象的极端形式。在此，"不仅他人的、有限的感觉过程被不自觉地当成自己的感觉过程，而且他人的自我恰恰(在其所有基本行为上)与自己的自我被认同为一体"②。它一般表现为三种类型：一是自发型，即一个人将别人的自我纳入自己的自我当中，从而使对方完全生活在"我"之中。例如，父母给予了孩子生命，他们很容易把孩子当成自己生命的一部分，并因此随意支配孩子的行为和生活。二是他发型，即一个人将自己的自我完全纳入别人的自我当中，从而使"我"完全生活在"他人之中"。例如，有些家长对孩子唯命是从，这些家长的自我因此而丧失了独立性，进而成为孩子的附庸。三是交融型，即一个人的自我与他人的自我构成相互交融的双向的一体关系。例如，一个小女孩在游戏过程中抱着她的布娃娃扮演"妈妈"的时候，她本身在游戏的瞬间觉得自己(以自己的母亲与她自己的关系为榜样)与"妈妈"完全是一体的，这时，布娃娃与其自身是一体的。③舍勒在对情感一体现象的现象学分析过程中，尤其关注情感一体在本质结构中所具有的英雄化和愚昧化的倾向。为了达到情感一体，人一方面英雄般地提升自己，另一方面又忘我地放弃个体性。通过这种情感一体现象，我们既可以从中看到人与人之间的肝胆相照关系，也可以发现其中的盲目顺从关系。

总之，舍勒的同情理论是对传统同情理论的建设性批判，他通过对同情的现象学直观力图给予同情以新的本休论的位置，而且通过意向性情感去揭示生存的在体。人与人的同情不是一种心理学上的事实，而是作为

---

① 刘小枫：《舍勒选集(下)》，上海：上海三联书店，1999 年，第 289 页。

② 同上书，第 292 页。

③ 张志平：《情感的本质与意义——舍勒的情感现象学概》，上海：上海人民出版社，2006 年，第 126 页。

一种意向性情感行为的践履。这也在一定意义上突破了知、情、意、行的分析框架，进而在现象学的基架上重构同情理论。如果将舍勒的同情理论在教育学领域拓展，对于重新理解师生关系具有建设性意义。

二、师生之间的同情关系及其教育学意义

就舍勒的观点而言，同情并不是一种简单的怜悯之情，而是有着丰富的内涵。作为一种存在于人与人之间的特殊的情感现象，一个人的同情总是意向性地指向他人，并传达出对他人充满关爱的信息。在师生交往过程中，彼此之间自然会发生情感上的相互联系，同情正是师生情感交流中的一种情感现象。但是，在现实学校生活中，我们往往比较多地关注师生交往中情感因素的功能性一面，而忽视了意向性情感对于师生存在方式的影响。借助舍勒对同情现象的"现象学直观"，我们可以看到那些发生在师生之间的同情是一种意向性情感行为，其中可能蕴含着比较丰富的教育学意义。以下本文将具体阐述师生之间存在的同情关系，以及教师对于学生成长的影响。

(一)师生之间的情感共有可以促进彼此的心灵沟通

情感共有现象是指师生共同感受同一情感，即舍勒所说的直接的同情。师生之间共同感受同一情感，这种现象可以发生在某位具体的教师和特定的学生之间，也可以是多位教师与学生之间。这种情感上的共同感受不是以任何对他人的个体感受的"知道"为前提的。知道另一个人的感受只发生在我们"分享"它们的时候。[①] 例如，2008 年奥运会期间，师生一起观看体育比赛，当看到中国选手在赛场上摘金夺冠的时候，看到五星红旗在赛场上冉冉升起的时候，师生都会感到无比自豪。在这样的情境中，师生不仅各自独立地产生了同样的爱国情感，而且还能感受到他人与自己一样

---

① ［美］曼弗雷德·S. 弗林斯著，张志平、张任之译：《舍勒的心灵》，上海：上海三联书店，2006 年，第 90 页。

的爱国之情。师生之间一旦拥有了这样的情感体验,学校的爱国主义教育也就有了共同的情感根基。当然,师生之间的共同感受也可能发生在不同场合,例如,音乐课上师生共同欣赏一首音乐作品的时候,语文课上师生共同朗读一篇优美文章的时候,都可能引发师生共同的感受。当然,正如前文所述,这种情感共同只涉及人的心灵性情感,如悲伤、欢乐、痛苦、自豪等,而与人的生命感受或感官感受无关,这也是情感共用的本质所在。其实,这种同情现象大量存在于师生的共同生活中,对于教师来说,关键是把握与学生分享情感的时机,并以此达成教师与学生之间的心灵相通。

(二)教师主动参与并分享学生的情感可以促进彼此之间的信任

这里涉及一种情感参与现象,它接近于我们常说的同情感。相对于上文已经阐述的情感共有现象而言,师生之间的情感共有源于同一个情感事态。在情感参与中,学生的情感和教师的同情是由两个不同的情感事态引发的。也就是说,教师的情感是由他所面对的特定学生的情感引发的。例如,一位学生的父母离异了,他非常痛苦,当教师了解到这位学生的痛苦心情时,也会为他感到难过。在此,教师的情感参与建立在对学生的理解和认知的基础之上,教师能够主动地参与并与学生的情感保持一致。从舍勒的观点看,这里的情感参与不能被简单地等同于怜悯意义上的同情,它不仅指向同悲伤,也可以指向同欢乐。例如,当教师看到学生在学习上取得进步的时候,会由衷地为他感到高兴——这也是师生之间的情感参与现象,但不是怜悯。在现实的师生关系中,如果教师能够对学生采取主动的情感参与,就会让学生感受到教师与他之间形成了一种休戚与共的亲密关系,学生也可能由此更加亲近和信任自己的教师。"因为这个人的存在而信任这个世界——这正是教育关系最内在的成就。"①

----

① [奥]马丁·布伯著,张健、韦海英译:《人与人》,北京:作家出版社,1992年,第141页。

(三)情绪感染在师生关系中的双重影响

情感传染作为一种同情感受，它不同于前两者。舍勒认为，情绪感染不仅是"不由自主的"，也是"无意识的"(越是明显越是如此)，因为我们由此而陷入这种状态，却又不知道这是由此而发生的，但过程本身却又可能利于自觉意愿的形成。① 尽管情绪感染对于被感染者来说是一种被动反应，但是，如果教师能够让学生在不知不觉中受到某种积极的情绪感染，其中教育价值也是十分明显的。例如，一位初中教师告诉她的学生们："我这有一个非常好的故事，叫《千纸鹤》。我想与大家来分享这个故事，以此来纪念'死难将士纪念日'。"教师很快地把故事的背景介绍了一下。故事讲述的是第二次世界大战的余悸。原子弹迫使日本结束了战争，但是那里的人们至今仍因为原子弹的影响而死去。教师开始阅读故事。全班学生都安静下来。随着故事的展开，学生开始明显地发现他们的老师有点控制不住自己。她的声音在颤抖——不是有意这样做来创造戏剧性的效果。这个教师真正为故事打动了。教师对故事的反应也同样感染了学生，没有一个学生取笑老师的情不自禁。当故事读完之后，教师发现许多同学被故事感动了。一些同学用手指擦拭眼睛，一些同学低下头，教室里寂然无声。② 很多学生都被教师的情绪所感染了。当然，教师要清醒地意识到情绪感染也会给学生带来另一种影响，它也会使学生的行为受到某种情绪的摆布，进而丧失理智和道德感。例如，两个班级的学生在足球场上发生冲突，学生们的愤怒情绪可能互相感染，如果缺乏有效的疏导，这两个班学生之间的矛盾可能被激化。因此，教师既要通过情绪感染来形成学生在某一行为方面的自觉意愿，又要防止情绪传染对于学生成长的消极影响。

(四)情感一体现象可以促成学生对教师的情感认同

舍勒在其同情理论中把情感一体视为同情现象的极端形式，而且存在

---

① 刘小枫：《舍勒选集(下)》，上海：上海三联书店，1999 年，第 290 页。

② [加]马克斯·范梅南著，李树英译：《教学机智——教育智慧的意蕴》，北京：教育科学出版社，2001 年，第 242—243 页。

不同的类型。从舍勒对于情感一体的分析视角来理解师生之间的情感一体现象，我们可以看到师生之间存在两类情感一体的现象。一是教师将学生的自我纳入自己的自我当中，从而使对方完全生活在自己的"我"之中。这种现象比较多地存在于低年级的师生关系中，教师比较倾向于支配学生的行为。在这样的师生交往过程中，学生的自我可能会在一定程度上丧失独立性。例如，一些幼儿园的小孩子或小学低年级的学生会对教师的话"深信不疑"。二是师生之间的情感交融现象，它比较多地见诸于师生的心灵生活领域。情感一体现象中同时具有"英雄化"和"愚昧化"两种可能性。例如，一些学生对某位教师表现出的个人崇拜现象就是建立在情感一体基础上的。一旦学生们崇拜某一位教师，在某种程度上会把这位教师视为偶像，并以偶像教师为榜样，表现出"爱屋及乌"的倾向，这就可能使得一些学生放弃某种属于自己的东西并增加某种不属于自己的东西。对此，我们可以从两个方面来看：消极的一面是学生也可能盲目地信服教师的观点，单纯地效仿教师的言行举止；积极的一面在于这些学生也会表现出"亲其师，信其道"，换言之，学生可能因为喜欢某位教师而喜欢他所教的学科，由此可见，情感一体也就可能具有更为深远的教育学意义。

"现象学的基本态度是首先朝向活生生的事情本身，你自己睁开你的眼睛去看，去听，去直观，然后从这里头得出最原本的东西。"[①]基于上述对于师生"同情"关系的描述，我们可以看到师生关系中原初性的东西。情感共同揭示了师生之间在情感交流中的一致性，正是师生之间存在这种情感上的一致性才使得教师和学生之间能够心心相通；情感参与的存在反映出教师对学生的关爱和师生之间休戚与共的情感体验；情绪感染尽管存在双重效果，但是，其中的教育价值也是值得关注的；情感一体既反映出师生之间存在积极的情感认同，也可能转化为盲目顺从。总之，舍勒的情感

---

① 张祥龙：《朝向事情本身》，北京：团结出版社，2003年，第5页。

现象学理论在一定程度上丰富了我们对于师生之间情感生活领域的深刻理解，也就可以由此去尝试重构一种新型的师生关系。

三、师生关系的重构：师爱为同情奠基

舍勒曾明确指出，爱是同情的前提。从这个意义上说，师爱可以为师生之间的情感生活奠基。没有师爱，就没有师生之间的同情关系。由此，我们可以看到重构一种新型师生关系的可能性。

(一)师爱奠定同情的教育学意向

从现象学的角度理解师爱，就是指"教师始终心向着孩子的一种精神意向性行为"[①]，奠基于教师之爱基础上的教师对于学生的同情感不是"静观"的，而是更直接的"参与"。教师对于学生的同情感应该是师爱在具体情境中的一种显现，并且构成师生情感生活的最高阶段，其中蕴含着丰富的教育学意义，即始终指向孩子向善的可能性。

通过教师之爱对于学生精神生活的直接影响，我们看到师爱可以形成学生对教师的情感认同。意大利著名作家亚米契斯在《爱的教育》中生动描述了小学生安利柯在情感认同新教师的内心体验。新学期开始了，因为升入小学四年级，原来的老师不再教安利柯了，于是，在他的心里，"因为那位亲爱快活的先生已不在，学校也不如以前的有趣味了"[②]。当然，新老师的态度也在改变着这个孩子的生活。安利柯的新老师虽然板着面孔，但是并没有责备课堂上违纪的学生，而是用了高而粗大的亲切声音说："大家听着！我们从此要同处一年，让我们好好地过这一年吧！大家要用功，要规矩。我没有一个家属，你们就是我的家属，去年以前，我还有母亲，母亲死了以后，我只有一个人了！你们以外，我没有别的家属在世界上，

---

① 朱晓宏：《重新理解教师之爱——基于舍勒的情感现象学视域》，《教育研究》，2009 年第 11 期，第 56 页。

② [意]亚米契斯著，夏丏尊译：《爱的教育》，上海：华东师范大学出版社，1995 年，第 2 页。

除了你们，我没有可爱的人！你们是我的儿子，我爱你们，请你们也喜欢我！我一个都不愿责罚你们，请将你们的真心给我看看！请你们全班成为一个家族，给我做慰藉，给我做荣耀！我现在并不想你们用口来答应我，我确已知道你们已在心里答应我'肯的'了。我感谢你们。"①

教师的这番肺腑之言让小学生安利柯感受到"从今天起，现在的先生也可爱起来了"②。在此，教师通过语言、眼神向学生传递着爱心，学生也从中感受到教师的可爱，并由爱教师而爱学校生活。对于小学生来说，学校生活的一切都在他与老师的同情关系维系之下，而师爱或许正是维系师生之间情感交流的重要纽带。由此可见，师爱决定着师生之间同情关系的本质，没有师爱，师生的同情关系可能会失去"内核"，学生在学校生活中也会感到"心无所依"。从师生的直接交往看，"师爱总是从教师内心深处涌出的一种超越外在性的爱的意图，存在于孩子对爱的情感体验之中，师爱也涵盖了一切教育学的意蕴"③。

(二)同情增进师生之间的理解

在舍勒看来，人与人之间的相互理解就建立在他们彼此共同生活的基础上。在生活共同体中，各成员之间存在某种"自然的理解"，并且在其中可以发生许多共同情感。④ 教师和学生总是生活在一个共同体中，或是一个班级，或是一所学校。教师和学生可以一起分享某种特殊的共同经验之流，这种经验之流就是师生之间那种"自然而然的理解"。从情感现象学的视角来考察师生关系，我们可能重新找回学生与教师之间的自然联系。

在同一个生活共同体中，师生之间存在的同情关系可以使得彼此之间

① ［意］亚米契斯著，夏丏尊译：《爱的教育》，上海：华东师范大学出版社，1995年，第3—4页。

② 同上书，第3页。

③ 朱晓宏：《重新理解教师之爱——基于舍勒的情感现象学视域》，《教育研究》，2009年第11期，第53—57页。

④ ［美］曼弗雷德·S.弗林斯著，张志平、张任之译：《舍勒的心灵》，上海：上海三联书店，2006年，第99页。

更加熟悉，并表现出持续而又自然的相同的兴趣、思维及爱与恨的情感。这种共同体的生活体验可以将师生联系在一起，并且在他们之间形成肝胆相照和休戚与共的同情关系。这种同情关系又把师生紧紧地融为一体，教师的生活与学生的生活也由此变得息息相关。在这个共同体中，教师对学生的同情不是一种怜悯，而是对学生召唤的回应，即教师总是乐于倾听、帮助、保护和引导学生，学生也总是愿意与某个能关注和倾听他的教师生活在一起。正是这种召唤将教师和学生联结成为一体，师生之间有了某种默契，教师的一个眼神就能让学生心领神会。从这个意义上说，师生之间的同情关系增进了彼此的理解，进而改善教师和学生的人生际遇。

对于一个未成年的学生来说，在其成长过程中不免遇到烦恼，尤其是与学校生活相关的烦恼，因此，教师的理解与关怀弥足珍贵。对于教师来说，理解超越了理性的逻辑，遵循心灵的逻辑。"理解的心灵是一个教师的一切，是怎么高估也不为过的。课程只是必要的原材料，但对学生的热情是育人育树的根本。"①因此，舍勒意义上的同情可以在教师和学生之间建立一座桥梁。这就涉及一种存在方式的转变，布伯把这种转变描述为从"我—它"关系转向"我—你"关系。在"我—你"关系的体验中，存在深层的联系、直接的真诚，甚至爱等高尚的情感。

总之，师生关系的本质不是显现在每一个参与者身上，而是显现在两者之间。我们之所以从舍勒的情感现象学角度关注师生之间形成的同情关系，在于它为我们理解师生交往的教育学意义提供了一个新的理论视域，并为我们重构师生关系提供了一种新的可能性。教师与学生之间的那种伟大而充实的同情关系只能存在于心灵相通的时刻，此时此刻的师生关系是教育正在发生之处，也是教育应该发生之处。

---

① ［美］哈特著，彭正梅译：《从信息到转化：为了意识进展的教育》，上海：华东师范大学出版社，2007 年，第 88 页。

论教师的价值引领：从志向到行动

——基于舍勒的价值伦理学视域①

《论教师的价值引领：从志向到行动——基于舍勒的价值伦理学视域》的写作缘由是参加石中英教授主持的教育部哲学社会科学研究重大课题攻关项目"社会主义核心价值体系融入国民教育的路径、方法创新研究（项目编号：12JZD001)"，课题实施期间常去中小学现场调研。一方面，看到了中小学教师积极推进社会主义核心价值观的落地工作；另一方面，发现了教师们在实践中面临的困惑。着眼于回应现实问题，尤其需要理论研究的创新。本研究基于舍勒的价值现象学理论构建重新理解价值教育的教育学解释框架，为教师的价值教育工作提出专业建议：立足于精神价值的高度，明确教育之志，坚守"道之所存，师之所存"的信念，以此引领学生行动的价值方向。

每位教师的日常工作都是一种特殊的教育活动形式，蕴含着各自的情感、意向和选择，也内含一定的价值观念、判断和信仰。它不只于操作层面，更多是基于价值层面的审视与体察。着眼于学校的价值教育实践，教师在学校日常生活中的价值态度与行为方式直接影响学生价值观念的形成。德国著名现象学家舍勒关于价值、志向与行动的现象学理论为我们研究上述问题提供了重要的理论参考视域。基于其价值伦理学视角，我们看

① 本文以题名《论教师的价值引领：从志向到行动——基于舍勒的价值伦理学视域》刊于《教育研究》2017年第10期，文中内容略有改动。本文系北京市社会科学基金研究基地项目"基础教育课程与儿童价值观养成研究"（项目编号：14JDJYB001)的阶段性研究成果。

到教师的志向规定着与其相符的教育行动，并朝向特定精神价值的实现。置身于价值日益多元的社会现实，教师有必要立足于精神价值的高度，明确教育之"志"，坚守教育信仰，自觉排除不良价值观的干扰，梳理一条可遵循的"为师之道"，以自身的人格力量唤醒学生的"向学之心"与"向善之志"，引领学生走上"为人之道"，促进其人格健全发展。

一、舍勒关于价值、志向与行动的理解

舍勒运用现象学方法来探讨价值问题，并将其价值伦理学建立在一些可以通过意向感受而被把握的先天被给予的、明晰可见的价值内涵上。由此展开，他在现象学伦理学研究课题中开辟出一个新的领域，相关研究成果成为我们考察学校价值教育问题的理论资源。借助舍勒的现象学分析，我们能够重新理解价值、志向与行动之间的内在关系。

(一)存在于意向感受活动中的价值序列

舍勒明确反对通过概念来理解价值。他指出："当我们合理地说出一个价值时，只想从那些本身并不从属于价值显现领域的标记和特性中得出这个价值，这总是不够的；价值必须始终是自身直观地被给予的，或者必须回溯到这样一种被给予上。正如询问所有蓝的或红的事物的共同性是无意义的一样，因为对此唯一可能的回答就是，这个特性就在于，它们是蓝的或是红的，与此相同，询问善的或恶的行为、志向等的共同特征也是无意义的。"[①]在舍勒看来，价值既是质料[②]的，又是先天的，它们通过伦常明察及偏好（偏恶）而给予我们。各价值样式之间存在先天的等级关系，呈现出由低到高

[①]　[德]马克斯·舍勒著，倪梁康译：《伦理学中的形式主义与质料的价值伦理学（上册）》，北京：生活·读书·新知三联书店，2004年，第14—15页。

[②]　"价值质料"是舍勒提出的概念，在此，舍勒看重的是价值本身的本质和功能，即价值就是那些与人的感受或情感经验不可分离地联系在一起的特殊内容。其价值伦理学著作标题是"伦理学中的形式主义和质料的价值伦理学：为一门伦理学人格主义奠基的新尝试"。在此，他明确涉及对于康德的形式主义伦理学的批判。参见曼弗雷德·S.弗林斯的《舍勒的心灵》一书，上海三联书店2006年版，第14页。

的基本样式，即感官价值、生命价值和精神价值，而且每种价值都包含肯定与否定两个维度，并与人的感受或情感体验紧密相连。

感官价值是通过人的感官感受①功能被给予的，即适意性与不适意性价值。与之相应的情感状态即感官上的舒适感受或不舒适感受。生命价值是通过人的生命感受功能被给予的，即高贵性与低贱性价值。与之相应的情感状态即生命的强烈感受、疲惫感受、衰老感受、健康感受、病弱感受、精力充沛感受等。精神价值是在精神感受中被给予的，主要分为三种类型：一为审美价值，即美与丑的价值；二为公正价值，即公正与非公正的价值；三为认识价值，即真与假的价值。与之相对应的情感状态主要有喜悦或悲伤、喜欢或厌恶、内疚或坦然、尊重或蔑视、充实或空虚等。②

在上述价值样式中，等级越高的价值，它在其中被给予的情感感受状态越能领会等级低的价值存在；等级越低的价值，它在其中被给予的情感感受越具有盲目性。例如，人的精神感受能对生命感受进行取舍，并辨别其中呈现的生命价值；人的生命感受能够对感官感受做出取舍，并辨别其中呈现的感官价值。反之则不然。

在上述价值序列中，一个价值比另一个价值"更高"，这是在一个特殊的价值认识行为中被把握到的，舍勒称之为"偏好"。一个"价值的更高状态"不是在"偏好"进行"之前"，而是在"偏好"进行"之中"被给予我们的。③ 作为价值载体的是行动，如认识世界的行动、爱与恨的行动、意愿性行动等④，上述"偏好"正是在行动之中得以显现，且没有好的志向也就

---

① 感官感受是舍勒通过现象学还原发现的一种本质性的、先验的感受类型，它与我们日常生活中的各种主观的感官感受不同。舍勒认为，在各种主观的感官感受中，呈现的是始终只是对这样或那样的价值物的价值感受，而非真正的价值本身，只有先验的感官感受才意向性地关涉先验的价值本身。张志平：《情感的本质与意义》，上海：上海人民出版社，2006年，第67—68页。

② 张志平：《情感的本质与意义》，上海：上海人民出版社，2006年，第67—69、73页。

③ ［德］马克斯·舍勒著，倪梁康译：《伦理学中的形式主义与质料的价值伦理学（上册）》，北京：生活·读书·新知三联书店，2004年，第105页。

④ 同上书，第122页。

没有好的行动。

(二)志向：价值的意愿指向性，且奠基于行动

"志向，即对各个更高的(或更低的)价值及其质料的意愿指向性，在自身中包含着一个不依赖于成效甚至不依赖于意愿行为所有其他阶段的价值质料。"①志向展示着一个对可能的意图、打算和行动之构成而言的质料先天的活动空间，这个空间一直达到直接支配行动的活动意向；换言之，志向是带着它的价值质性②而穿越了所有这些直至成效的行动阶段。志向可以在行动中真正得以显现，在它之中直观地被给予，而同时却不必随之而结束，始终保持着稳定性。因此，志向对于行动来说是奠基性的。

针对舍勒的"志向"概念内涵，就其自身具有的特殊性而言，可归为三个方面：一是持恒性。在追求质性的变换面前，以及在对被追求者之现实的追求意向中所含有的区别面前，志向始终拥有持恒性。因此，它的质料不仅是在意图、打算和行动中，而且已在愿望及其各种表达中显现，它也浸透了追求的想象生活，直至梦幻和梦想。③ 从本质上看，持恒性指志向的持续(相对于变换的意图和打算)，并非指一种特定时间的持续，一个"志向"也可能只持续一个瞬间，但这并不意味着志向就不可能本身重又屈从于一个变化。二是志向变更或变化的原发性。舍勒认为，志向在意图变换中具有持恒性的同时也具有发生变化的原发性质④，两者并不矛盾。他旨在强调一个人志向的变化可为其整个生活给出一个新的方向。⑤ 三是志向的直观被给予性。志向是一种现时的、直观的被给予性，所以，不能从

---

① ［德］马克斯·舍勒著，倪梁康译：《伦理学中的形式主义与质料的价值伦理学(上册)》，北京：生活·读书·新知三联书店，2004 年，第 139 页。

② 价值质性在舍勒看来就像颜色质性和声音质性一样，只有在某种"善"(好)的特性中才现实地反映出来，如雅致的、适宜的等。钟汉川：《现象学对伦理学的奠基》，北京：中国社会科学出版社，2013 年，第 88 页。

③ ［德］马克斯·舍勒著，倪梁康译：《伦理学中的形式主义与质料的价值伦理学(上册)》，北京：生活·读书·新知三联书店，2004 年，第 140 页。

④ 同上书，第 141 页。

⑤ 同上。

现有的行动中推断出来，而是在这些行动之中（也在一个人的表达显现之丰富性中）被直观到。正如我们日常所见，往往是在认识了一个人的大量行动之中，一件小事突然让我们顿时明了其真实志向。① 由此可见，志向所展示的是一个独立于行动本身的序列且不是从此序列中归纳出来的直观事实，这个直观的明见性所展示的不是归纳的确然性，而是真实的明察。

（三）行动：从志向中流出，朝向特定价值的实现，并烙上人格②的痕迹

舍勒认为，行动是一个事实存在，我们可以在它上面直观到志向本身。行动本身对志向而言只具有象征价值。但是，行动也可能具有一个本己价值。如果能够从愿望直接达到行动意欲的事实，那就是志向付诸行动；反之，就是一种"志向欺罔"③。为此，舍勒举例说明"志向"与"行动"之间的关系。例如，一个瘫痪者看到有人落水，想救而不能救，这说明瘫痪者"救人的志向"与健康人的"救人的志向"不具有相同的伦常价值。即使瘫痪者具有强烈的"救人的愿望"，但也根本不可能达到"行动意欲"的事实。因为"一个真正的志向必然地规定着一个志向相符的意愿行动"④。所以，志向只有在行动中才"证实"自身。可见，行动直接就朝向一个特定价值的实现，并从志向中流出，受志向的内在制约。

就上述事例而言，一个身体健康的人能够实施救人行动，这里的"能够做"首先是一个统一的和按本己价值变更着的活的个体体验。个体在此作为一个整体存在，这里的"能够"也不可以通过任何训练来加以提升和削

---

① ［德］马克斯·舍勒著，倪梁康译：《伦理学中的形式主义与质料的价值伦理学（上册）》，北京：生活·读书·新知三联书店，2004 年，第 143 页。

② "人格"（person），或译为"位格"，是舍勒理论的一个核心概念，它是人的精神活动的中心，即在现象中呈现出来的人的行动的统一性，不同于传统的人格（personality）概念。张志平：《情感的本质与意义》，上海：上海人民出版社，2006 年，第 82 页。

③ 舍勒通过举例来说明"志向欺罔"。在一个人面前，我们自己可以长期将某种东西当作我们在他面前所持有的志向，而当我们面临一种应当将此志向付诸行动的境况时，这种东西便立即荡然无存。在这种情况中，我们是处于关于自己志向的欺罔之中。

④ ［德］马克斯·舍勒著，倪梁康译：《伦理学中的形式主义与质料的价值伦理学（上册）》，北京：生活·读书·新知三联书店，2004 年，第 145 页。

弱，而是按其本性已经规定着的对某些活动而言的习熟能力。因此，这样的"行动意欲"完全不依赖于所有与之相属的客观因果过程，也完全不依赖于行动的各种成效，而是以直观的方式，不是以思考的方式呈现出来。在志向—意图—意欲—行动的序列中，志向只能在行动中证实自己。

同时，舍勒认为，志向不同于人的禀性或性格，不能从现有的行动中归纳推断出来。但是，任何行动都已经烙上了人格的痕迹，人格是行动的统一体，或者说"人格"与"行动"不可分割地相连在一起。① 人格不是行动的一个空洞的出发点，它只有存在和生活于意向活动的实现中。这些活动包括感觉、嗜好、爱、恨、认可、拒绝等，它们都与价值有关。这些活动不但含有价值感，而且也是揭显价值的活动。在情感生活的行动中，人格不是一个对象，而是一个动态的朝向，它在行动中并通过行动而生活，且作为内在一致性创造性地、历史性地发展。正是基于行动与情感的内在联系，舍勒把爱②理解为情感生活最深刻、最具体的行动。③

综上所述，舍勒对于价值、志向和行动及其相互关系的现象学分析构成了一幅理解人类生活的另一番壮阔景观。舍勒的价值理论直接朝向价值的内在体验，即用现象学的方法把握价值活动与内心感受之间的相互关系，是对人性存在状态的深层探摸。其研究成果为教育学领域的价值教育研究与实践提供了理论参考坐标，或许可从"志向"与"行动"的内在关系的视角来重新解读学校的价值教育实践。

---

① ［德］马克斯·舍勒著，倪梁康译：《伦理学中的形式主义与质料的价值伦理学（上册）》，北京：生活·读书·新知三联书店，2004 年，第 470—471 页。

② 舍勒理解的"爱"并非我们日常理解的多愁善感、无目的的过分动情，如"坠入爱河"。它是指情感生活中最深刻的行动，是精神层面特有的行动，是自发的和原初的。在爱中并通过爱，人格（位格）才能被启示为人格。参见施泰因博克的《通过榜样性的人格间的注意》一文，载倪梁康：《中国现象学与哲学评论（第七辑）：现象学与伦理》，上海：上海译文出版社，2005 年，第 324 页。

③ 倪梁康：《中国现象学与哲学评论（第七辑）：现象学与伦理》，上海：上海译文出版社，2005 年，第 324 页。

二、价值教育之前提：探寻教师之"志"

价值教育作为学校教育实践活动的一种形态，重在关注"学生价值观念和价值态度的形成、价值理性的提升、价值信念的建立，以及基于正确价值原则的生活方式的形成"①，而价值教育实践的成效又直接取决于教师的价值意识与行动。因此，价值教育首先要求教师立足于精神价值的高度，明确教育之志，坚守"道之所存，师之所存"的信念，以此引领学生行动的价值方向。

(一)"师道"的价值内涵

教师的"志向"即视教育为事业，此乃"师道"的价值内涵。② 谈及"为师之道"，自当回溯唐代著名思想家和教育家韩愈在《师说》中所提倡的师道之义。韩愈的"师道"在于赓续"先王之教"，即"博爱之谓仁，行而宜之谓义，由是而之焉之谓道，足乎己无待于外之谓德"。③ 在韩愈看来，为师之道的精义即"仁"与"义"。尽管韩愈"师道"中的价值观已然不同于今日师德中的价值观，但是，韩愈的"师道"观为我们理解当代"师道"价值内涵提供了思想资源。

历史地看，教师职业形成之初，"师道"之中就呈现教师的教育之"志"，即教师以教育为事业。教育作为关乎个体成长和社会福祉的事业，既是一种社会过程，也是社会生活的一种形式。因此，杜威说："教师不是简单地从事于训练一个人，而是从事于适当的社会生活的形成。"④若一名教师能够清晰地意识到其职业的社会价值，杜威的教育信条应然地构成其个人教育信念的内核。教师拥有教育信念，就内在地拥有了教育行动

---

① 石中英：《价值教育的时代使命》，《中国民族教育》，2009年第1期，第18—20页。
② 陈桂生：《师道辨析》，《河北师范大学学报（教育科学版）》，2008年第5期，第86—87页。
③ 萧承慎：《师道征故》，福州：福建教育出版社，2009年，第28页。
④ ［美］杜威著，吴志宏译：《学校与社会·明日之学校》，北京：人民教育出版社，1994年，第17页。

的志向。没有信念就不成其为教育，而只是教学的技术而已。①

对教师而言，拥有信念的教育行动作为特定的精神活动，必须通过爱来完成。这也正是舍勒的理解，爱是精神活动中最为具体的行动。循此理，在"为师之道"的行动中，教师的信念和爱共同构成教师之"志"的实质内涵。但是，在当下的学校生活中，在功利主义和技术理性的影响之下，教育正在日趋远离其本质，一些教师的日常工作也在此过程中迷失方向。因此，学校价值教育首先要唤醒教师的价值意识，即唤醒其教育之"志"，使教师的行动回归教育本质之所在。

参照舍勒关于价值样式的现象学描述，我们尝试勾勒教师信念中的价值序列，由高到低依次为精神价值、生命价值和感官价值，以此构筑"为师之道"的基本逻辑。

精神价值只能在人格的感受中被经验与感受。舍勒所说的"人格"是一种动态的朝向，只能在爱中被完全启示。② 根据舍勒的精神价值三种类型——审美、公正、认识，也可把教师的精神价值分为对美、善③、真的肯定，以及对立面的否定三种类型。与此对应的情感状态正是对于美善真的爱或不爱。所以，美善真与爱同属精神价值，不分差等。当然，一位教师是否内在地拥有这些情感状态，取决于其精神价值的在场或缺席。

生命价值是作为生命有机体的个人对于自身及其周遭的直接生命体验。教师个人作为一个独立的生命个体，既可直接感受到自己生命有机体内的生命价值，如健康、疲劳等，也可直接感受到其所处环境或他人的生

---

① [德]雅斯贝尔斯著，邹进译：《什么是教育》，北京：生活·读书·新知三联书店，1991年，第44页。

② 倪梁康等：《中国现象学与哲学评论（第七辑）：现象学与伦理》，上海：上海译文出版社，2005年，第325页。

③ 在此，用中小学教师熟知的"善"取代舍勒的"公正"。实践层面考虑到贴近中小学教师的日常理解，理论层面看，公正与善也有着内在联系。亚里士多德的伦理学认为，公共生活就是关乎他人的善，公共善的基本原则即公正。亚里士多德：《尼格马可伦理学》，北京：中国人民大学出版社，2003年，第106页。

命价值，如儿童之活力、天空之高远等。

感官价值是教师通过各种感官直接感受到身体的适意、愉悦等，也包含其对立面，如不适意、不愉悦等。作为最低等级的价值，感官感受有其固有的倾向，即"偏好"适意的东西，这是有机体动物性所"命中注定的"。① 教师作为正常的人，有着一般人的感官价值，例如，偏好安逸和舒适的感受，这是人之常情，关键是立足精神价值的高度，理性对待这些感官价值层面的"偏好"。

上述三种价值样式构成教师的价值世界，以特定的等级秩序呈现出现象学意蕴的"师道"。在舍勒看来，作为序列的价值等级秩序是在先验的"偏好"行为中被给予的。这里的先验性表明，"偏好"行为与人日常生活中的选择行为不同。日常意义的选择始终在具体的行为之间做出取舍；舍勒所说的（价值）"偏好"却始终是在具体的价值之间拣选。② 正是出于这种先验性，教师的价值"偏好"乃是其志向、行动得以实现的前提或基础。这也恰好呼应陈桂生教授的观点："师道"作为"师德"的价值前提而存在。③

（二）"师道"践行：教师之志奠基教育行动

"师道"践行即教师志向见诸行动的过程。依据"志向"与"行动"的内在关系，教师的志向对于行动而言，同样具有奠基性，换言之，教师的志向直接指明行动之方向。在"师道"践行过程中，教师志向呈现三方面特点：持恒性、变更的原发性及直接被给予性。

教师之志的持恒性，即教师的志向始终支配着其"师道"践行的意向，并在此过程中直观地显现，同时也不随某一行动的结束而终结。具体而言，教师的志向不仅显现在意图、打算和行动之中，而且也在其意愿及其

---

① [美]曼弗雷德·S. 弗林斯著，张志平、张任之译：《舍勒的心灵》，上海：上海三联书店，2006年，第24页。

② 张志平：《情感的本质与意义》，上海：上海人民出版社，2006年，第73页。

③ 陈桂生：《师道辨析》，《河北师范大学学报（教育科学版）》，2008年第5期，第86－87页。

各种表达中显现出来；教师的志向既浸透在其追求理想的职业生活愿景之中，也外显于日常职业生活之中。例如，在师生日常交往过程中，教师朝向学生的眼神、微笑、手势等都清楚地显现并见证其志向诉求。即使在一些不经意的言谈举止中，也会显露出一位教师的志向。总之，教师的志向持续在其意图构成的过程中，且一直作用于意图的构成，并对可能的意图及其价值进行一种内在的感受与审视，由此控制着其职业生活的方向。当然，舍勒所说的志向持恒性并非指特定时间上的持续性。有的教师已从教数十载，即使他是一名合格的教师，也丝毫不能证明其"真实的志向"是以教育为业，或许从事教师这一职业仅是其职业选项之一，而非本心所向。

教师志向的直接被给予，即教师的志向能够在行动的丰富性中被直观到。舍勒指出，志向不同于"禀性"和"性格"，后两者是从一个人现有的行动中推断或者归纳出来，而志向则是在一个人的行动之中被直观到的。[①] 教师的志向既非课堂上的"师道"宣讲，也非师德文本上的规范条例，而是直接地显现于教师职业生活的丰富性之中。一些优秀教师身上所显现的志向，其直观明见性不是在其先进事迹归纳中的确然性，而是在学生与其交往过程中了然于心的质感体验。学生能够从教师的言谈举止间即时觉察到教师的信任、鼓励与爱。由此被唤醒的，正是学生的"向学之心"与"向善之志"。

综上所述，教师之志奠基于"师道"践行之中，这不是一个归纳的过程，也不是概念的演绎过程，而是一个直观的明见性的显现过程。志向表达教师的价值"偏好"，它不遵循理性的逻辑，而是依从情感的逻辑，或者说是"心的逻辑"。[②]教师一旦对"为师之道"心向往之，便愿意把一个生长着

---

① ［德］马克斯·舍勒著，倪梁康译：《伦理学中的形式主义与质料的价值伦理学（上册）》，北京：生活·读书·新知三联书店，2004 年，第 142 页。

② 同上书，第 76 页。

的生命从感官价值的世界引向更高的精神价值世界，唤醒其内在自觉，并由此规定着其生命绽放的方向。

三、价值教育之行动：构成学生"为人之道"

承上所述，学校价值教育的实现决定于教师的志向与行动。教师的志向若不以恰当的方式被学生体验到，价值教育就会缺乏事实的明证性。或者说教师必须认识到，价值教育务必是学生以体验的方式形成其个体价值世界的一种特殊教育活动。学校的教育行动应遵循价值序列的内在逻辑线索，并通过一个个指向精神价值的具体事件真实地促进学生形成其特定的价值样式，进而构成学生的"为人之道"。

(一)为人之道：蕴含学校教育的内在价值秩序

毋庸置疑，在功用价值浸染之下，现代人的日常生活在很大程度上偏离了应有的价值秩序，即偏重感官价值，弱化生命价值，无视精神价值，越来越走向平庸化。舍勒用"价值颠覆"[①]的概念深刻地描绘出现代人价值样式的平庸特质。因此，教师必须依循价值样式的应然序列(精神价值—生命价值—感官价值)构建学校教育的内在价值秩序，以此引领学生走上"为人之道"。

一个充满生命活力的孩子来到一个被称作学校的地方，他(她)应该在此度过什么样的生活？通俗地说，学校应该把一个孩子培养成什么样的人，这是每一位教师必须明确的紧迫问题。因为，孩子长大的过程是单向度的，生命的过程不能改写。回顾近些年来我们参与不同学校的价值教育实践过程，既看到教师们真诚的努力，也感受到他们的困惑。学校常见的做法是贴标签式地进行价值教育，缺乏对学校教育行动的内在价值序列的系统把握与整体建构。若教师的行动缺乏内在价值考量，难以确定学生会

---

① ［德］马克斯·舍勒著，罗悌伦译：《价值的颠覆》，北京：生活·读书·新知三联书店，1997年，第161页。

形成一个怎样的价值世界。

舍勒的理论表明，教师的价值世界正是通过其志向这一载体直观地给予学生，并以真实质感影响学生个人价值样式的构成。因此，教师要参照精神价值—生命价值—感官价值的序列有逻辑地构建学校价值教育行动体系，直接作用于学生价值样式的形成，即由此构成"为人之道"的基本框架。

具体而言，我们可以将学生的成长理解为三个维度：纯洁的心灵、聪明的头脑、健康的体魄。与此对应的学校教育也可分为三个方面：其一是道德教育、艺术教育和情感教育等；其二是知识教育和技术教育等；其三是身体教育等。学生在此教育过程中分别获得的价值体验也可分为三个方面：一是体验善、美、爱的价值；二是体验真的价值；三是体验感官价值和生命价值。在此基础上，学生能够拥有三种能力：爱的能力、智力和体力。如果教师能够参照上述价值教育维度的诸方面系统考量学校现行的教育举措，以价值教育的应有之义反思学校教育的目标、内容与手段，或许能够找到内在的价值依据，那么，学校的一切活动可能充满价值教育的契机。

(二)价值教育体验：唤醒"向学之心"与"向善之志"

诚然，一切价值教育的契机蕴藏于学校的日常生活之中，关键是为师者即时地觉察和把握住教育的时机，促成教育的发生。"教育行为事先就被人生之道所包围"[1]，其前提要件不是源自教师的经验理解，而是教师先验地拥有价值意识，即教师对于"为师之道"与"为人之道"内在关系的准确理解。因此，教师在设计学校教育行动之时必须内在地指向学生精神价值的构成，即着眼于为学生的一生奠定基本的价值样式。真正影响学生价值世界构成的教育，不是外在的说教或宣传，而是浸染于学生对"为人之道"

---

① ［德]欧根·芬克著，简水源译：《教育学与人生之道》，台北：桂冠图书出版社，1999年，第50页。

的体认与感悟过程之中，即教师唤醒学生"向学之心"与"向善之志"的行动之中。

"向学之心"即通常所说的求知欲，亦即古希腊哲人的"爱智慧"。在舍勒看来，求知欲是比好奇心更高级的情感体验，主要指精神方面的惊讶感。① 正如亚里士多德已经表明的那样，这种惊讶活动及伴随着它出现的各种感受，都是人们追求形而上学知识的全部过程之永恒存在的根源。正是由于人在认识态度中所具有的这种本质属性，一个人才能够走上追求真理的道路，也就是追求精神价值的人生之路。这也正是舍勒在精神价值类型中所阐述的认识真理的内涵。

就学生的学习生活而言，如果学习作为一种纯粹的认识行为，那就必然存在学习者自身价值得到增强的精神取向，学生与所学知识之间构成了一种本体论关系，学生在分享知识的同时获得一种精神享受。此时，其"向学之心"的情感体验就是"智慧之爱"，而且爱智慧与人的精神成长融为一体。对比于"为升学考试而学习"的实用价值，出自"向学之心"的学习对于学生的精神"进化"具有更高的价值指向。在课堂教学活动中，如果教师缺乏清醒的价值秩序意识，就不能唤醒学生对精神价值的"偏好"，真正意义上的学习活动也就不可能发生。或者说学生不可能在学习过程中体验到"智慧之爱"。在当下的学校生活中，一些学生虽然学习了很多知识，却失去了求知的热情。"为考试而教""为考试而学"已经戕杀了一部分学生的"向学之心"。

"向善之志"不同于一般意义上学校德育中讨论的话题，而是关涉"人应该如何生活"的大事。对于每一个有着丰富而生动个性的学生来说，"人应该如何生活"不是宏大叙事般的说教，而是直接指向"我应该如何生活"的个人叙事。依舍勒的观点，这里的"我"是"人格"意义上的"自我"，或者

---

① ［德］马克斯·舍勒著，艾彦译：《知识社会学问题》，南京：译林出版社，2012年，第80—81页。

说是一个大写的"我"。于是，上述问题就转变为一个具有舍勒语言特色的命题——"人应该作为一个人格去生活"……即一个大写的"人"。因此，向善首先不表现为一个行动，而是一个"志向"，它是一切行动的开端。

尽管舍勒强调"志向"在特定价值行动中的导向作用，但是，他也明确指出："志向"对于单纯的教育活动来说是不可及的。[①] 换言之，舍勒提醒我们注意，本质上是不可能通过一些简单的教育活动来影响或改变"志向"的；通过那些以此为错误目的的各种措施所能达及的，只能是对真实志向的隐藏，即志向的虚假性。[②] 那么，学校教育究竟如何影响学生的志向？舍勒强调人格榜样在志向变更中的影响力。在人的一生中，越早体验到人格的榜样，越容易受到精神价值的引导。志向变更的原发性质表明，个体一旦确立新的志向，将开启其整个生活的崭新方向。因此，教师一定要时刻追求"价值高度的自我"，以自身具有价值高度的榜样人格影响学生的人格，与之心心相印。正如孟子所说的"中也养不中，才也养不才，故人乐有贤父兄也"[③]。教师只能以自我向善为前提条件，唤醒并影响学生的"向善之志"。

总之，依据舍勒的价值现象学理论，价值不可能独立存在，所有高贵的价值都在一个人浑然一体的生活世界之中，即在人与人的相互作用之中，并通过人的志向与行动得以显现。因此，学校价值教育首先要求教师在价值序列的框架下立于精神价值的高度，坚守"为师之道"，并以清醒的价值意识建构学校的教育实践行动，用人格力量影响学生走上"为人之道"，帮助学生实现作为一个大写的"人"的全面发展。

---

① ［德］马克斯·舍勒著，倪梁康译：《伦理学中的形式主义与质料的价值伦理学（上册）》，北京：生活·读书·新知三联书店，2004年，第141页。

② 同上。

③ 杨伯峻：《孟子译注》，北京：中华书局，2008年，第143页。

重新理解教书育人①

《重新理解教书育人》写作缘于参与教师培训工作的反思。中小学教师认为自己在日常工作中能够做到"教书育人"，但是，在中小学课堂现场，多数教师的做法是"教书＋育人"。着眼于立德树人的时代需要，课堂教学必须提高"学科德育""学科育人"的实效性，而非简单的"教书＋育人"加法式理解。从教育学视角看教书与育人的关系，其前提问题是知识与成人的关系。同样，遵循"历史—逻辑""历史—具体"的原则，文章围绕人与书的关系、教书与育人的关系展开，并依此反思"教书"与"育人"的割裂现象，明确提出"教书即育人"的教育学主张。

教书育人，或许是每一位教师耳熟能详的词语了。事实上，相当多的教师也比较认同此种关乎其职业特质的表述，但是，教书真能育人吗？这似乎是一个未经审视的问题。苏格拉底曾言，未经审视的人生是不值得过的。依此理，似乎也有必要检视"教书育人"这一约定俗成的教师职业观。由此引发的基本问题是教书与育人的关系，其前提问题则是知识与成人的关系。若教师对此类问题缺乏教育学意义上的学理反思，似乎也不能理直气壮地说其工作就是教书育人了。严峻的现实是，一些教师确实操劳于"教书"，但是，似乎无暇顾及"育人"。或许有教师否认上述推断，认为自己在教书的同时确实考虑到教学生如何做人，但是，这种关于"教书＋育

———————————

① 本文以题名《重新理解教书育人》刊于《北京教育（普教版）》2017年第2期，文中内容略有改动。本文系北京教育科学规划课题"儿童学校公共生活体验研究"（课题编号：3059－0002）的阶段性成果。

人"的加法式理解，难以厘清教书与育人的内在关系。因此，重新理解"教书育人"似乎也不为过。时至今日，"读书成人"早已是妇孺皆知的教育信条。教师也正是在这样的文化境域中自觉或不自觉地形成"教书育人"的职业认同。但是，教书真能育人吗？这似乎是一个未经审视的问题。检视"教书育人"这一约定俗成的教师职业观，由此引发的基本问题是教书与育人的关系，其前提问题则是知识与成人的关系。本文旨在重新理解"教书育人"，围绕人与书的关系、教书与育人的关系展开论述，并依此反思"教书"与"育人"的割裂现象，明确提出"教书即育人"，期待课堂教学呈现崭新之气象。

一、人与书的关系：人—符号—文化

纵观人类历史，人与书的关系有着绵长的叙事。书的历史可追溯至"书写文字"，但是，人类最早发明文字的目的不在于复制口语，而是想要完成一些口语无法完成的事情。目前，考古学家们能够找到的人类祖先最早留下来的文字信息是"29086 单位大麦 37 月库辛"，这是远古时期苏美尔人的账单，最可能的解读是："在 37 个月间，总共收到 29086 单位的大麦，由库辛签核。"[①]对此，或许有人会失望吧。人类的书写文字史既不起源于哲学，也不起源于诗歌，而是枯燥的财务账目。事实上，这份文字是记载于大约公元前 3400 年至公元前 3000 年的泥板上。对于当时的人们来说，写下文字是一件极其耗时的差事，哲思或诗歌等，只能通过口头语言，口口相传。例如，希伯来的《圣经》、古希腊的史诗《伊利亚特》、佛教的《大藏经》、中国的《诗经》等，最早出现时都是口述作品。

诚然，随着人类生产生活内容的不断丰富，人类祖先不满足于使用部

---

① ［以］尤瓦尔·赫拉利著，林俊宏译：《人类简史——从动物到上帝》，北京：中信出版社，2014 年，第 121 页。

分表意文字，逐渐发明了完整的表意文字。如苏美尔人在公元前 3000 年至公元前 2500 年已经拥有了完整的文字系统，今天称之为楔形文字；中国大约在公元前 1200 年也拥有了完整的表意文字系统，即我们汉字的祖先——象形文字。从此，人们用这些完整表意文字来写诗、写戏剧、编史、发表预言，甚至记食谱，等等。

在此，我们仅撷取了人类"书写文字"历史的若干片断，就看到了人在宇宙间的神奇存在，即人能够利用符号创造出一个文化大千世界。动物只能对"信号"做出条件反射，只有人能够把这些"信号"改造成有意义的"符号"。所以，德国哲学家卡西尔将人定义为"符号的动物"①。依据卡西尔的研究结论，书与人的关系呈现一个基本逻辑："人—运用符号—创造文化"。因此，"人—符号—文化"是三位一体的。②

历史地看，由于承载文字的工具的局限，完整表意文字创造之后，它与普通人的距离还相当遥远。直至纸和印刷术的发明并广泛使用之后，"书写文字"才真正走进普通人的日常生活，加之近代以来学校教育的普及，"书写文字"与每一个普通人的关系才日渐亲近。当然，对于每一个具体的人而言，理解蕴含于"书写文字"（或符号）的意义，这绝非一个简单的生物遗传过程，而是一个复杂的教育和文化过程。

毋庸赘言，一个人只能通过后天的教育过程才能拥有识文断字的能力。个体一旦获得这种能力，透过书中的文字，显现在其视域中的将是一个无限广袤的"文化—意义"世界。这是符号的力量，也是文化的力量，更是教育和人类文明延续的力量。与此对照，一个文盲的生活世界是多么有限啊！因此，联合国教科文组织强调"扫盲的目的并不是单纯使一个不识字的人能够识得几个字，而是要使他更好地同他的环境协调一致，更好

---

① ［德］恩斯特·卡西尔著，甘阳译：《人论》，上海：译文出版社，2013 年，第 5 页。
② 同上书，第 12 页。

地理解生活的真正意义"①。

二、教书与育人的关系：经验传承—个人生活—人类延续

承上所述，我们在人类历史发展的视域中看到"书写文字"作为人类创造的文化符号，承载了人类个体生活和种族生活的全部经验，包括习惯、制度、信仰、胜利和失败、休闲和工作。这些经验对于个体生存和种族延续固然十分珍贵，但是，人类生活的延续面临两个严峻挑战：其一是人类群体生活中每一个成员的生和死是不可避免的事实，即作为群体生活经验载体的特定个体，总有一天会消亡；其二是这些符号化的群体经验无法通过生物遗传方式实现代际复制。

人类生活若要继续下去，历代社会成员所积累的经验只能通过成熟的成员与未成熟的成员之间的传递，才能够保证人类族群的延续，这就决定了教育的必要性。换言之，人类生活的所有经验包括符号形式的经验，均不能像其他动物那样通过生物遗传基因实现代际相承。教育因此就成为一件必须要做的事情，也只有教育能够弥补人类先天不足的缺陷。对于人类而言，每一个新生的个体，生来就是未成熟的，孤弱无助的，没有语言，不懂社会规则，更谈不上拥有种族生活的各种观念和信仰。这些幼小个体先天遗传的生存能力少得可怜，如果要生活下去就必须通过教导和学习实际经验的代际转换。美国著名哲学家杜威也正是在这个意义上强调"教育是生活的需要"②。他清楚地看到教育在个体生活和人类社会生活中不可替代的作用。

随着人类社会的发展，未成熟个体与生俱来的能力与成熟个体生存能力之间的差距逐步扩大。一个孩子仅凭身体的生长和个体的直接经验，都

---

① 联合国教科文组织国际教育发展委员会：《学会生存——教育世界的今天和明天》，北京：教育科学出版社，1996年，第65页。

② ［美］杜威著，王承绪译：《民主主义与教育》，北京：人民教育出版社，2001年，第7页。

不足以支持其有品质的个体生活和高度文明的群体生活延续。社会正是通过对未成年人的教育使人成为人，并实现人类文明的代际传承。记得笔者的硕士导师陈桂生教授在回忆其小学生活时，朗朗上口地诵读其小学课本中的内容："学生入校。先生曰：'汝来何事。'学生曰：'奉父母之命，来此读书。'先生曰：'善，人不读书，不能成人。'"后来，有机会一睹民国时期的老课本，果然有此段文字。顿时惊叹于小学课本给一个孩子头脑中留下的深刻印象。由此可见，"不读书，不成人"早已是民间妇孺皆知的教育信条。教师也正是在这样的文化境域中自觉或不自觉地形成"教书育人"的职业认同。

在此，教书与育人的关系直接得以显现。"书"直接承载着前人经验或者说人类文明成果，"教书"即"教育"的日常语言表述，实为人类经验或人类文明的传递。个人的生长与生活过程也内在于人类生活和人类文明的延续过程之中。可见，成人过程与育人过程具有同一性，"读书成人"与"教书育人"也因此具有内在一致性。

尽管如此，不同时代的人们对于读书与成人关系的理解似乎存在一定差异。一方面，生活在农耕时代的家长，他们把孩子送到私塾里，多数仅是指望孩子成年之后能初通文墨、记账、写信，赶上春节写写春联罢了，即使在科举盛行时期，农村里虽有耕读世家，但是靠读书成为秀才、举人、进士的只占少数，"范进中举"也只是出现在小说里的读书人的传奇故事。另一方面，从中国私塾里的蒙学读物到科举取士的必修书目，多是圣人之言或儒家经典；从西方教会主日学校的《圣经》读本到文法学校里的必修书目，也多是西方社会的人文经典。从这一时期中西方的书本知识里看，内容上都直接关乎人的道德形塑，"教书育人"的内在关联是不言而喻的。

以学校为标志的制度化教育产生之后，人类的生活和生产经验或者说人类文明成果系统地进入基础教育课程，并以诸多科目的书本形式出现在儿童面前。以学科课程为例，大致分为理科、文科、艺体等。与之相应，课程的系统化程度决定着教师之教的专业化取向，中学教师多按学科分工，如数学(学科)教师、语文(学科)教师、物理(学科)教师等。由此引出的问题是，教师的"教书"行为失去对书中意义世界的关照，换言之，"教书"与"育人"的联系被人为地割裂。

对于语文、历史和思政①三科教师而言，课本内容与学生的道德成长直接相关，这些教师的观念中也多有"文以载道"的意识，"教书育人"似乎是一个自然发生的过程。但是，一些教师或许太在乎教"书"中的"道理"了，忘却了"书"中的意义世界，而意义只能在儿童的直接经验中绽放。与此同时，理科教师或许不认可上述同行们的"道德说教"，但也纠结于如何渗透德育。他们在教学中的通常做法：一是注重与教学内容直接相关的某位科学家废寝忘食的钻研精神；二是在教学过程中不时给学生讲些做人的道理。对此，一方面要理解这些教师的良苦用心；另一方面，也要看到这里的"教书"与"育人"已然成为两件事了。

基于前文中阐明的"人与书的关系"，教师有必要深刻理解学科课程作为人类生活的特定文化符号所承载的意义世界，以及其对于学生成人的内在价值。杜威就曾在其论文《教育中的道德原理》中提醒关注"学科的社会性质"②，并强调学科教育必须与人的自觉经验发生关系。以此反思当前的学科教学过于关注学生掌握概念性知识的能力，却遮蔽了这些学科知识产生之初与人类经验的直接关联，即忽视了"教书"对于学生成人过程的文化意义或社会价值。

三、师者何为：教书即育人

关于师者何为的话题，韩愈的"传道、授业、解惑"早已被广大教师津

---

① 关于思政学科课程，高中的教科书名为《思想政治》，初中教科书名为《道德与法治》。
② [美]杜威著，赵祥麟、任钟印、吴志宏译：《学校与社会·明日之学校》，北京：人民教育出版社，1994年，第153页。

津乐道，也常被用来作为"教书育人"的注脚。"教书育人"也被写入我国颁布的师德规范①之中。但是，此一时也，彼一时也。今天的学校教育作为一种制度化教育存在形式，与韩愈时代的非制度化教育相去甚远。尽管教师在观念上认同教学是"传道、授业、解惑"，行动上却实实在在地倾向于传授掌握知识之"术"，而书写文字作为文化符号所承载的意义世界似乎已经远离师生的生活世界。

事实上，书写文字中的"道"即意义世界，是人类经验的精华所在，并以基础教育课程的形式进入中小学教科书。在这些书本中，"经验与知识是统一的，不是二元的"②。表面上看，不同科目的教科书里包含不同领域的知识，实质上，"这些知识本身就是经验，它们是种族的经验。它们体现了人类一代一代的努力、斗争和成就而积累起来的结果"③。这其中蕴含着波澜壮阔的人类生产和生活实践，换言之，这些知识里蕴藏着色彩斑斓的意义世界。因此，教学不是教知识本身，而是通过间接经验影响学生的直接经验，促进其个人经验的改善。换言之，用人类文明照亮儿童心灵。遵循此理，教育学意义上的"教书"即以直接经验的方式引导儿童进入人类的间接经验，并以此改善其直接经验，进而提升其心智水平，即实现课程的"育人"价值。这也契合德国教育学家赫尔巴特主张的"教育性教学"④。

在赫尔巴特的时代，"教之学"（教授）与"教育之学"是两个概念。他在解释德语"教育"概念时指出，"教育"这个词是由"训育"和"牵引"两个词来的。据此可知，德语"教育"的基本含义有两个：一是引出，即它是一种内

---

① 教育部、全国教育工会在 1984 年 10 月 13 日颁布《中小学教师职业道德要求（试行草案）》中明文规定教师执行教育方针，遵循教育规律，面向全体学生，教书育人，培养学生德、智、体全面发展。郑金洲：《教育通论》，上海：华东师范大学出版社，2000 年，第 326 页。

② 滕大春：《杜威和他的〈民主主义与教育〉（下）》，《河北大学学报》，1996 年第 1 期，第 60—70 页。

③ ［美］杜威著，赵祥麟、任钟印、吴志宏译：《学校与社会·明日之学校》，北京：人民教育出版社，1994 年，第 120 页。

④ ［德］赫尔巴特著，李其龙译：《普通教育学·教育学讲授纲要》，杭州：浙江教育出版社，2002 年，第 13 页。

发的活动；二是内发有一种方向（近于训育，即对青少年的心灵产生直接影响，有目的地进行培养）。① 同时，赫尔巴特充分认识到个体有限的生命阻碍其获得无限经验的可能，指出"教学作为经验与交际的补充"②，并与训育共同构成真正教育的措施。因此，赫尔巴特指出，一个青年人纯粹出于得到好处的目的向教师学习本领和学识，这是无关紧要的，关键是其思想的形成，这对于教育者来说就是一切。③ 若将这番话转换成今天的教育学话语，"教育性教学"就是要通过基础教育课程的教学养成儿童的世界观，即课堂学习在儿童狭小的个人世界与宏大的人类文明世界建立起直接关系。具体到教学的操作层面，"教育性教学"就是"教书即育人"，即在教学过程中用人类文明开启学生的心智，通过改善学生的思维水平来提升其意识品质。

试想一下，如果教师的视域中存在"人—符号—文化"的关系，他们就能够从书本世界中触摸到前人的生活世界，进而能够自觉地透过教科书中的知识直观到人类经验的流变。此时，知识不再是简单的、静态的抽象物，而是"处于运动状态中的不可分割的整体"，"知识是一个能动的过程，它并不存在于抽象的思想中，而是融在人的欲望、意志、行动甚至整个生命之中"④。由此可见，中小学基础教育课程中的各科知识都不是外在于学生个体的概念式真理。

这些书本知识是前辈的直接经验，凡是经验一定有内在的生命力，即知识贡献者个体的求索体验。教学一定要打开概念化知识，唤醒知识的原初意义，即让间接经验以直接经验的方式呈现在儿童的生活世界，与儿童

---

①　[德]赫尔巴特著，李其龙译：《普通教育学·教育学讲授纲要》，杭州：浙江教育出版社，2002年，第159—161页。

②　同上书，第68页。

③　[德]赫尔巴特著，李其龙译：《普通教育学·教育学讲授纲要》，杭州：浙江教育出版社，2002年，第13页。

④　[美]哈特著，彭正梅译：《从信息到转化：为了意识进展的教育》，上海：华东师范大学出版社，2007年，第50页。

的直接经验接轨。这样的"教"能够在儿童与课程之间真正建立一座心灵之桥。通过这座桥梁，教师引领儿童走进内涵丰富的人类文明世界。儿童的视域由此朝向人类经验建构的精神世界，他们沿着人类文明之阶梯，探索着走向一个光明的未来。

总之，"教书即育人"理应成为当代教师的职业信念，并由此展开其日常教学的丰富样式。这样，教师就拥有了全新的知识观、全新的教学观，并能够自觉运用前人的间接经验改善学生的直接经验，课堂教学也将呈现崭新气象。至此，求知、爱真理、追求光明，将内化为学生真实的学习生活体验，而非校园里的标语或口号。

日用即道：重新理解教师的职业修养①

　　《日用即道：重新理解教师的职业修养》的写作缘由也产生于对中小学教师专业发展的重新理解。近些年来，"教师专业化"的呼声日渐增多，但是，基于一般专业标准来看中小学教师的日常工作，一部分是专业性工作，如教学活动；一部分是事务性工作，如教师要处理大量与学生行为规范相关的实际事务。教师如何在日常工作中加强职业修炼，通过王阳明的"日用即道"思想，以叙事方式呈现经典教师的日常行为，可以看到"教也，学也，皆道也，非人之所能为"。

　　一般而言，我们对于教师职业修养的关注较多地集中于职业道德方面，而对其职业的内涵实质则缺乏应有的关注。其实，从教师职业的属性看，"一半是专业，一半是事务"。② 教师的职业修养无时不在其日常生活中对学生发生着实实在在的教育影响。学生正是在活生生的生活情境中体验着教师的职业修养，并"直观"地理解教师所授之业与所传之道。教师在其日常行为中总是有着对于其职业的原本理解，并由此构成师生日常生活的各种可能性。如果我们细心品味教师的日常生活世界，或许能够看到其职业生活中更为真实的一面，也能够觉察学校日常生活中充满了涌动的潜流和教育发生的契机，并由此拓展理解教师专业发展的可能视域。

---

　　① 本文以题名《日用即道：重新理解教师的职业修养》刊于《教育发展研究》2013 年第 22 期，文中内容略有改动。本文系 2012 年教育部新世纪人才资助项目(项目编号：NCET－12－0608)的阶段性成果。
　　② 陈桂生：《普通教育学纲要》，上海：华东师范大学出版社，2009，第 349 页。

一、教师的日常生活素描：修养蕴含其中

按照一般专业标准与规范，中小学教师的工作可能归为"半专业"性质的职业。其日常工作一般分为两部分：一是专业性工作，如教师需要掌握并向学生传授知识；二是事务性工作，如教师还需要处理大量同未成年人成长相关的实际事务。在教师的日常生活中，每天都会从事这两方面的工作，如果教师清楚其中的教育意蕴，时刻修炼自己的职业形象，那么，教师职业修养的内涵远远超越了历史上"师道"与通常"师德"的理解。

（一）日常教学生活：教师以学科素养感染并唤醒学生的学科意识

一般地看，教学就是教师把掌握的现成知识"搬出来"交给学生。但其实在真实的教与学的生活中，可能发生着丰富的生活体验。当学生们回忆起自己从前的老师时，最难忘的可能是那些曾经感染或唤醒他们的老师。著名作家王蒙先生曾这样追忆小学二年级时的华老师：

> 她口齿清楚，态度严肃，教学认真。首先是语音，她用当时的"国语注音符号"一个字一个字地校正我们的发音，一丝不苟。我至今说话的发音，还是遵循华老师所教授的，因此，有些字读得与当代普通话有别。例如，教室的"室"，我读上声而不肯读去声，等等。为"伯""磨"之类的字的读法我还请教过王力教授，他对我的读音表示惊异。其实，我出生在北京，如果和真正的老北京在一起，我也会说一些儿化音的北京土话的，但只要一认真发言，就一切按照华老师40多年前的教导了，这童年的教育可真重要。[①]

著名作家梁实秋先生也曾以饱含深情的笔墨回忆教过他国文的徐先生：

> 徐先生讲国文之前，先介绍作者，之后，朗诵全文一遍。他打着江北

[①] 商友敬：《过去的教师》，北京：教育科学出版社，2008年，第81页。

的官腔，咬牙切齿地大声读一遍，不论是古文或白话，一字不苟地吟咏一番，好像是演员在背台词，他把文字里蕴藏着的意义好像都给宣泄出来了。他念得有腔有调，有板有眼，有情感，有气势，有抑扬顿挫，我们听了之后，好像是已经理会到原文意义的一半了。好文章掷地作金石声，那也许是过分夸张，但必须可以朗朗上口，那却是真的。

徐先生最独到的地方是改作文。普通的批语"清通""尚可""气盛言宜"，他是不用的。他最擅长的是用大墨杠子大勾大抹，一行一行地抹，整页整页地勾；洋洋千余言的文章，经他勾抹之后，所余无几了。我初次经此打击，很灰心，很觉得气短，我掏心挖肝地好容易诌出来的句子，轻轻地被他几杠子就给抹了。但是，他郑重地给我解释一会儿，说："你拿了去细细地体味，你的原文是软趴趴的，冗长，懈了光唧的，我给你勾掉了一大半，你再来读读看，原来的意思并没有失，但是笔笔都立起来了，虎虎有生气了。"我仔细一揣摩。果然，他的大墨杠子打得是地方，把虚泡囊肿的地方全削去了，剩下的全是筋骨。在这删削之间见出他的功夫。如果我以后写文章还能不多说废话，还能有一点点硬朗挺拔之气，还知道一点"割爱"的道理，就不能不归功于我这位老师的教诲。[①]

通过这两则学生回忆的教学生活体验故事，我们对于语文科教师（民国时期称"国语""国文"课）的学科素养可以获得质感的理解。先看朗读，这应被视为语文老师最见功底也最显才情的事。老师读得好，学生就把老师看成作者了，语文教学也因此成功了一半。再看看老师修改学生作文，他改作文的本事不在别处而在"删"，看似简单的勾抹，却蕴含着教育智慧，这里不是轻易否定学生的写作，而是帮助学生清楚地看清自己的写作意图。上述两则语文教学故事涉及学生三方面语文素养的形成：读准字音、理解课文、写作。老师一旦让学生真正明白了，学生素质也就养成

---

① 商友敬：《过去的教师》，北京：教育科学出版社，2008 年，第 81 页。

了，也就终身受益了。一个真正清楚明白的学生在考试时又怎能糊涂呢？

如果以此为参照对比现行的中小学语文课教学，一些老师的教学似乎离学科性质太远了，这或许正是教师职业修养内涵性缺失的表现。其实，教师要立足于基础教育课程中的特定学科，自觉地引导学生在特定方向上形成某种学科素养，而不是轻易放弃学科教育的使命。当然，这也要求教师本身务必修炼出较高的学科素养与较强的教育学意识。唯有如此，教师才能为孩子的毕生生活打下良好基础，教师也因此成为同儿童命运密切相关的人。

（二）事务性工作：教师用爱心养育学生的生活自觉

教师平时在学校里所做的事除了教授学科知识，还要花大量的时间对学生的行为进行适当的管理与指导。著名教育家夏丏尊对待事务性工作的态度与做法或许能够给教师们一些启发。

夏丏尊先生在浙江两级师范学堂任教时，因学校原来的舍监被学生气得辞职而去，他就毛遂自荐，兼任舍监一职，每天清晨，起床先到学生宿舍一一查看。遇私点蜡烛的，他熄灭蜡烛后予以没收；和衣而眠者，他促起脱衣盖被。有学生在点名、熄灯后溜出校门玩耍，他知道后也不加责罚，只是恳切地劝导。如果一次两次不见效，他就会待在宿舍守候这个学生，无论多晚都守候着。等见到了学生，他仍不加以任何责罚，只是更加苦口婆心地劝导，直到这个学生心悦诚服，真心悔过。他当舍监七八年后，学生养成了良好的生活习惯。他高兴地看到，"几乎可以无为卧治了"。[1]

夏先生曾翻译意大利作家亚米契斯的小说《爱的教育》，他也以自己的一生践行了"爱的教育"。他在《爱的教育》译者序言中批评当时的教育："学校教育到了现在，真空虚极了。单从外形的制度方法上，走马灯似的

---

① 商友敬：《过去的教师》，北京：教育科学出版社，2008年，第81页。

更变迎合，而于教育的生命，从未闻有人培养顾及。好像掘池，有人说四方形好，有人又说圆形好，朝三暮四地改个不休，而于池的所以为池的要素的水，反无人注意。教育上的水是甚么？就是情，就是爱。教育没有了情爱，就成了无水的池，任你四方形也罢，圆形也罢，总逃不了一个空虚。"①在这些琐碎的事务性工作中，夏先生也动用真挚的情与爱，唤醒并养育出学生的自觉意识。

总之，在上述学生记忆里再现的学校日常生活中，教师通常不是一个理论家，而是一个不断追求实现教育目的和目标、不断实现自己愿望的教育行动者。在这些生动的学校生活情境中，在教师与学生"打交道"的过程中，学生能够心领神会教师的操劳，教师的职业修养或为师之道也就自然而然地彰显其中了。

二、学校日常生活的异化：教师行为远离其"道"

自普及教育以来，中小学教师成为社会需求广泛的职业，而且被戴上各种桂冠，如"太阳底下最光辉的职业"等。综观其职业特点和实际待遇，中小学教师的确是非常辛苦的职业。尤其在我国特定的国情中，中小学教师遭遇到的职业生存压力是有目共睹的。对于现在的中小学教师来说，无论置身何种境遇，他们在日常职业生活中总以不同方式应对着。由于一些教师的行为偏离教育之道，在某种程度上导致学校日常生活的异化。

(一)教师迷失在方法的追寻之中

在"课改"的潮流之下，加之"教师专业化"口号的鼓舞，相当数量的中小学教师积极投入到课堂教学改革之中。这或许是可喜的现象，但在此过程中一些教师的职业素养存在某些缺失，可能影响基础教育目标的实现，即学生没有形成特有的学科素养。以下是一位小学语文教师对于课堂教学

---

① ［意］亚米契斯著，夏丏尊译：《爱的教育》，上海：华东师范大学出版社，1995年，译者序言第1—2页。

探索的自述。①

1. 充分发挥音乐的作用，创设情境

在语文课堂教学中适当地添加些音乐或配乐朗诵，或让学生唱一些与课文有关的歌曲，不仅能调节课堂气氛，给人轻松愉快的感觉，还能调动学生学习的积极性。在《会走路的树》(出自苏教版小学二年级语文下册)这一课的教学过程中，导入时给学生播放包含有鸟叫声、流水声的优美音乐，一下子让孩子进入了故事发生的幽深树林里。

2. 组织表演，激发学生的参与意识

孩子的天性就是爱动，有一种先天的表演欲望，我们在教学中如果能利用这一点做文章，有时会收到意想不到的效果。在《会走路的树》这一课的教学过程中，我让学生将小鸟与小驯鹿见面的情景进行了表演，孩子们都兴味盎然，取得了很好的学习效果。

3. 巧用绘画，增添课堂情趣

在语文课堂教学中合理地安排绘画的环节，不仅能很好地调动学生的学习热情和积极性，而且能更深入地理解课文的内容。在《会走路的树》这一课的教学过程中，我用小鸟和小驯鹿的简笔画代替了文字板书，学生更直观、更容易理解课堂内容。

当然，我们愿意肯定一位小学语文教师对于课堂教学改革的探索与热情。但是，这里存在一个困惑：这样的课还是语文课吗？我们在这节课里看到音乐、表演和绘画，但是，语文在哪里？

语文即"国文母语"的简称②，教会孩子正确使用国文母语是语文学科教育的独特使命。在帮助孩子形成基本文化素养方面，语文学科承担着不同于音乐、表演、绘画的特殊教育责任。在上述教学活动中，教师虽然着

① http://blog.sina.com.cn/s/blog_9f4c619901019rzf.html.
② 周惠斌：《叶圣陶首提"语文"》，《人民政协报》，2023—10。

力于通过音乐、表演与绘画的形式来让语文课突破传统的教学模式，让课堂"动"起来，但是，教师在一定程度上忽视了语文学科性质特点——语言的使用，因此，对于如何形成小学生语言能力素养缺乏整体教学考虑。例如，教师用简笔画代替文字板书。对于二年级小学生来说，正确书写汉字的能力尚在形成过程中，教师仅仅考虑了学生的接受兴趣，却忘记了语文学科教育的内涵实质——国文母语的使用。这或许是目前语文教学问题的症结所在，即课堂热闹，但学生的学科素养却被打了折扣。现实的中小学课堂教学生活中，类似的课可能每天都在发生着。

(二)教师迷失在"事功"的追求之中

教师在其日常职业生活中还需要花费相当多的精力处理事务性工作。在此过程中，教师的行为对于未成年的学生无疑起到示范与导引作用，进而影响学生价值观的形成。在一位师范生对中学生活的回忆中，我们看到教师的事务性工作中也无"小事"。

上高中前，我一直认为老师是世界上最神圣的职业，直到张老师出现在我的高中生活里，改变了我对教师这一职业的看法。当时，学校提出通过百分制评比的办法确定"市优秀班集体"的名单，也就是说要将考勤、卫生、课外活动、出操等一系列活动一一量化，以百分制核算一个班级在年级里的排名。作为一名学生，谁都希望自己的班级是最好的；作为一名班主任，对自己的班级严格要求也是理所当然的。

一天，我们班赵明同学（因为他家离学校比较远，他每天上学需要花费两个小时在路上）在早自习的时候迟到。看到赵明迟到，一向和颜悦色的张老师变脸了。最初大家没觉得异样，"迟到"本来就不是好事。但是，我们万万想不到的是，张老师居然对全班同学说："同学们，为了咱们班的荣誉，以后早自习迟到的同学上午的课就不要来上了，因为他们个别人的迟到，学校会扣咱们班的分数，这样会给班集体造成损失。虽然迟到只是个人的行为，但让集体为个人牺牲，这很不公平！"

从此以后的上午课，不时会有同学不来上课，而我们班在百分比评比"考勤"一栏的分数却一直到高中毕业都是满分。当然，课间操也是评比中的一项。在张老师的影响下，我们时刻想着班集体的荣誉，每天离第二节下课还有5分钟时就再也坐不住了，只盼望着听到下课铃声，快速跑出教室，我们班以比其他班快5分钟以上的时间站在操场上。最终，我们拿到了"市优秀班集体"的"荣誉"，记得拿到证书的那天，我们一些同学都哭了，但我说不清心里是啥滋味。

如上所述，尽管教师的日常工作中包含事务性工作内容，但是，教师毕竟不属于事务性职业。教师职业从专业属性上来说，其内涵的应有之义是教育。"教育"在最原初处指向"善"。《说文解字》中有"教，上所施下所效也""育，养子使作善也"的解说。如果教师在处理日常事务性工作中过于追求"事功"，势必导致"教育"的延误或缺失。

(三)教师迷失于"高分"的追求之中

具有中国特色的"应试教育"也在时刻塑造着教师的职业生活样式，无形中影响着学生的求知热情和师生关系的品质。下面是一位师范生回忆初中化学老师的故事：

我初中时的化学老师是一个严厉到神经质的人，全班没有一个同学不恨他。每节课上课前他都会把我们骂一顿，来发泄他对我们或者是学校或是他自己工作的不满。班里每一位学生，甚至最乖巧、听话的孩子，都被他指鼻子骂过。因此每节课，我们班每个人都处于极度紧张的状态。写错字没有用橡皮擦而是直接划掉；一时着急而找不到卷子；坐姿不甚好……都会引起他的破口大骂，直骂到你的自尊心被损为零。更恐怖的是他在骂你的时候，你既不能瞪着眼睛看他，也不能抿嘴让他感觉你在笑，更不能哭……什么样的表情都会引发老师情绪的进一步爆发。而他的神情则是一贯的轻视、不满与讽刺。但是，就是这样一位老师，在他的"魔爪"下我们班的化学成绩竟是全年级最好的。而我的化学成绩在高考时也取得了前所未有的高分。现在若让我抱怨他，我是绝对不会的，因为分数在那。它帮我走进了梦寐以求的高中，甚至进入高中后我才发现自己的化学基础是那么地扎实。现在的我，应该感谢他。但是，我的的确确感觉不到他对教育的热爱，只有一种迫于生活的压力与无奈，教学不过是他用来谋生的一种手段。

故事中的"我"成为师范生后继续着下面的思考：

教师面对一群天真活泼的孩子，你可以爱他们，不打不骂，充分保护他们的自尊心，让他们每天过得很快乐。但如果这样，你就不能保证他们每个人的成绩。父母把孩子送到学校后只看分数，学校招生看重的也是分数，一个只给予爱却不能保证成绩的老师在日后定会遭到学生的埋怨。那么如果只给予成绩不给予爱（对学科知识的热爱），虽然在最后得到学生的感激，但在教学过程中却是师生双方的一种煎熬。

教师的日常行为究竟对学生发生着怎样的影响，或许来自学生的判断比教师的判断更可靠。一位教师，不管是什么学科的教师，如果其教学缺乏对学生有感染力的热情，缺乏对学生困难设身处地地理解，未能唤起学生求知的欲望，便属于"不太优秀的教师"。[①] 这里的教师一味追求严格管理下的学业成绩，忽视了基础教育课程的教育价值（求知的热情），不仅偏离了学科教育本质，而且影响到了师生关系。

三、为师之"道"：在学校日常生活中"修己"育人

综上所述，在每一天与学生相遇的生活中，教师无时无刻不通过自己的行动在其生活中留下印迹，学生对学校日常生活的体验正是这些印迹的直观显现。我们通过这些印迹来重新理解教师专业发展，不是囿于狭隘的道德修身，而是指向教师职业修养的完善。

[①]　陈桂生：《普通教育学纲要》，上海：华东师范大学出版社，2009年，第332页。

(一)"教"与"学"的生活中皆有"道"的存在

明代儒学家和教育家王阳明曾曰:"教也,学也,皆道也,非人之所能为。"①这里的"非人所能为"颇堪玩味。在一般人看来,教与学都是人之所为。但是,依据王阳明的观点来理解,这种"人为"丧失了"教""学"所蕴含的道性和生活本身,貌似"主动",实则不足以得"道"。"教""学"当然都是某种"为",但它可以不仅仅是"人为"主观之为、强作妄为,而是让它进入"天为"。人(为)之中有天(为)。进入"天为"之"教""学",则皆道也。此之所以可能,其前提是人总已经是在生活境域和世界境域之中了。②

这样的教与学都极为贴近生活本身。事实上,杰出的教师常在教与学的日常生活中随机点化学生。

一次,朱自清的学生王福茂写了一篇作文,题目是《可爱的朱先生》。文章写道:"他是一个肥而且矮的先生,他的脸带着微微的黄色,头发却比黑炭更黑。近右额的地方有个圆圆的疮疤,黄黄的显出在黑发中;一对黑黑的眉毛好像两把大刀搁在他微凹的眼睫上……他的耳圈不知为何,时常同玫瑰色一样。当他在黑板上写字的时候,看了他的后脑,似乎又胖了一半。最可笑的,就是他每次退课的时候,总是像煞有介事地从讲台上大踏步地跨下去,走路也有点滑稽的态度……"朱自清在这篇作文下面画了许多双圈,并在课堂上读给大家听。他说,我平时教大家怎样写作,王福茂给大家一个榜样,这就是描写人要让人读后如见其人,最好还应如临其境、如闻其声。③

朱自清先生在这里"毫不显眼"地向学生传授着"写作之道"和"为人之道",当然,这其中也显现着"为师之道"。正是在这样的日常生活中,教

---

① 王阳明:《王阳明全集》,上海:上海古籍出版社,1992年,第214页。
② 林丹:《日用即道——王阳明哲学的现象学阐释》,北京:光明日报出版社,2012年,第80页。
③ 商友敬:《过去的教师》,北京:教育科学出版社,2008年,第85页。

师随时随地点化学生，并及时传达对学生的信任与关爱。此时此刻，教师唤醒的正是学生的向学之心和向善之志。"为师之道"正是在活生生的日常生活情境之中被学生时时刻刻地体验着……这样的"师道"就是生活境遇之中的"活的真理"，而不是书本上的"死的规范"。"活"，即在活生生的生活情境之中被体验着、构成着，而有别于抽象化、概念化的现成者。

(二)在"修己"中"育人"

从教育学视角关注教师的职业修养，旨在强调教师要在育人之前先"修己"。鉴于教师的职业特点，这里的"修己"不应仅局限于道德修养层面，而是贯穿其日常职业生活的诸方面。

在日常生活世界中，教师作为成年人，在自然态度的意义上，常常将日常生活世界的一切视为理所当然的实在。通过这个理所当然，教师会将所经历的一切都视为无可置疑的。其实，日常生活世界不是一个固定不变的世界，它是一个主体间性的世界，每个人都参与其中，并通过其活动改变着这个世界。换言之，我们每个人在这个世界中工作和操劳，也影响着这个世界。从这个意义上说，日常生活世界是某种我们必须通过行动加以修正的东西，或者是修正我们行动的东西，而且在这一修正过程中我们也同时修正"自己"(修己)。只要生命还在延续，"我"都是不完善的，"修己"都在进行中。

当然，教师必须具备一定的修养才能胜任教育工作，这已是不争的事实，但教师到底需要炼成哪些修养却是仁者见仁、智者见智的。中国最早的教育专著《学记》对教师修养的要求："君子既知教之所由兴，又知教之所由废，然后可以为师也。"孔子对教师修养的要求："学而不厌，诲人不倦"。对于中小学教师来说，长期与未成年人打交道，在年龄、社会经验、知识等方面都占据一定的优势，容易滋生出唯我独尊的心态。其实，与其追求居高临下的地位，不如做苏格拉底那样的"无知者"。"要时常感到自己的不完全和不足，永远做一个用探寻的目光看待事物的婴儿！不因经验和老一套而陷入麻痹，而要敏感常存！"①

事实上，随着社会的高学历化和应试教育的深刻化，人们对于竞争与歧视中疲于奔命的学校和教师的复杂怨恨感情在潜意识中不断扩大，使得学校和教师的（传统）权威地位急剧丧失，这种事实本身已经使得教师个体或群体的发展处于岌岌可危的境地。一些教师专业组织往往会对教师专业规范的建立具有较大的积极性，但是，就教师职业修养的内涵实质而言，"修己"正是其内在诉求。这就需要从教师职业特点出发讨论其修养内涵，而不再是师德规范的简单演绎与应用。对此，教育学似乎有责任承担应有之职，即超越传统教育学围绕着"教师应当如何（ought to）"的规范性逼近，而对"如何才能成为老师（becoming a teacher）"给予深度的关照。② 在此我们看到，教师的日常生活世界正是以解释和说明教师行动和思想为主要内容的教育学开始的地方，同时也是教师职业修养的原初起点。

① ［日］小原国芳著，刘剑乔、由其民、吴光威译：《小原国芳教育论著选上卷》，北京：人民教育出版社，1993年，第302页。

② ［日］佐藤学著，钟启泉译：《课程与教师》，北京：教育科学出版社，2003年，第206页。

高中教师经典形象的教育学启示[①]

《高中教师经典形象的教育学启示》的写作意图在于运用"历史—具体""历史—比较""历史—逻辑"的研究原则展开教师专业发展的具体研究，而不是说一些中小学教师"应该如何"之类的"正确的废话"。一是通过经典教师的做法为中小学教师呈现教师之教的具体案例，二是深入理解经典教师的专业意向，三是反观教师当下的专业实践。

究其根本，高中教育的一切美好设想最终都要通过教师与学生之间真实发生的教育活动得以实现。因此，我们不妨从关注高中教师专业发展的视角来考察高中教育的发展状况。目前，虽然"教师专业发展"已形成一个研究领域，但是教育学中有关教师的话语比较多地倾向于"教师应当如何"的规范性表述，较少探讨具体教师形象中显现的专业内涵。在此，笔者选取了三位高中教师的经典形象，通过其丰富的教育生活再现其真诚的职业信念与执着的专业追求，尝试重新理解高中教师专业成长的真正内涵，并从中思考高中教育改革的可能路径。

一、重温高中教师的经典形象

在世界各国的高中教育实践中都曾涌现出一大批有追求、有抱负的优秀高中教师，他们的努力与创新开启了高中教育史上光辉的一页。翻开中

---

① 本文以题名《"三位高中教师"经典形象给予我们的启示》刊于《中国教育学刊》2011 年第 2 期，文中内容略有改动。

外学校教育发展的历史画卷，其中一些高中教师的经典形象或许能够唤起我们对于高中教师专业发展内涵的重新理解。

(一)夏丏尊先生：用心描绘一个理想中学生

回眸我国语文教育的发展史，"夏丏尊"曾是一个辉煌的名字。夏先生曾经做过多年的中学国文教员。对于中学生在中学毕业时的国文程度，他曾用心地做过详细描绘："他能从文字上理解他人的思想感情，用文字发表自己的思想感情，而且能不至于十分理解错、发表错。他是一个中国人，能知道中国文化及思想的大概；知道中国的普通成语与辞类，遇不知道时，能利用工具书自己查检。他也许不能用古文来写作，却能看懂普通的旧典籍；他不必一定会作诗、作赋、作词、作小说、作剧本，却能知道什么是诗、是赋、是词、是小说、是剧本，加以鉴赏。他虽不能博览古昔典籍，却能知道普通典籍的名称、构造、性质、作者及内容大略。他又是一个世界上的人，一个二十世纪的人，他也许不能直接读外国原书，博通他国情形，但因平日的留意，能知道全世界普通的古今事项……"①

这段文字以形象生动的语言表达了夏丏尊对中学生国文素养的理解。夏先生缘何对中学生的国文素养有如此高的期待？并非先生一时心血来潮地信笔写来，而是出于一个有着深厚专业素养的国文教师对于一名中学毕业生国文基本素养的深刻思考。在夏先生看来，"中学毕业生是知识界的中等分子，常识应该够得上水平线。具备了这水平线的程度后，继续升学的可以进窥各项专门学问，不至于到大学里还要听名词动词的文法，读一篇一篇的选文。不升学的可以应付实际生活，自己补修起来也才有门径"②。由此可见，夏先生的语文教学既考虑到了一个青年人的日常应用需要，又有着为其大学继续学习的着想。

尤为可贵的是，夏先生还将其理解的中学生的国文程度与当时教育部

---

① 夏丏尊：《夏丏尊教育名篇》，北京：教育科学出版社，2007年，第96—97页。
② 同上书，第97页。

所规定的中学生国文科毕业最低限度做比较，并以此为依据来研究如何让学生达到国文学习的目标。夏先生的上述思考是学科教育所应开始之处，也是学科教育应该达成的目标。今天的高中语文教师恐怕很少有人如此较真的琢磨教育部颁布的语文学科课程标准与学生学科素养之间存在怎样的关系，以及如何将课程标准转化成学生真实的学科素养等基本问题，而这恰恰是教师实施学科教学之前必须思考的理论问题。

(二)《苏菲的世界》：一位高中哲学教师的杰作

也许我们对于挪威作家乔斯坦·贾德(J. Gaarde)比较陌生，但是，他在 1991 年出版的《苏菲的世界》(*Sophie's World*)迅速在挪威、丹麦、瑞典和德国成为一本畅销书。目前已有 30 多个国家购买该书的版权，我国作家出版社于 1996 年出版了《苏菲的世界》中文版。通过作者小传，我们了解到作者的职业背景——担任高中哲学教师多年。

一位高中哲学教师写了一本畅销书，也许仅仅是一个偶然，但这不是一个普通的偶然事件。限于篇幅的原因，笔者无法在此呈现原书的太多内容，只能选取该书的一些相关信息，以期呈现一位高中哲学教师的专业诉求。作家南方朔对该书的评价是："《苏菲的世界》可以当作哲学启蒙书来阅读。它的小说部分，苏菲的主体自觉过程颇像侦探故事加上现代版的《爱丽丝梦游仙境》，哲学加侦探，加幻想，再加上宇宙观，它让人更加心胸开阔，这不正是哲学、爱智最古典的定义吗？"①2008 年 10 月 19 日，贾德在南京大学接受访问时曾经提及写作《苏菲的世界》的最初动因，即写一本能够让十几岁的孩子看懂的哲学书，他决定根据自己教哲学和历史的经验写一本书，而且还是一本小说。②

"写一本让十几岁的孩子能看懂的哲学书"，这就是贾德老师对自己提

① ［挪］乔斯坦·贾德著，萧宝森译：《苏菲的世界》，北京：作家出版社，1996 年封底。
② 陈琳：《"你是谁？""世界从何而来？"——挪威作家乔斯坦·贾德访谈》，《当代外国文学》，2008 年第 1 期，第 159—162 页。

出的要求，它真实地反映出贾德作为高中哲学教师的强烈责任心。对于今天的中国高中教师来说，他们也许对"责任感"或"责任心"之类的词语并不陌生，关键是如何理解并履行这份责任，否则"责任感"或"责任心"只是师德条例中一句空洞的口号。在贾德老师这里，责任感让他在成人世界与儿童世界中寻找自己的角色定位，并重新调整自己的存在方式与实践方式，他在变革自身存在方式的同时也实现了一位高中哲学教师的职业理想。

(三)基丁老师：唤醒学生热爱诗歌

美国电影《死亡诗社》是一部颇有影响的教育影片。该片讲述了1959年保守主义盛行时期美国的高中教育状况，一所具有百年历史的寄宿制高中一直以学生升入名牌大学为追求，家长也为此不惜财力把孩子送进这所名牌大学的预备学校。下面笔者选取主人公基丁老师的若干教学生活情境，试图呈现一位高中教师的专业素养及其对学生的深远影响。作为英语教师，基丁老师对于诗歌的本质特征有着准确的理解。正是出于这种高度的专业自信，他才有勇气打破传统诗歌教学的束缚。在课堂上，基丁老师让学生撕掉教材中那些像数学公式一样的诗歌鉴赏法则，让他们用心灵感受诗歌；他让学生试着站在桌子上看世界，使其体验换一种眼光看世界的惊奇；他让最不善于表达的学生也会用诗一样的语言表达自己的内心世界。透过基丁老师的教学情境我们看到，被传统观念所控制的学生仿佛柏拉图"洞喻"说中的囚徒，而他却改变了学生看世界的方式，让他们真正进入诗歌的世界。

正是基丁老师在诗歌鉴赏方面所表现出的高水准专业素养及教学上的大胆创新，才能够引领这些高中生进入一个崭新的诗歌世界。学生在欣赏诗歌中热爱生命，在感悟诗歌中释放激情，在创作诗歌中重塑人生。

总之，无论是真实存在过的历史名师，还是影视作品中的优秀教师，他们身上所反映出的专业魅力足以引发我们深入思考高中教师的专业内涵。与其说这些教师的专业形象是被外界因素所规定的，不如说他们的专业形象是通过自身努力创造的。正是出于对学生的热爱、对专业的执着，他们才成为一代名师。

二、理解一代名师的教育诉求

一名高中生进入大学后，可能是未来的学者和研究者，即使他选择实用性的职业，他也应该是一个拥有健全人格、独立的思考力和批判力、具备基本国民素养的公民。从这个意义上说，高中教师的教育实践可能影响着一代青年的未来发展。因此，高中教师拥有怎样的教育追求与学科素养，就可能给予学生怎样的未来，这是一件至关重要的事情。

(一)神圣的使命感：成就教师的职业信念

立足于国民教育，教师这一职业是以公共使命为核心的。教师对自己职业的理解总是伴随着一种崇高的使命感，这是一种神圣的情感体验，它支撑起一位教师的职业信念。无论身处何种境遇，拥有神圣使命感的教师总能坚守其职业信念。

在夏丏尊先生所处的时代，多以"教员"称呼中小学教师，但是，夏先生对于"教员"和"教师"则有着独特的心得："我以为如果教育者只是教员而不是教师，一切问题是无法解决的。教育毕竟是英雄的事业，是大丈夫的事业，够得上'师'的称呼的人才许着手，仆役工匠等同样地位的什么'员'，是难担负这大任的……我们做教员的，应该自己进取修养，使够得上'师'字的称呼。社会及学生虽仍以'员'待遇我们，但我们总要使他们眼里不单有'员'的印象。这是一件非常辛苦艰难的事，也是一件伟大庄严的事！"①

乔斯坦·贾德也曾是一名普通的高中哲学教师，教学生"生活的哲学"。他的第一次创作就是为这个科目编写教材。贾德说："我教了十年的

① 夏丏尊：《夏丏尊教育名篇》，北京：教育科学出版社，2007年，第91页。

哲学，所有的材料都在我的备课本上。我当时很有灵感，所以我想很快地写完它。我整日整夜地坐在那里写，三个月就完成了这本书，这真是一件很辛苦的工作。我之所以能如此快地完成这本书，主要有两个原因：一是因为我当时很有灵感，二是因为我觉得这是我必须完成的任务。"[①]

在夏先生的眼里，教师正在从事的工作"是一件非常辛苦艰难的事，也是一件伟大庄严的事"。在贾德的眼里，用三个月时间写一本适合高中生的哲学书，"这真是一件很辛苦的工作"，"这是我必须完成的任务"。从两位教师的真心表白中我们可以看出，"使命"对于他们来说是一种召唤、一种教育的召唤，既召唤他们采取教育行动，也召唤他们进行教育思考，这就是教师的本然存在方式。

(二)拥有深厚的学科底蕴

夏先生对于国文的精深理解、贾德先生对于哲学和历史的融会贯通、基丁老师对于诗歌实质内涵的准确把握，这些无不映射出高中教师应有的专业水准。正是他们在专业方面的独具慧眼，才能够为高中生开启一个崭新的人文世界。这种教学境界或许就是孟子所说的"以其昭昭，使人昭昭"。[②]

夏丏尊先生曾在几所中学担任过国文科教员(现在称"语文教师")。他既不盲目遵从课程标准的要求，也不轻易迷信国文教本，而是始终保持对国文学科性质特点的清醒理解。夏先生曾明确反对"教师和学生常常硬把印成的文选或'国文课本'当作国文，把其余的一切摈斥于'国文'之外"[③]。在夏先生看来，"中学校的国文科的内容不是什么《古文观止》，什么《中国国文教本》，也不是教师所发的油印的文选讲义、所命的课题、所批改的

---

① 陈琳：《"你是谁?""世界从何而来?"——挪威作家乔斯坦·贾德访谈》，《当代外国文学》，2008 年第 1 期，第 159—162 页。

② 孟子，方勇译：《孟子》，北京：中华书局，2010 年，第 292 页。

③ 夏丏尊：《夏丏尊教育名篇》，北京：教育科学出版社，2007 年，第 119 页。

文卷，乃是整个的对于本国文字的阅读与写作的教养"①。时至今日，夏先生的国文教育思想对于语文教育仍然有着重要的指导意义。

基丁老师深切地知道，"诗歌本是人类情感的精灵，是美神的化身，是灵魂的造化。因此，他不仅把诗歌看成自己生命的一部分，而且以自己对诗歌的深厚造诣和独特感悟带领学生领略诗歌的无穷魅力，感悟诗歌之于生命的重要意义，唤醒学生对诗歌学习沉睡的内部动机，激发他们对读诗写诗强烈的热爱"②。基丁老师对诗歌的独特感悟和不同寻常的教学方式点燃了学生学习诗歌的激情，唤醒了学生内心深处对诗歌的热爱。这也许就是上溯至苏格拉底的教师之教的最高境界。

一般来看，中小学教师习惯于将自己的角色定位为传授知识者，而逐渐丧失对本学科原初性知识的追问。他们倾向于关注教的形式，即"如何教"，而对教学的内容"是什么"缺乏深入的研究，这在一定程度上导致其专业成长中的"内涵性缺失"。上述两位教师的教学努力真实地呈现教师专业成长的应有内涵，即一个学科教师首先要对本学科的内涵实质及具体教学内容的内涵实质有准确的理解与把握。

总之，这三位教师既是教育的思想者，又是教育理想的实践者，在他们的教育实践中透射出伟大教师的智慧之光。今天，在大力倡导教师专业发展的大环境中，这三位高中教师的经典形象对当代高中教师或许具有重要的参考价值。

三、重新理解高中教师的视界

参照上述三位高中教师的经典形象，我们尝试重新理解高中教师专业发展的应有内涵。从高中教师的职业属性来看，高中教师的视界不能止于

① 夏丏尊：《夏丏尊教育名篇》，北京：教育科学出版社，2007年，第119页。
② 刘淼、耿会芹：《让诗歌充满你的灵魂：从电影〈死亡诗社〉看基丁老师教学生鉴赏、感悟与创作诗歌》，《语文建设》，2007年第6期，第36-38页。

高考，而应该指向一个青年的可能发展；不应该局限于"如何教"，而应当超越方法与技术。换言之，高中教师的视界中应该拥有大学意识与理论自觉。

(一)高中教师要具备大学意识

电影《死亡诗社》中校长先生有一句话："送他们上大学，其余就不用管了。"现实生活中，高中教师也很少向高中生准确地描述大学生活，更没有进行有效的衔接教育，导致相当多的高中生进入大学后表现出诸多的不适应。在学习生活方面，大学新生的突出感受是：大学教师不像中学教师那样整天盯着学生的学习了。表面看来，这些大学新生顿感轻松了许多，而实质上相当多的大学生会陷入迷茫之中。

综观当今世界各国的高中教育现实，无论中国还是美国，在某种程度上，高中尤其是重点高中已经成为大学的预备学校。各所重点高中之间相互比较的资本就是升入重点大学或名牌大学的人数。在高中教育阶段，教师的一切工作都围绕着高考展开。至于高考与大学选拔人才之间的关系、高考与学生基本素养之间的关系，鲜有教师问津。

上述三位教师的教育实践表明，高中教师的视界中首先应该具备一种大学意识。大学的原初意思是教师和学生的学习共同体，这些人聚集在一起是为了追求真理和精神生活的完美。在雅斯贝尔斯(K. T. Jaspers)看来，这些人是自我选择、自我证明的精神贵族。对于一个青年人来说，大学岁月的重要性是怎么估计也不会过分的。正是在这个意义上，美国芝加哥大学教授布鲁姆(A. D. Bloom)把大学视为青年人文明开化的唯一途径。大学精神的内核就是引导青年人发现真理、完善精神生命。

从目前的学制看，高中是基础教育的最后阶段，这一阶段对一个青年的未来发展起到承前启后的作用。着眼于青年人在学术方面的发展与精神生活的完善，高中教师要承担学术启蒙的重任。而当前的现实是，高中教师也许培养了中学生参加升学考试的解题技巧，却没有让学生拥有对真理的热爱与对学术生活的向往。

(二)高中教师要拥有理论自觉

一般来说，中小学教师教什么、怎样教主要受控于直接教育过程之外的因素，所以，大多数人包括教师自己都不认为教师是一个专家，而只是一个知识传递者，或者说是一个教书匠的角色，这也在很大程度上影响教师的社会地位。在这种情况下，中小学教师成为一个相对特殊的、封闭性的知识阶层：他们受过高等教育，接触过本学科的高深学术知识，但是他们实际上只是传递一些基础知识。皮亚杰(J. Piaget)认为，这是传统教育制度造成的致命后果。①

传统教育制度的改变非一日之功，每位教师必须寻求主动的变革。通过上述三位高中教师的成功示范，我们可以看到教师自我解放的力量。在三位杰出高中教师的教学工作中，我们看到了他们每个人对所教学科的重新理解与建构、他们的研究与创造。他们的教育工作也因此超越经验与传统的束缚，并从此站在一个新的高度——理论的高度。

如果说我们从三位教师那里看到了他们的理论自觉态度，那这正是基于我们对实践和理论的重新理解。在希腊文化背景下，"实践"(Prakitik)在根本上就不是某种技术性活动，而是充满实践者个性化色彩的智慧活动，它取决于实践者对行为的理性反思，并且做出选择和决定。"理论"(theo-ria)主要指观察、沉思，实质上是指人们的一种沉思的活动方式。在实践过程中，理论与实践须臾不可分离。因此，伽达默尔(H. Gadamer)说："生活就是理论和实践的统一，就是每一个人的可能性和任务。"②

---

① ［瑞］让·皮亚杰著，傅统先译：《教育科学与儿童心理学》，北京：文化教育出版社，1981年，第14—15页。

② ［德］伽达默尔著，夏镇平译：《赞美理论：伽达默尔选集》，上海：生活·读书·新知三联书店，1988年，第45页。

教育作为人类特有的实践活动，它总是处在一个不断更新的过程中。因此，教育永远不可重复，既不可复制，也不能还原。教师的工作也由此充满着不确定性，这项工作不同于工人按照图纸来生产一个确定的产品，而是有赖于教师个人对其行为的理性思考，即教师的实践智慧。当然，这种实践智慧不同于一般的教育机智，而是在于对目的本身的清醒把握，这就要求教师能够超越效用性、有用性，对教育实践目的具备了有意识的意向化理解，这就是一种理论自觉。教师必须认真思考"教的内容是什么""我怎么知道是什么"等问题，这也正是教师专业发展之核心所在。教师只有对上述问题进行认真的思考，才能够使教育目的和方法富有生气，否则，教师的工作往往成为"机械和经验主义的事情"①。

总之，重提过去的高中教师，也许是旧调重弹。不过，长期以来高中教师的专业发展比较多地局限于技术熟练的领域，使得他们的大学意识和理论意识逐渐消退。面对新一代高中教师的专业发展，我们将高中教师专业的核心内涵指向大学意识和理论自觉，旨在为恢复其专业成长的自律性开拓道路，也为我国高中教育改革提供另一种可能的思路。

---

① ［美］杜威著，王承绪译：《民主主义与教育》，北京：人民教育出版社，2001年，第348页。

思想政治学科教师的专业自觉①

　　《思想政治学科教师的专业自觉》的写作缘起是北京师范大学哲学学院王葎教授邀请我为中学思想政治课教学专题研讨会做主题报告，现场获得与会同人的积极反馈。王葎教授也是《中学思想政治课教学》的主编，在她真诚邀约之后，我将专题发言整理出一篇文章。我曾有多年从事中学思政课教学的经历，文章的研究对象是中学思政课教师，这篇文章也是我反思自己中学工作的总结。总体而言，中学思想政治课的教学内容存在跨学科特点，对此，职前教师教育培养方案存在不足，职后教师的教学也偏重方法取向，忽略了基于马克思原理的跨学科理论修养提升。

　　在我国中学现行的诸门学科课程当中，思想政治学科呈现鲜明的综合性、时政性与变化性特征，这无疑增添了该学科教师在专业适应方面的紧迫感。本着教育者先受教育的原则，中学教师在职前阶段都要接受相应学科的高等专业教育，思想政治学科教师在职前也同样接受相关专业的高等教育阶段的学习。从目前思想政治学科教师的专业背景看，他们通常来自马克思主义、哲学、政治学、经济学、法学、新闻学等不同专业背景。而现行中学思想政治课内容似乎涵盖社会人文类诸多学科，使得新入职的教师感到专业储备先天不足。随着社会发展不断提速，我国基础教育课程改革的步伐远远超前于高校专业人才培养方案更新的节奏。就思想政治学科

　　①　本文以题名《思想政治学科教师的专业自觉》刊于《思想政治课教学》2020 年第 1 期，文中内容略有改动。本文系北京教育科学规划课题"儿童学校公共生活体验研究"（课题编号：3059－0002）阶段性研究成果，由朱晓宏教授与首都师范大学教育学院博士研究生董颖合作。

教师的专业适应性而言，面对课程改革提出关注学生学科核心素养发展的时代新要求，尤其要主动提升自身的专业理论素养。

一、思想政治学科教师面临专业成长的紧迫感

近四十多年来，我国的改革开放和社会主义现代化建设正在改变着我们的生产、生活方式。在人类命运共同体的国际政治格局下，中国融入世界的程度不断加深。围绕培养社会主义建设者和接班人的教育目标，基础教育课程改革始终紧跟时代步伐。其中，中学思想政治学科的课程改革尤其体现与时俱进的特点。回顾十年前的教研活动，教师们还着力于有效实现知识与技能、过程与方法、情感态度与价值观的三维课程目标。自2018年1月普通高中思想政治新课程标准颁布以来，高中思想政治课教师的教研活动焦点已然转向落实政治认同、科学精神、法治意识和公共参与的学科核心素养。初中思想品德课教师面对全新课程——"道德与法治"，也在努力从"思想品德"的课程框架中走出来，区分"法制"与"法治"的差异，找寻"道德"与"法治"的联系。

从思想政治课改革的角度看，初中思想政治课教科书名称由"思想品德"变为"道德与法治"，从设计框架到具体内容均发生了重大调整。从教科书的名称上看，"道德与法治"明确体现现代治国理念的最新变化。但是，一些初中思想政治课教师的专业知识结构中明显缺乏政治学、法学和管理学等学科的知识积累。尤其是针对"法制"向"法治"的观念转型，相当一部分思想政治课教师的专业基础存在先天不足，他们以往的专业知识结构陈旧，明显不能适应新课程的教育教学需求。

对于高中思想政治课教师来说，他们遇到的困惑直接反映在有关学科核心素养目标的落实上。多年的教学实践，教师们已经熟悉围绕情感态度与价值观、知识与技能、过程与方法的三维目标来设计教学活动。面对2017年版新课程标准重心从三维目标转向学科核心素养，教师原有经验似

乎无法应对，一切都处于重新摸索过程中。

在具体教育教学实践中，多年的教学经验已经固化为部分中学教师的教学思维定式，客观上构成其理解新课程标准的无形障碍。在大学教师与中学教师共同参加的专题研讨会上，教育学教授与高中思想政治课教师、法学教授与初中道德与法治课教师，彼此常常难以形成真正有效的对话。双方的专业差距和隔阂之大，确实令人担忧。从新时代治国理念的现代转型而言，培养适应时代需要的社会主义公民至关重要，中学思想政治课是与新时代公民教育密切相关的课程，教师有必要主动适应新课程要求，在课堂上积极落实《新时代公民道德建设实施纲要》的总体要求。

二、教师对于学科核心素养的理解误区

《普通高中思想政治课程标准(2017年版)》指出，高中思想政治学科核心素养主要包括政治认同、科学精神、法治意识和公共参与四个方面。在现实的课堂教学活动设计中，教师们正在努力寻求合适的教学方法，以体现学科核心素养的课标要求。但是，课堂观察的反馈结果不容乐观，一些教师对于学科核心素养的理解存在误区，导致教学活动出现不同程度的偏差。下面以"人民代表大会：国家权力机关"的一节课堂教学为例，试做简要分析。

对于形成学生的政治认同素养而言，这节课无疑具有典型意义。教师根据教科书内容系统讲述有关人大代表的权利和义务等相关知识后，花心思设计并组织学生展开一些活动，如"商议采访人大代表的提纲""模拟人大小组讨论会""模拟人大代表撰写提案"等。学生们积极参与访谈问题设计、模拟人大代表发言、撰写提案……这样的教学安排确实在一定程度上体现了活动型思想政治课程的特色。但是，教师似乎没有引导学生就相关话题展开深入的理论分析。例如，教师没有从学理上引导学生深入讨论某一位人大代表的言论，是其个人的意见、某一群体的意见，还是真正的民

意。多数教师仅单纯复述教科书里的陈述性语言，照本宣科，其教学语言缺乏理论解释力，或者说教师的讲授过程没有考虑如何启发高中生的理论思维能力。历史地看，我国人民代表大会制度的特殊性及其优越性充分反映中国共产党治国理政的创造性贡献，如果教师没有引导学生从历史的、逻辑的角度分析中国特色的人民代表大会制度存在的价值，单纯热衷于课堂活动的热闹，实质上则丧失了引导高中学生体验深刻理论思考的教育契机，更谈不上真正形成高中生的政治认同素养。

基于现代国家的治国理念，政治认同是人们在社会政治生活中产生的一种情感和意识上的归属感，是公民对于国家政权的赞同态度、支持行为及由此产生的对国家政权的归属情感。具体到我国国情，政治认同就是中国公民认同以中国共产党领导为本质特征的中国特色社会主义国家政权，拥护中国共产党领导，坚持和发展中国特色社会主义，认同中华人民共和国、中华民族、中华文化，弘扬社会主义核心价值观。高中思想政治课从其核心价值和基本功能来看，是一门对学生进行马克思主义基本观点教育、培养公民思想政治素养、提升公民社会参与能力，具有大德育建构的学科课程。作为我国基础教育阶段开展公民教育的主阵地和重要渠道，就"人民代表大会：国家权力机关"一课来说，形成学生的政治认同素养就是要着重引导高中学生从政治理论视域理解我国的人民代表大会作为国家权力机关，基于相关理论分析我国人民代表大会制度的特殊性与优越性，这才是具有理论解释力的政治认同，才能够真正成为现代公民素养的有机组成部分。

基于更多的课堂观察研究发现，教师对于学科素养的误解时有发生。一些教师着眼于培养科学精神，教学过程中让学生重点分享高科技生活体验。其实，作为思想政治学科素养的科学精神，实质是培养学生拥有辩证唯物主义和历史唯物主义的世界观和方法论，从而能够对个人成长、社会进步、国家发展和人类文明做出正确的价值判断和行为选择。分享高科技便捷生活仅是日常体验层次，马克思主义世界观与方法论的形成必须让学生经历相关理论思维训练。为了体现法治意识的养成，一些教师在教学活动中引入反腐反贪纪实片或电视剧片段，师生们热心讨论案情，却没有能够引导学生深入关注法治与廉洁的内在逻辑关系、法治与每位公民日常生活的联系，从而切实帮助学生在生活中依法行使权利、履行义务，严守道德底线，维护公平正义，做社会主义法治的忠实崇尚者、自觉遵守者、坚定捍卫者。为了培养学生的公共参与，课堂教学多为分享志愿者活动和集体活动等，而公共参与素养的实质是强调学生参与公共生活的主体责任，通过帮助学生了解民主管理的程序，体验民主决策的价值，感受民主监督的作用，做到有序参与公共事务，承担社会责任，积极行使人民当家作主的政治权利。但是，类似这方面的话题似乎尚未进入师生课堂讨论的视域。

高中阶段是我国国民基础教育的最后完成阶段。在高等教育大众化时代，相当数量的高中毕业生都会进入大学获得一定年限的专业教育，成为建设国家的专门人才，还有一部分高中毕业生直接就业，进入真实社会生活。无论这些青年人的后续专业教育与实际工作境遇如何，高中思想政治课都是青年人系统形成"三观"的关键环节。从培养新时代健全公民的角度看，思想政治学科核心素养至关重要，它是 21 世纪中国学生发展核心素养在思想政治学科的表现，是高中学生学习思想政治学科之后形成的具有学科特点的学业成就，是思想政治学科育人价值的集中体现。因此，高中思想政治课要真正落实学科核心素养的具体要求，关键是教师拥有主动提升自身理论素养的专业自觉。

三、理论自信力：思想政治课教师专业素养的核心

教师专业素养要建立在理论基础之上，就思想政治学科而言，教师的专业素养体现为理解思想政治学科理论和教育理论。由此，教学活动才能

成为名副其实的专业活动。① 从专业成长的角度看，教师必须看到中学思想政治学科的综合性和前沿性与自身原有专业水平和专业知识结构之间的客观差距。从课程改革的角度看，基础教育课程改革似乎走在高等学校尤其是高师院校课程改革之前，客观上造成职前教师教育的滞后性。教师们唯有正视专业成长的紧迫性和严峻性，并进一步落实为改变的行动，政治课普遍被学生认为枯燥的尴尬境遇才能有所改善。对此，教师有必要修炼"内功"，即加强专业理论修养。从思想政治课的学科基础看，教师加强马克思主义理论的系统学习是重中之重。

目前，相当数量的高中思想政治课堂缺乏理论思考的色彩。以哲学部分的教学来说，多数教师还是局限于讲授哲学知识，缺乏引导学生进行哲学思考的教育主动性。根本原因是这些教师本人缺乏哲学思考意识，或者说教师缺乏马克思主义哲学的思维能力。多数高中思想政治课教师从教之后，很少有人保持理论阅读与思考的习惯，尤其是没有系统研读马克思主义经典著作。在我们接触到的一些教师中，他们长期局限于教学参考书的话语方式，不能自主运用马克思主义哲学原理解读《共产党宣言》，更谈不上真正理解马克思提出的科学社会主义理论。一些大学刚毕业的年轻教师或许还阅读过一些新书，了解一些时髦的理论流派，但是，综观中学政治课教师总体，对于马克思主义经典理论的准确理解水平有限。事实上，正是马克思主义经典理论构成了中国特色社会主义理论的基本原理。如果教师们缺乏这方面的理论修养，高中思想政治课难以呈现应有的学术品质，多数情况变成宣读政策，附以有形式无内涵的课堂活动，学生们没兴趣也是情理之中的事。

当然，中学思想政治课教师的理论修养只能在理论学习的过程中获得。鉴于高中思想政治课程的跨学科性质，教师不仅需要学习马克思主义

① 陈桂生：《学校教育原理》，上海：华东师范大学出版社，2012年，第329页。

哲学、马克思主义政治经济学和科学社会主义理论，还要学习政治学、社会学、法学、文化学等相关学科的经典原著，尤其要超越单纯知识记忆性的学习，形成真正的理论思维。在信息高度发达的互联网时代，学习已经不是获得足够的知识储量，理论学习尤其不是单纯知识点的简单记忆，而是形成深刻的思考能力，尤指理论反思能力，即以专业理论思维超越日常经验思维。

中学思想政治课教师的理论思维能力还要通过课堂教学得以体现。教师在课堂上要呈现理论思考的示范，即运用特定理论分析现实问题，同时，在教学活动过程中，要有意识地培养学生运用理论分析问题的能力。这样的课堂才能够充满学理探究的味道，启发中学生对于社会现实问题的理性关注，引导他们学会运用相关学科的原理分析问题，体验运用辩证唯物主义和历史唯物主义原理分析具体问题的思想乐趣。唯有如此，政治认同、科学精神、法治意识和公共参与等学科核心素养才能真正在学生头脑中生根发芽。

在清楚上述学科素养与理论基础关系之后，教师还必须重新审视自身与学科核心素养目标要求的距离。一方面，要明确学科核心素养和中国学生发展核心素养之间的关系，明确学生学习该学科课程后应形成的正确价值观念、必备品格和关键能力，将党的教育方针和 21 世纪中国学生发展核心素养中关于人的全面发展要求具体化、细化到学科教学之中，在传授学科知识的同时，更加关注学科思想、思维方式等；要明确学科核心素养和课程内容的关系，基于对发展学生学科核心素养的培养要求，整体规划学科内容，采取思维活动和社会实践活动等方式呈现，即对应结构化学科内容，设计序列化活动，并以序列化活动为载体，启动学科内容学习；要注意把握四个素养作为有机整体在内容上相互交融，在逻辑上相互依存的关系，深刻领会其作为整体的育人价值。另一方面，也是特别重要的方面，思想政治课教师本人是否真正拥有政治认同、科学精神、法治意识和公共参与的素养，这是思想政治课教学能够切实承担培养有理想、有本领、有担当，堪当民族复兴大任时代新人的内在前提。

现时代的中国社会，价值观多元化或者说价值冲突正在深刻影响着各阶层中国人的思想状态与行为方式，对于思想政治课教师群体也构成一定程度的冲击。在政治课堂上，教师不可能完全回避价值讨论。相对于物理课或化学课等学科教师而言，思想政治课教师可能会遇到更大的专业挑战。身教与言教同在，教师在课堂上就是理论化身。因此，教师个人拥有对于马克思主义理论的自信力，是自觉抵制错误思想侵蚀的关键所在。

思想政治课直观教学新探①

　　《思想政治课直观教学新探》的写作缘起是我指导全日制教育专业硕士生符雪莲展开其学位论文研究过程的教学心得。两年制教育专业硕士的教育目标是培养具有较高专业素养的中小学教师。在其专业学习过程中有相当长的时间在中小学课堂进行见习与实习。基于教育理论课程的学习，我们要求研究生在中小学现场时学会发现问题、思考问题、解决问题，并由此生成学位论文选题。符雪莲在参与教育理论学习期间初步习得现象学与教育学相关理论，她有志于运用胡塞尔现象学中的"直观"与杜威哲学中的"经验"等理论建构理解直观课堂教学的分析框架，进而反思当前教师使用的"直观教学"。我在指导符雪莲做研究的过程中也形成了基本的研究思路，由此撰写本文。

　　直观教学不仅在教育史上得到夸美纽斯等诸多教育大家的认可，在现实课堂教学过程中也被中小学教师广泛采用。就高中思想政治课而言，由于教材中涉及的基本原理具有一定程度的理论思辨性质，教师们倾向于通过直观教学来帮助学生理解比较抽象的理论知识。但是，学生往往津津乐道于事例的具体情境，却未形成运用原理分析实际问题的理论素养。通过课堂观察发现，一些教师偏重感性直观教学，忽视学生对于理论思考的直观能力的培养。基于当代哲学的相关研究成果，有必要重新理解"直观教

　　① 本文以题名《思想政治课直观教学新探》刊于《思想政治课教学》2019年第8期，文中内容略有改动。本文系北京教育科学规划重点课题"儿童学校公共生活体验研究"（项目编号：3059－0002）阶段性研究成果，由朱晓宏教授与北京师范大学海口附属学校符雪莲合作完成。

学"，进而解决高中思想政治课教学中存在的事例与原理分离、直观与抽象对立的现状，让高中生初步拥有对原理的本质直观意识，并形成分析现实问题的理论素养。

一、直观教学理论新解

新课标将高中思想政治课定位为活动型学科课程，意在建立学生的直接体验（经验之思）与课本间接经验（理论之思）的内在逻辑联系，指导学生体验理论与现实的内在关联。但是，在教师的传统观念中，似乎忽略了人的意识对于事物本质的直观能力。基于德国现象学哲学家胡塞尔的本质直观理论以及美国哲学家杜威的经验与思维理论，"直观"不仅是日常意义的"感性直观"，更是人在意识中把握事物本质的思维方法。

（一）基于胡塞尔的现象学理论重新理解直观

"直观"的概念在胡塞尔现象学乃至整个现象学运动中都处于核心地位，可以说使所有现象学家能始终朝着同一方向前进的信念就是"直观"。在胡塞尔看来，"直观"是"一切原则之原则"，是"现象学运动得以形成的方法基础"。胡塞尔曾引用康德的论断："一切知识都是始于经验，但并不因此而产生于经验。"换言之，认识的个体对象虽然是在感性直观中被构造出来的，但并不是说认识对象的一般性、普遍意义是以某种方式"隐藏"在个体之中。例如，我们对一般性意义的"红"的把握，原初的认识是依赖于对许多个别的红色的事物的感知，但是，关于"红"的把握并不直接从感知经验中获得，必须在个体对象——红伞、红纸、红苹果中表示出"红"，我们才能习得。我们不能将自己束缚在感知经验上，而是需要将目光从感性经验中转出，超越感性知觉，实现意识活动的"本质直观"。在胡塞尔看来，人是直观到事物的感性特征，还是事物的本质属性，其区别在于认识的过程是否具有批判性。本质直观是人对认识所得的观念进行批判性再认识，经由人的观念意识直通事物的本质，是对认识的反思形态，即反思的思维态度(或哲学的思维态度)。

(二)基于杜威的理论重新理解经验的整体性

美国哲学家杜威基于直接经验与间接经验的区分来理解儿童与课程的关系。在杜威的"经验"观念中，直接经验与间接经验是一个"整体"，是从原初认识到反思性认识的"经验整体"。直接经验是感性之知，间接经验是对感性之知的直接反思，内在的拥有直接经验的状态，以直接经验为基础又超越直接经验的感知界限。杜威认为："儿童的世界是一个具有他们个人兴趣的人的世界，而不是一个事实和规律的世界。"儿童的直接经验是其对相关事物的亲身经历、切身体验。对于未知的事物，儿童充满好奇，不断通过各种活动去了解它们，从而构建自己的认知世界。与之不同，学校的课程则是专家衡量选定的事实或认知结果，是远离儿童的间接经验。因此，杜威提倡以学生的直接经验为起点和依据，教学活动只有提供与学生生活相关的主题与经验，才会被学生真正理解，并构成其认知世界。如果没有直接经验的参与，课堂上的教学内容仿佛突然闯进学生的脑海之中，给他们一种猝不及防而又莫名其妙的感觉。

(三)直观教学搭建直接经验与间接经验的桥梁

在高中思想政治课教学过程中，要使学生真正掌握某一原理，就要建立合理的理由和证据，并论证该原理形成的过程。否则，由于缺乏连续性的观念之秩序，这些理论知识对于学生来说不过是"突然闯进头脑"的外来者。因此，教师选择的教学内容和方式既要能契合学生当前的经验水平，又要指向学生经验的改善。就高中思想政治课而言，教师尤其要重视改善学生的反省思维能力，将其推向更高的水平。

胡塞尔从人的认识出发，打破我们对直观认识的传统理解，将"直观"与"本质"结合起来，直观不仅是外在的感知，也可以直观到本质。杜威的"经验之反思"与胡塞尔的"直观到本质"相呼应，"经验"是一个动态的思维过程，"直观"也是一个意识内在的活动过程。就直观教学新探而言，胡塞尔的本质直观理论与杜威的经验思维理论共同构成教育学上的方法论指导。

二、以"揭开货币的神秘面纱"课堂观察为例，透析直观教学的问题与成因

(一)问题：形式化的直观教学活动

新课标将高中思想政治课定位为活动型学科课程，鼓励教师以议题和案例等形式创设情境。若能实施上述要求，有利于建立学生的直接经验与课本间接经验之间的逻辑联系，进而培养学生的理论思维能力。但是，现实中教师偏重"感性直观"，并将"直观觉察"与"理论思维"视为两种不同的学习能力，教学过程中出现一些矛盾和缺陷。

在教学活动中，教师虽然能够联系一些具体事例说明"货币"的事实形态，并力图将抽象概念直观化呈现。但是，这种"事例＋概念讲授"的简单组合方式不能有效地帮助学生构成"货币"的理论之知。在学生的意识中，日常生活中的"钱"与课本中的"货币"依旧处于彼此割裂状态。依据杜威的理论，教学目的是改造学生的原有经验。但是，从学生们的课堂反应看，这样的直观教学未能让他们形成对货币的经济学理解。学生仅获得对于商品交换行为的感性之知，未能将活动经验与理论思考有机结合。教师忽视学生的思维困惑，尤其没有发掘学生思考的理论维度，导致教学活动有形无神、有表无里。

(二)原因：对学生的理论思维成长缺乏有效关注

在新课标理念引导之下，教师积极尝试各种活动教学方式。但由于观念上缺乏对于感性经验直观与理论经验直观的真正理解，认为"直观"重在学生直接感知与体验，所以，教学过程倾向于呈现生动的事例，忽视事理与学理的内在联系，进而忽略学生的思维困扰，更谈不上有效改善学生的理论思维水平。

教师观念的上述缺失，导致教学设计缺乏有效培养学生理论思维的具体内容。在课堂上针对概念性知识，教师常用"事例＋概念"或"活动＋概念"方式进行教学，缺乏逻辑推演的示范过程，亦即缺乏反省思维的直观呈现，更谈不上触动学生反省意识的发生。因此，教师必须反思传统的直观教学观念，把握经验思维与理论思维的区别与联系，在教学设计中有意创造学生思考的契机，在教学实施过程中及时觉察触发学生反思意识发生的时机，让学生拥有真正的理论思考经验，即理论之思。

三、直观教学的改进建议

让学生直观到事物的本质，即培养其理论思维能力，是高中思想政治学科的一个重要教育价值指向。教师必须通过学科自身理论魅力来养成学生的理论素养，而不是通过知识的简单呈现让学生记住理论概念。教学必须真正触动人的意识，课本中的间接经验才能触动学生的理论意识。有效的直观教学活动要尊重学生的主体意识，激发学生的理论思考兴趣，使学生主动体验理论之思。

(一)澄清直观教学的观念误区

实物的展示对于学生来说只是认识的初级阶段，是对个别物体的特质的感知。只注重外在表象的"观"，而未做到内在本质的"观"，这样的直观教学没有使学生的理论意识发生变化，必然难以使学生触碰学科的本质。

借助胡塞尔直观内涵的新理解，直观不能仅局限于感性直观的认知，也要在意识当中使观念对象显现出来，通过认识的批判，除去那些个别的、无秩序的认知，留下那些绝对的、能明证的内容，并通过对这些内容的意识直观把握事物的本质。这样，认识和对象统一于人的意识当中，无论是直接经验还是间接经验，都可以跳出实物感知的局限，从而超越感性直观的经验，追求本质直观的明白。无论是重新认识直观教学还是感悟教育意义的发生，都需要教师具备一定的哲学和理论素养，以教育的哲学之思超越经验之思。

(二)教学过程重视培养学生的理论思维能力

一般而言，每个人都拥有理论思维的潜在可能性，但是，真正的理论思维能力需要专门培养。如何让学生切实体验到理论逻辑过程，正是教师面临的专业问题。在杜威看来，经验与思维是同一事物在不同方面的表示。思维是认识探究事物本质的过程，经验是人经历某一过程之后的心得。人的原初经验具有明显的被动性，只有当思维融入了经验的过程之后，经验才具有主动性。间接经验即思维对直接经验进行反思的认识成果。无论是直接经验还是间接经验，都是从人的认识活动中产生的。杜威强调从"做"中学，这个"做"不仅是指外部的感性行为活动，更重要的是指学生的内部思维活动。"做中学"即"做中思"。因此，教师要重视教学活动过程中学生的思维状态，尤其关注反思或反省的思，即理论思维能力。

总之，教师要在直观教学活动中实现"做中学"与"做中思"的一体化，教学过程即让学生学会思的过程。首先，要善于设置问题情境，鼓励学生主动去思。其次，在学生"做"的过程中，教师要善于把握时机，巧妙设置问题，引导学生去思考，着重培养学生的理论思维习惯，让爱思考成为学生的优良品质。

家校共育新解：让儿童体验人类命运
共同体的道德情感^①

《家校共育新解：让儿童体验人类命运共同体的道德情感》写作缘由聚焦于培养儿童的人类命运共同体情感。具体写作背景表现在两个方面：一是2020年人类遭遇新冠疫情之时，人类命运共同体情感遭遇前所未有的冲击；二是家校协同育人的有效路径探索。文章的阅读对象是中小学教师和家长，行文风格偏向于应用。就文章潜在的理论基础来说，部分根植于舍勒的情感现象学理论，不仅重视儿童社会性情感孕育的现实生活基础，也重视儿童共同体情感的先验性基础。

2020年人类遭遇新冠疫情，这是全球化以来人类第一次作为社会整体来应对重大危机事件。值此时刻，习近平总书记关于构建人类命运共同体促进世界和平发展和全球治理的"中国方案"具有了特殊的时代意义。疫情全面检视着世界各地人们的人类命运共同体意识与情感，也启示我们要培养儿童的人类命运共同体道德情感，让其成为有道德情怀与责任担当的人类社会共同体成员。

① 本文以题为《重构家校生活 让儿童体验人类命运共同体的道德情感》发表于《人民教育》2020年Z3期，文中内容略有改动。本文系教育部哲学社会科学研究重大课题攻关项目招标课题"新时代加强教师队伍师德师风建设研究"（课题编号：18JZD055）的阶段性研究成果，由朱晓宏教授与首都师范大学教育学院博士研究生王帆合作。

一、疫情凸显人类命运共同体道德情感缺位

通过互联网，我们迅速了解全球疫情情况，既看到聚力抗疫的场面，也看到偏见与歧视。在严峻的疫情面前，一些国家政府的政策缺失人类命运共同体的道德情怀，一些民众的自发行为也在某种程度上反映出人类共同体道德情感缺失——这是全球疫情引发的道德教育新课题。据报道，时任美国总统特朗普 2020 年 4 月 3 日宣布，将限制美国急需的口罩等医疗物资出口，要求全球 N95 口罩主要生产商美国 3M 公司不要将产品出口到加拿大及拉美地区。对此，3M 公司表示：限制口罩出口不符合人道主义。在疫情大流行期间，切断拯救生命的物资这种不道德行为可能导致灾难性后果。疫情是人类面临的共同危机，如果一国政府只关注本国利益而无视世界各国正在经受的困难的话，那这类"共同体"就是马克思批判的以国家为代表的各种"冒充的共同体"。马克思认为，这种共同体不仅是虚幻的，而且是新的桎梏。[①] 唯有回归人类共同体的立场，才可能避免全球性动荡的可能性[②]，也才能给儿童的道德成长带来正面影响。

二、休戚与共的情感体验：人类共同体生活的道德根基

马克思说："人的本质不是单个人所固有的抽象物，在其现实性上，它是一切社会关系的总和。"[③]或者说人是生活在你—我关系中的社会存在。人类共同体的发展与传承正是存在于人与人的生活交往过程之中，没有生活共同体，你—我关系的社会就不能存在。

人类共同体生活始于家庭，并随着共同经验的不断丰富而延伸至家

---

① ［德］马克思、恩格斯著，中共中央马克思恩格斯列宁斯大林著作编译局编译：《德意志意识形态．马克思恩格斯文集第一卷》，北京：人民出版社，2009 年，第 571 页。

② ［英］齐格蒙·鲍曼著，欧阳景根译：《共同体》，南京：江苏人民出版社，2003 年，第 189 页。

③ ［德］马克思、恩格斯著，中共中央马克思恩格斯列宁斯大林著作编译局编译：《关于费尔巴哈的提纲．马克思恩格斯文集第一卷》，北京：人民出版社，2009 年，第 505 页。

乡、民族、国家和全人类。一般来说，人类共同体生活经历了三个阶段的形态演变。

(一)家庭生活共同体：成员之间体验生命与精神之共在

家庭是孩子最初体验到的基于血缘亲情的人类命运共同体。在家庭中生活，成员从幼年时期就逐渐拥有人与人交往构成的活生生的人类命运共同体的生活体验，包括同情感、自豪感等共同体情感体验。正是这些情感体验让家庭成员之间形成共同的思维方式和言谈举止，彼此之间的默契可以通过眼神交流，彼此之间的信任、忠诚等存在于自然而然的理解当中。父母之爱、手足之情、怀念祖先等不是理性认知对象，而是在家庭共同生活过程中被体验到的精神存在。

(二)深厚的爱国之情：生发于国家共同体的生活体验

"国家是一个民族存在的自然形成。没有国家，民族甚至会处于丧失民族性的危险之中。因此，没有人会对国家漠不关心。"[①]个人对国家的忠诚被看作人的最高道德情感之一。从生活共同体角度看个人与国家的关系，一方面，所有国民都平等享受民族独立国家的生活福祉，对所属国家充满依恋感、归属感与自豪感；另一方面，每位国民要服务于国家共同体，对所属国家承担应有的义务与责任。作为家庭成员，同时也是一国之民，其在家庭生活中已经体验到共同体生活的整体性及休戚与共精神的持续性，并将这些情感体验自然而然地迁移到个人与国家的关系之中。对不同个体来说，其对国家共同体自然而然的依恋能够把彼此的存在联系起来，相互融合，合而为一。在民族国家这个"大家庭"中，人们共同生活，并自由参与国家精神生活，与国家同命运的使命感油然而生。

(三)人类命运共同体：让世界各国人民紧密联系在一起

随着国家之间的交流活动增多，个体对于国家的依恋与忠诚也会在更

---

① 　[德]弗里德里希·包尔生著，何怀宏、廖申白译：《伦理学体系》，北京：中国社会科学出版社，1988年，第571页。

广泛的人类交往生活中蔓延开来。不同国家人民之间的情感交融也会日益加深，爱自己国家的感情与爱一切文明国家的感情表现出同一性。人类共命运的情感将全世界各国人民紧密联系起来，没有一个伟大文明国家的人民会愿意看到其他文明国家被消灭，至此才会出现马克思所说的"真正的共同体"。

从人类生活共同体经历的三个阶段形态演变来看，只有真正的共同体生活，才能形成其成员的共同体道德情感。因此，着力于将儿童培养成为新一代人类命运共同体成员，是当前家庭教育和学校教育的可为与能为之处。

三、家校共育：让儿童成为人类命运共同体成员

目前的家校共育实践较多关注家长参与学校教育工作，以及调动社会教育资源拓展学校教育等，较少从培养儿童成为人类命运共同体成员的角度来考虑。从人类命运共同体的视域看，家庭与学校是儿童直接体验人类共同体生活的真实教育环境，这也是家庭教育与学校教育的内在一致性。以培养儿童的共同体道德情感体验为切入点，可以构成我们重新理解家校共育的新视野。

(一)相亲相爱，同甘共苦：儿童在家庭生活共同体的情感体验

习近平总书记对于家庭教育给予很高期望："发扬光大中华民族传统家庭美德，促进家庭和睦，促进亲人相亲相爱，促进下一代健康成长。""使千千万万个家庭成为国家发展、民族进步、社会和谐的重要基点。"①家庭是人类生活共同体的最初形态，儿童在家庭生活中直观体验到共同体情感。一个孩子正是在亲子交往中体验到父慈子孝，在兄弟姊妹交往中体验

① 中国政府网：习近平总书记在中共中央国务院举行的春节团拜会上的讲话．[EB/OL].(2015-2-27)[2020-3-10]. https://www.gov.cn/govweb/xinwen/2015-02/17/content_2820563.htm.

到手足亲情。基于家庭生活共同体情感体验的"孝悌"，是一个孩子与父母和同胞朝夕相处过程中自然而然的情感流露，直接构成一个孩子心灵深处对于家庭生活共同体的道德情感体验，不是外在于个体的道德说教，更不是冷冰冰的道德律令。家庭生活共同体的情感体验对于儿童成长为和谐社会成员至关重要。习近平总书记在全国教育大会上指出，家庭是人生的第一所学校，家长是孩子的第一任老师，要给孩子讲好"人生第一课"，帮助扣好人生第一粒扣子。①

家庭教育的重点是让孩子体验父母的哺育之恩和同胞的手足亲情。但当前的家庭教育中，一些"虎妈狼爸"偏重竞争生存能力的培养，忽视培育孩子的共同体道德情感，在一些独生子女家庭，这方面的问题可能更严重一些。

家长要充分意识到家庭生活是孩子体验人类命运共同体生活的逻辑起点。在家庭教育过程中，家长要鼓励孩子学会学习、拥有特长，尤其要引导孩子学会与家人一起共同生活。例如，让孩子学会简单地操作日常家庭生活的各种工具、学会烧饭、学会打扫卫生、学会处理家庭生活中的实际问题等。疫情防控期间，儿童多处于居家学习状态，家长在辅导孩子学习网课之余，要指导其适当参与家庭日常劳动，让孩子在情感上充分体验一家人共同劳动、共同分享、克服生活困难的成就感与自豪感。

(二)同心同德、同舟共济：儿童在学校生活共同体的情感体验

从共同体生活角度看，学校与家庭都是人类生活共同体的生活形式，学校应当充分尊重儿童在家庭生活共同体的情感体验，并在此基础上逐渐培养儿童对更广泛的人类生活共同体的道德情感。进入 21 世纪，人类生活的传统范畴发生深刻变化之后，人们之间相互了解、和平交流及和睦相

─────────────

① 中国政府网：习近平总书记在全国教育大会发表重要讲话．[EB/OL]．(2018-09-10)[2020-3-10]．https：//www.gov.cn/xinwen/2018-09/10/content _ 5320835. htm? eqid = f6fa15db00082d550 000000264584f8a.

处的需要正是当前世界最为缺少的。国际 21 世纪教育委员会提交给联合国教科文组织的报告《教育——财富蕴藏其中》明确呼吁"通过增进对他人及其历史、传统和精神价值的了解，学会共同生活"。① 因此，学校教育的重点不仅在于培养儿童的认知能力、做事能力，而且着眼于培养其与他人共同生活的能力。学校呈现给儿童的生活要朝向共同体生活体验，让儿童经历真实而生气勃勃的社会生活。

一方面，学校要改变课堂学习方式、改革评价方式，打破个体学习占主要地位及学生之间激烈竞争的局面，营造培育儿童共同体情感的人文环境；另一方面，教育者有必要重新思考学校与家庭的关系，尤其要在人类共同体视域下重构家校共育理念。一是教育目标指向培养拥有人类命运共同体情怀的中国公民；二是关注学校生活与家庭生活在培养儿童共同体情感方面的一致性，让学校成为儿童的第二个家；三是抓住一切教育机会让儿童懂得地球上所有人之间的相互依存关系，在尊重人类文明多样性的基础上学会与他人一起生活，在合作过程中体验同心同德与同舟共济。

总之，个体与生俱来的"恻隐之心"不能直接转化成人类生活共同体的道德关怀，必须通过精心设计的教育人文环境，才能让社会成员拥有人类命运共同体的道德情怀。情感教育与知识教育分属不同逻辑层次，或者说情感逻辑不同于理性逻辑，个体对人类生活共同体的依存感只能在其参与共同体生活中自然而然地萌发与生长。儿童正是在和家庭成员、学校成员相互依存的生活中逐步形成同甘共苦、同心同德、同舟共济的共同体道德情感。着眼于人类命运共同体建设的宏大格局，重构家校共育理念，创设孩子学会共同生活的教育环境，才能培养儿童成为有道德情感与责任担当的人类命运共同体成员。

---

① 国际 21 世纪教育委员会：《教育——财富蕴藏其中》，北京：教育科学出版社，1996 年，第 9 页。

论德育校长的专业素养：以学术思维引领工作思维[①]

《论德育校长的专业素养：以学术思维引领工作思维》这篇文章源自我在北京市中小学德育校长培训活动中的讲座实录。事实上，在本部分收录的《论哲学之思与教师专业发展》《重新理解教师的境域与习惯——基于生活世界现象学的理论视域》等文章中已经明确表达了一个基本观点：中小学教师的工作思维在本质上是自然经验之思，缺乏基于教育专业立场的反思态度。因此，我们在各类职后教师教育过程中反复强调上述观点，期待唤醒广大中小学教师和校长的理论自觉，进而改善教育工作质量。

当前，着眼于立德树人根本任务，普通教师的德育素养日益受到重视，中小学校德育校长的专业素养尤其需要进一步提升。对于德育校长来说，很多人在此岗位之前或许有多年班主任、年级主任、德育主任等工作经验，但是，这些工作经验似乎不能简单地转化为学校德育领导工作经验。在此，请大家思考一个问题：一位优秀班主任（或学科教师）与一位优秀德育校长之间的专业能力差距有多大呢？基于各位德育校长的工作体验，或许能够看到班主任、学科教师与德育校长工作之间的差异，但是，三者的工作经验在很大程度上不能被简单地迁移。更何况当前学校德育面临的诸多问题，表面上看或许是德育实践领域的问题，实质上则是教育理

---

①　本文系作者 2019 年 10 月 30 日于首都师范大学中小学德育副校长培训项目暨"北京德育论坛"第六期活动上的报告，以题为《论德育校长的专业素养：以学术思维引领工作思维》发表在《中国德育》2020 年第 5 期，根据首都师范大学张益涵同学的现场实录整理。

论领域的问题。因此，德育校长必须以学术思维引领工作思维，即以教育专业之思超越日常工作经验之思，真正提升学校德育实践的专业水准。

一、职业人基于日常工作逻辑的经验之思

一般来说，特定职业都要求从业人员掌握特定领域的基本常识、技能等。职业常识或许需要职前培训，但是，职业技能多靠工作中的习得与积累。各位德育校长回顾个人从业经历，或许能够清楚地意识到班主任或者学科教师的工作常识和能力多来自长期职业生活感悟，即教师个人在工作中积累的经验之知。

人在具体工作过程中获得的经验之知正是来自人与生俱来的逻辑思维能力，或者说如德国哲学家康德所说的先天综合判断能力。小孩子总爱问"为什么"这类问题，说明他们对于因果逻辑也有内在寻求。由此推及，每个心智正常的成年人经过日积月累的工作经历之后，一般都能够总结经验，即心得体会，由此构成其特定职业领域的从业经验。一般来说，一位拥有丰富职业经验的人能够自如应对具体职业境遇中的许多问题，在每位优秀班主任或优秀学科教师身上通常也能够看到类似品质。

对于德育校长来说，在多年的职业生活中或多或少都会积累一些处理教学或管理班级事务的经验。在大家的日常工作中也能凭借这些经验所形成的思维方式去应对学校日常工作中的各类教育问题。但是，各位由于受到自身职业生活境域与习惯的局限，在判断和行动时多依赖原有班级管理、年级管理等经验之知，即以经验方式去决定如何应对当下的问题。然而，一旦面对教育实践中的新问题或难题，仅仅凭借原有经验常常无法做出准确判断，更难说行动层面的有效展开。

总之，社会在飞速发展，生产和生活方式的变化日新月异，学校德育工作面临许多新问题。与此同时，多数德育校长、年级组长和班主任每天沉浸在学校各类教育日常事务性工作之中，处理态度多表现为"我觉得"或

"我认为"，言行明显缺乏相应的教育理论依据。这一局限极易导致教师在分析和解决问题时只能依赖过往经验，无法对问题实质内涵进行深入剖析，更谈不上采取合理的教育行动。

二、教育专业领域的学术之思

基于教育学视角，教育属于专业领域。由此比较一下班主任、学科教师与德育校长的专业工作差异：从表面上看，三者的分工不同；实质上看，三者之间的差异归因于其工作分属于学校教育的不同专业领域。在此，我们有必要从教育学视角探讨一下上述三种专业领域的不同。

相对于职业行为而言，教师的专业行为不能仅凭日常工作经验之思，而是基于对特定领域原理的把握来采取相应行动。原理是研究者针对特定问题产生学术思维的观念产物，其思考轨迹遵循历史的、逻辑的方式展开。按照历史的、逻辑的方式考察某一特定的教育现象，思考相关教育问题的基本逻辑，即教育原理思维方式，在此基础上不断丰富发展，进而构成大学里的诸多教育学学科。

从教育学的专业视角看学科教学，看专业教师的培养，他们在教之前必须能够准确理解学科教育的基本原理，即学科教育是通过每一门学科的专业理论思维去改善学生的日常经验思维。例如，物理学科教师明白物理教育的根本目的是着眼于形成学生正确的世界观或宇宙观，改造其日常观念中对于自然现象的误解。对于物理学科教师来说，教学设计过程必须明确所教内容与学生意识如何接轨，而非单纯地知识讲授与习题演练。美国教育家杜威在《儿童与课程》一文中提醒教师要清楚课程编写逻辑与儿童认知逻辑的差异。书本知识是间接经验，它只有被还原为鲜活的、直接经验的样态，学生才能够真正理解。如果教师忽视了还原设计这个重要环节，那么，书本知识永远与学生经验之间存在着遥远的距离，不利于激发其学习兴趣或学习愿望。以此对照，那些被称为"教书匠"的教师凭经验教了几十年书，熟悉如何提高学生的解题能力，却说不清书本知识与学生意识的差异，这在一定程度上表明教师受到日常工作经验之思的局限。

再从教育专业视角看班级管理。一般来说，班主任是班级管理者。那么，从教育学视角看，班主任是谁？按照法国社会学者涂尔干的观点，教师是社会代言人。从师生交往时间上看，班主任与学生交往时间远远超过非班主任教师，换言之，班主任是对学生影响最多的教师。实际上，班主任在很大程度上充当着社会公共生活的示范者与引领者，引导未成年人学会或者适应现代社会的公共生活。因此，班主任必须基于现代社会公共生活的高度来理解班级生活氛围建设。在现代公共生活环境中，每一个人都应该作为公共主体参与其中，协商对话是处理公共事务的核心能力。所以，班主任在处理班级事务过程中，需要和学生多一些对话沟通，引导学生积极参与班级生活规则的制定，并充分体验公共生活规则的公正性。

从教育专业视角看德育校长的日常管理工作，主要包含两个方面：一是开展具体工作之前，能够从教育理论视角进行专业论证。以学校德育目标制定为例，要基于专业理论思考对于目标的设定进行系统论证，即将中小学生思想品德发展特征、社会发展变化特征等因素与本校的教育实际相结合，才能制订既有理论基础又有本校特色的计划或方案。二是在学校德育工作开展过程中，针对随时出现的新问题即时觉察与调整，或者说依据理论进行即时反思，这就需要德育校长能够拥有运用教育理论开展行动研究的能力。唯有如此，德育校长的专业水平才能够真正提升。

三、德育校长形成学术思维的基本路径

从德育校长的专业成长轨迹看，一般都有从事学科教学和班主任的工作经历。一般来说，善于思考的教师都能在教学和班主任工作岗位上获得一些具体工作经验。但是，这些常识性质的工作经验对于成为一名优秀的德育校长来说是远远不够的。教育学是一门实践科学，校长们的学术思维

要在教育实践中形成，或者说，在行动研究的开展过程中形成。

(一)阅读经典教育理论著作，提高学术思维能力

对于长期习惯于工作经验之思的中小学德育校长来说，深入阅读经典教育理论著作是形成学术思维的重要方式。事实上，阅读理论著作的过程就是学术思维发生的过程。教育专业思维的形成必须来自系统地阅读教育学经典著作。这里比较一下日常阅读与专业阅读的区别。在日常生活中，多数人的阅读是获取结论，疏于关注作者的写作思路；专业阅读必须关注作者阐释观点的逻辑进路。

阅读经典理论著作是形成学术思维的必由之路。经典的价值在于永恒性，理论的价值在于其具有普遍性特质，能够超越个体经验的局限性。例如，经典教育名著《康德论教育》是德国哲学家康德阐释教育问题的讲义。在阅读此书的过程中，我们的思维随着康德的思路展开，就能够逐渐体会到哲学家思考教育问题的方式。

德育校长尤其要克服日常阅读方式的局限性。在阅读这些教育经典著作时，不要满足于记住一些结论或观点，而应努力推敲作者为何如是说，重点关注作者的思路展开方式，即作者论证其观点的逻辑路线。

(二)拥有反思意识，形成专业觉察力

马克思曾经说过，最蹩脚的建筑师从一开始就比最灵巧的蜜蜂高明的地方，是他在用蜂蜡建筑蜂房以前，已经在自己的头脑中把它建成了。在此，马克思通过比喻的方式来突出人的特殊性，即目的在先。这正是人高于一切动物的实践理性能力。在行动之前，人凭借意识在头脑中建构行动目的实现的样貌，这种目的意识是反思行动展开过程的内在依据。

教育工作属于人类实践行为，依从实践理性逻辑，即目的在先。如果教育者在行动之前能够清醒把握目的，并在行动过程中根据目的随时调整，相比那些事先目的意识不明确的教育者来说，前者拥有较高水平的实践理性能力。当下，教育实践日益复杂，已经分化为不同专业领域。专业理论水平在一定程度上支撑起教师的实践理性能力，是因为理论有助于教师构建其行动目的，即"头脑中的房屋"。

事实上，德育校长的反思意识越强，则更容易跳脱出自身原有经验的局限，清醒看待学校教育实践的方方面面，及时觉察到教育行动的珍贵契机。唯有高水平的教育理论素养支持，德育校长才能在行动之前拥有基于理论思考的教育目的意识，以此超越日常工作经验的局限，也有利于摆脱传统习惯的束缚，在行动过程中即时反思，形成高水平的专业觉察力。

(三)开展行动研究，提高专业能力

面对学校德育实践的诸多新问题，相信校长们已经充分认识到原有经验已无法有效应对新问题，这也是教育行动研究日益受到重视的原因之一。在真实学校实践情境中，针对特定问题开展行动研究，需要具备严谨的、科学的态度。事实上，围绕学校日常生活中遇到的问题，通过行动研究改进自身教育教学工作已经成为广大教师的共识，但是，多数教师开展的行动研究缺乏专业规范。

依从教育研究的规范，行动研究要遵循确定问题、分析问题和解决问题的逻辑展开。行动研究开始于选题，选题的关键是研究者要具备专业眼光。只有拥有教育学专业眼光，才能从经验之思转向理论之思，看到问题的实质内涵。这也再次凸显教育实践工作者阅读经典教育理论著作的重要性。在此过程中，行动研究者要努力克服基于感性经验的思维习惯，从理论视角对所研究问题进行阐释，尝试构建马克思所指的"头脑中的房屋"，以此提高行动研究的严谨程度。

分析问题需要尽可能占有丰富的第一手研究资料。一般通过个案、测量推断、干预三种方式。个案研究方式包括参与式观察和开放式访谈；测量推断方式常用方法是问卷调查；干预方式直接指向解决问题，通过实验研究与行动研究的方式展开。实验研究的重点是有效控制无关变量，才能确定因变量与自变量之间的因果关系，但是，学校不同于实验室，真正的实验研究难以展开，多数情况下还是倾向于采用行动研究方式。

行动研究一般遵循的路线是：确立问题—分析原因—提出解决方案—采取行动—反馈—调整方案—继续行动—效果评价。综观整个研究过程，为了及时获取第一手研究资料，观察法、访谈法和问卷调查法等具体方法都会被运用。在学校教育领域，行动研究直接指向有效解决问题，改善学校实践。因此，从事教育行动研究的人是研究者，也是行动者。

当然，要呈现专业水准的教育行动研究，德育校长必须拥有基于教育理论的专业反思意识，不断以自省和质疑的研究态度对行动本身进行追问。理论具有普适性价值，德育校长一定要用理论来充盈自己的头脑，形成自己运用理论进行专业思考的能力。

总之，参照教育行动研究之路径，请各位德育校长谨记，教育工作之道是真理之道的展开过程，遵循以学术思维引领工作思维的原则，才能构建起学校管理者的教育哲学。面对当今复杂的教育形势，国内外各类理论众说纷纭，教育实践者唯有凭借高水平的专业素养建立坚定的专业信念，才能更好地适应变革时代的教育实践。

第二部分

大学教师教育：理论反思与路径探寻

师范学院或教育学院校的职责在于使师范生能够看到并感受到：这些研究是以思维运作之重要体现的方式来展示有关科学、语言、文学和艺术的题材，从而使他意识到它们不仅仅是为专门知识的应用而服务的技术手段的产物，而且代表了基本的心理态度与运作。

——杜威：《教育学中理论与实践的关系》

本部分主题为"大学教师教育：理论反思与路径探寻"，收录文章 7 篇，旨在从大学立场阐释教师教育的理论问题与实践问题。作为首都师范大学教师教育理论研究与教师教育课程建设团队的一员，在日常工作中我自觉秉持"研究与教学"相统一的大学教育原则，尤其关注大学教师之教的基本理论研究、教师教育课程改革及大学课堂教学改革研究。从大学的发展史视域看，大学着眼于培养高层次专业人才，这或许也是师范学校、师范学院、师范大学逐步升级的内在逻辑。但是，长期以来教育学学科对于培养高水平专业教师的贡献力受到不同程度的质疑。作为师范大学教育学学科的一份子，忝列其中，深感责任之重，努力在教师教育理论研究与课程建设方面做一些探索性工作。

教师教育大学化：反思与重构①

《教师教育大学化：反思与重构》写作缘起于师范大学的教师教育课程改革。从今日世界范围的教师教育大学化改革趋势来看，欧美一些大学很少有独立设置的师范大学。在我国，一些师范大学出现教师教育学院与教育学院并立的二级学院设置，其潜在逻辑是培养教师与教育研究相分离，赫尔巴特意义上的教育学在师范大学由此面临新的生存窘境。本文基于教师教育历史视域获取教师培养与教育研究之间联系的大学逻辑，由此反观现实教师教育问题之根源，通过重构大学立场的教师教育课程体系，找寻教师教育改革的大学路径。

时至今日，教师教育大学化(Universitization of Teacher Education)②已成为教师教育改革的世界趋势。大学教育之共识是科学研究与人才培养相统一，但是，从大学教师教育现状看，多是通过增加实习课程来积累职前教师③的教学经验，忽视教育理论研究对其教学经验养成的专业引导作用。换言之，大学起点的教师教育尚未摆脱中等师范的传统培养模式，甚至加剧教育理论课程与实习课程之间的割裂。众所周知，中师模式即师范

---

① 本文以题名《教师教育大学化：反思与重构》刊于《华东师范大学学报(教育科学版)》2022年第3期，文中内容略有改动。本文获教育部哲学社会科学研究重大课题攻关项目"新时代加强教师队伍师德师风建设研究"(项目编号：18JZD055)资助，由朱晓宏教授与首都师范大学教育学院博士研究生王蒙合作。

② 朱旭东：《如何理解教师教育大学化》，《比较教育研究》，2004年第1期，第1—7页。

③ 一般来说，职前教师指高师院校的(全日制)师范生，新手教师即指实习期间的师范生，也指入职1～3年之内的教师。本文对于"师范生""职前教师"与"新手教师"的概念不作严格区分，均指正在学习成为教师的师范生。

生通过学徒方式进行教学实习，或者说，以尝试错误方式积累教学经验。如果大学尤其是师范大学不加批判地承袭中等师范的教师培养模式，既无法显现教育学科的学术责任，也不能避免教育伦理上的困境：职前教师的实习课程似乎把中小学生当作实验室的"小白鼠"。事实上，一些高师院校正在面临两种尴尬境遇：一是中小学校不愿意接收实习生；二是中小学招聘教师倾向于综合型大学的优秀毕业生。因此，教师教育研究者有必要秉承历史与逻辑相统一的研究原则，系统梳理大学介入教师教育的历史，考察教育研究与教师培养的关系之演变，聚焦教师教育大学化进程中的主要矛盾，即教育理论课程与实习课程的割裂问题。教师教育学科也有必要借鉴现象学哲学家胡塞尔开启的"意识—经验"新视域，还原教育理论学习与教学经验养成的本质关联，重构大学视域教师教育改革的方法论，尤其关注教育理论与教学经验之间的内在联系，探寻"理论—实验—实习"一体化的教师教育课程改革新路径。

一、教师教育进入大学之前史：初创教育学与小学教师培养处于分离状态

教师教育是现代教育制度的产物，纵观教师教育进入大学之前的历史（18～19 世纪），教育之学的研究与教师培养①（以小学教师培养为主）明显处于分离状态。换言之，大学里的教育理论研究与小学教师培养缺乏直接联系。返回特定的历史境遇之中，既能够看到造成两者分离的社会与文化壁垒，也能够体会到前辈学人尝试建立两者联系的教育学志向。

（一）教是一门经验习得性技艺：小学教师的培养在大学视域之外

近现代学校教育制度源自欧洲。在基础教育成为国家公共事业之前，欧洲实行双轨制教育，早期初等教育主要由教会或手工业行会承担，受教

---

① 教育史一般将 1684 年法国基督教兄弟会创办培养初等教育师资的讲习所视为教师培养或师范教育发端的标志。

育对象是社会中下阶层的儿童，学习内容主要有宗教知识和简单的读写算能力（reading，writing，arithmetic，3R 课程）；上层社会的儿童先享受个性化的家庭教育，再进入文法学校等私立教育机构完成中学教育。

在相当一段时期内，教师并非一项专门职业，教会负责的初等阶段教育多由牧师兼职。小学教师无须任何特殊培训，有些学校对教师的选择就是比赛，只要新教师可以"打败"学校中最机灵、最有才华的学生，就表明他有能力教导学生。男教师如果具有数学的天赋，写一笔好字，具有算术的基础知识就是令人满意的。至于女教师，要求更低，只要稍有教养，能够阅读《圣经》，并有一技之长，譬如可以教授一些烹饪、编织和家务即可胜任。[1] 这种师资水平反映当时人们的教学观念：好的教学是一门技艺，虽非生而有之，但并不需要多少学问，只要教师通过实地操作获得熟练技艺，经验丰富之后即可应付自如。

从当时的小学师资培训状况看，相关培训多由教会承担，教学内容以 3R 为主，也设立实习学校，新教师通过学徒方式来掌握教学技能。在法国师资讲习所创办人拉萨尔[2]看来，培养教师的活动即传授一门"手艺"，类似于手工业行会里师傅带徒弟一样。故当时师资之训练方式与工商业之训练学徒相似。[3]

随着社会的发展，初等教育要求优良教师的呼声日益急迫，教会、行会、政府等积极参与小学教师培训工作，涌现出相当数量的小学教师培训机构。1695 年，弗兰克在德国哈勒开设教师讲习所，这是普鲁士第一家教师培训机构。随着国民教育制度确立，教师讲习所成为德国培养小学教师的主要机构。[4] 这些教师讲习所一般是三年制学校，入学资格是小学毕业。

---

① 王长纯等：《教师教育思想史研究（下）》，长春：东北师范大学出版社，2016 年，第 32 页。
② 陈桂生：《历史的"教育学现象"透视》，北京：人民教育出版社，1998 年，第 55 页。
③ 杜成宪、王耀祖：《萧承慎卷》，上海：华东师范大学出版社，2018 年，第 77 页。
④ 顾明远等：《世界教育大系·教师教育》，长春：吉林教育出版社，2000 年，第 44 页。

从学习内容看，他们主要学习小学科目的全部知识，还学习体育和一些乐器演奏；从教学方法看，引导他们通过观察那些拥有教学技艺教师的日常工作，并从不同教师的经验中整理出一些实用性教学规则，加以练习之后转化为自己的教学技能或经验。为了给学生提供教学观察与实习机会，教师讲习所通常设在孤儿院附近，这样的安排显然对两家机构都有利。[①]

综观18～19世纪欧洲"各国"小学教师培训状况，一是课程计划尚未与中等教育和高等教育建立直接联系；二是生源多是来自社会底层阶级的子弟，他们从小学来，经过2～3年的教师讲习所培训之后，又回到小学去教书，永远没有接受中等教育或高等教育的学术生活经历。与此同时，中等教育（如文法学校）教师任职条件是大学学位，其所学的文化知识达到大学水平即可，无须再接受教学技能的专门培训。一些著名大学里均有知名度很高的神学院、法学院、医学院，但是，形而下的"教的艺术"与形而上的"教育之学"之间存在巨大的逻辑鸿沟，教师培养或者教师教育进入大学的历史契机尚未显现。

（二）大学重视"教育"之学："教"的艺术在教育研究视域之外

尽管大学介入教师培养的时间远远滞后于医生和律师等专业人员培养，但是，教育作为重要的人类实践活动之一，始终存在于人类杰出思想家和哲学家的思考视域之内。教育学界熟知的德国哲学家康德1776—1787年在柯尼斯堡大学先后举办四个学期的教育学讲座。[②] 他认为："教育学必须成为一种学问，否则，就不能指望它……教育艺术中机械论必须

---

① ［美］布鲁巴克著，单中惠、王强译：《教育问题史》，济南：山东教育出版社，2012年，第507页。

② 康德依据的教材是巴泽多的《献给父母及国民之教育方法手册》和博克的《教育艺术教科书》。约在1799年，林克以康德在教材底本上加写的短札为基础，整理出版《康德论教育学》（1803年）。以往教育史研究者一般认为康德率先在大学开设"教育学讲座"，事实上，1774年柯尼斯堡大学根据普鲁士政府的一项专门指令在德国率先开设教育学讲座，当时该校有七位哲学教授轮流主讲教育学。参见陈桂生：《教育学的建构》，上海：华东师范大学出版社，2009年，第112—113页。

转化为科学①，如果不这样做，它就永远不会成为一种连贯的努力。"②鉴于当时研究条件的限制，以及教育活动本身的复杂性，康德的教育学讲座仅仅立足于"怎样教育"这一观点来阐述他对儿童身心的保育、训练、陶冶等问题的个人见解和教训。③

事实上，康德在讲授教育学的时候，他参考的两本著作《献给父母及国民之教育方法手册》和《教育艺术教科书》都有明显的"教育艺术"取向，融入当时语境中明显区别于"教"的"艺术"，他尝试从"自然教育"到"实践教育"构建教育概念的分析框架，呈现思辨哲学取向的"教育之学"研究范式。历史地看，康德提出的系列教育概念虽未被后世全部采用，但确实为教育概念系统奠定了学理基础，也直接影响当时及后续学者研究"教育之学"的基本走向。18世纪末至19世纪初，德国的教育学家们热衷于构思教育学体系，形成了不同于"教之艺术"的"教育之学"的总体研究取向，德国大学的"教育学讲座"多由哲学教授轮流授课，小学教师的培养显然不在其研究视域之内。

18世纪后叶，德国的一些大学不仅率先开设了教育学讲座，还特聘了专门的教育学教授，如1779年德国哈勒大学任命特拉普（E. C. Trapp，1745—1818)为教育学教授，他被视为德国教育史上第一位教育学教授。④ 特拉普的代表作是《教育学探讨》，主张把教育学建立在实验心理学基础上，即在严格控制条件下对教育现象进行系统观察，以此来比较各种教与学的效果。诚然，其"实验心理学"尚不能与现在的"实验心理学"同日而语，但是，他不满足于思辨层面，以观察为起点，通过描述、分析、解

---

① 康德的时代，学界依旧沿用古希腊传统理解，哲学是科学之王。

② ［德］康德著，李其龙、彭正梅译：《康德论教育》，北京：人民教育出版社，2017年，第10页。

③ ［日］大河内一男、海后宗臣著，曲程、迟凤年译：《教育学的理论问题》，北京：教育科学出版社，1984年，第16页。

④ 陈桂生：《历史的"教育学现象"透视》，北京：人民教育出版社，1998年，第60页。

释等方法，进行关于人性的系统的经验研究。从教育学科史看，特拉普的学术建树被视为超越康德等学者的"思辨教育学"的标志性贡献。但是，他深受莱布尼茨哲学影响，把先验与经验、整体与个人等杂糅在其教育学体系之中，尚未摆脱思辨取向教育学研究范式的束缚。尽管如此，他率先使用德文"Pädagogik"指称教育学，并试图借助当时的经验科学研究方式探索"教育"之学研究新路径，开启后人建立"教育学"的新方向。

(三)"教育学"与"教授学"的联结：萌芽的教育学科对于小学教师培养的作用有限

尽管大学的教育研究与小学教师培养缺乏直接联系，但是，少数先行者致力于教育理论与教育实践的内在联系。德国的尼迈尔曾在享有盛名并体现人文主义思想的弗兰克学校任职，他开创"教育学"与"教授学"联结的先例，试图对人文主义、泛爱主义和裴斯泰洛齐教育思想加以调和，形成系统的教育理论，著有《教育与教授原理》，并发表在康德《论教育学》之先，呈现独立的教育学构思。从学科视角看，其见解有重要学术价值，即"从伦理学上看，教育以最高之善为其普遍目的，从人类学、心理学、生理学等推知人性之一般法则。故教育无论在目的上或方法上均有确立普遍妥当的法则之可能，即教育学可成为科学。此种教育的科学称为'理论的教育学'，将此种理论应用于实际上之教育术，则称为'实践的教育学'"[1]。他将教育学分为"理论教育学"与"实践教育学"两个部分，为解决当时理论与实践割裂的矛盾提供一种可行性思路，填补了当时教育学科的空白。作为教育学科重要奠基人的赫尔巴特曾深受尼迈尔理论构想的影响，他主张基于实践哲学和心理学建立结构化学科形态的教育学，并沿着这条道路进一步探索科学的教育学。

在当时学者的一般性见识中，"教育学"依赖哲学、心理学等基础学

---

① 陈桂生：《历史的"教育学现象"透视》，北京：人民教育出版社，1998年，第61页。

科，注定是"理论教育学"，明显有别于"教"的艺术——"普通教授法"。赫尔巴特虽然深受裴斯泰洛齐教育思想的鼓舞，也曾实地参观裴斯泰洛齐的教育试验活动，但是，他在学科建构上更汲取康德等哲学家的思考范式，凝聚教育学的理论思辨之长。可见，"普通教育学"和"普通教授法"①这两门学科的分工也直接决定了大学里的教育学研究与小学教师培养的逻辑距离，造成当时大学视域中教育理论与教育实践的割裂，也导致大学里的教育学讲座与小学教师培养长期处于分离状态。

18～19世纪的德国大学刚刚出现学科萌芽状态。由于教育学科自身发展不成熟，"像偏僻的被占领区域一样受到外人治理"②，教育学对于教师培养的作用十分有限。时任柏林师范学校校长的第斯多惠（比赫尔巴特小14岁）对此体会深刻："如果把教育学作为一门科学来和其他科学的完整性相比较的话，我们觉察到教育学本身还存在许多不足之处，有待进一步发展。"③即使在师范教育发达的法国，教会仍然主导初等教育和教师培养，而法国的大学多承担教育管理职能，更关注教育政策，既不涉及教师培养，也难以对教育研究提供足够的学术土壤；德国大学率先倡导教育学研究，但是，初创的教育学科还尚未成熟，不足以干预小学教师培养；英国的大学则是纯粹的高等教学机构，在理论表述上讲求通俗易懂④，洛克的《教育漫话》和斯宾塞的《教育论》虽然享有声望，但是，这些著作讲究"实用"，尚不属于严格意义上的教育学研究。从马克思唯物史观来看，大学介入教师培养等还需要一定的客观历史条件：一是教育成为整个社会的公共事业，教师是社会需要的专业人才；二是大学的教育研究与教师培养能

---

① 陈桂生：《历史的"教育学现象"透视》，北京：人民教育出版社，1998年，第61—63页。
② ［德］赫尔巴特著，李其龙译：《普通教育学·教育学讲授纲要》，杭州：浙江教育出版社，2002年，第11页。
③ ［德］第斯多惠著，袁一安译：《德国教师培养指南》，北京：人民教育出版社，2001年，第65页。
④ 陈桂生：《历史的"教育学现象"透视》，北京：人民教育出版社，1998年，第197页。

够直接服务社会需要，尤其是服务基础教育质量提升。

二、学术与艺术①之博弈：大学何以担当教师教育之责任

20世纪以来，各国教师教育先后以不同路径达到大学水平，但是，在"学术性与艺术性"分离的传统观念影响下，大学内部长期存在理论对实践的偏见，尤其是一些研究型大学轻视教育学课程，甚至出现取消教育学院的情况。20世纪七八十年代至今，上述分歧与偏见又演变为"专业化"（professionalization）与"解制化"（deregulation）两种教师培养范式之争②，构成教师教育大学化进程的新挑战。

（一）"学术与艺术"之蕃篱：教师教育大学化初期遭遇的困扰

历史地看，教师教育大学化进程的直接动因源自社会发展对专业教师的迫切需求。以英国为例，工业革命使"整个社会日益分裂为两大敌对的阵营，分裂为两大相互直接对立的阶级：资产阶级和无产阶级"③。为了缓解阶级对立引发的社会矛盾，一系列改革集中在扩大公民受教育权和公立学校教育体制的建立。《1890年教育法》要求地方政府和大学合作开办日间师资训练学院（Day Training College）培养小学教师，各大学和大学学院抓住机会设置教育系。④ 在政府支持下，大学以制度化方式介入教师培养，

---

① 学术：在西方大学里，学术代表柏拉图主义的哲学—科学"知识"（episteme）观；艺术：在古希腊文中，"techne"是"技艺"，即"艺"与"技"不分，原初意义是"精于此道"，指向操作、实践的"知识"（wissen）观，而非柏拉图主义的知识观；工匠与艺术家不分，一般指有所精通的"高手"。参见孙周兴：《人类世的哲学》，北京：商务印书馆，2020年，第61页。

② 专业化与解制化是美国学者蔡可纳（Zeichner）描述的两种教师教育培养范式或取向，专业化主张大学主导教师培养模式与专业标准制定等；解制化质疑大学教育学院培养模式的有效性，主张绕开教育学院的替代性途径培养教师。参见洪明、丁邦平、黄忠敬：《让教师在专业实践中成长——国际教师教育学者沙科纳（Zeichner）教授访谈》，《全球教育展望》，2006年第3期，第3—6页。

③ ［德］马克思、恩格斯著，中共中央编译局编：《马克思恩格斯选集（第一卷）》，北京：人民出版社，1972年，第251页。

④ ［英］沛西·能著，王承绪、赵端瑛译：《教育原理》，北京：人民教育出版社，2004年，第8页。

这也是英国教师教育大学化之肇始。①

从培养方式上看，基于大学视域的教师教育在起步阶段已经明确区别于以往师范学校的学徒制模式，依照大学的培养模式开设四年制学位课程。但是，当时的大学深受柏拉图主义知识观影响，即"艺术"长期处于被哲学（学术）贬低和歧视的位置，明显存在"学术与艺术"②之藩篱，课程设置采取妥协形式的简单拼接。以1902年伦敦师范学院③的四年课程为例：前三年在大学文理学院读学位课程，修业期满，考查合格，授予学士学位；第四年在师范学院接受专业训练（教育理论课程＋教育实习课程），考试合格，授予教师文凭。这种课程简单组合的问题显而易见，即理论课程与实践课程"两张皮"现象，此类问题今天依然存在于一些高师院校。直至20世纪70年代，在英国一些大学里，第四年的教育实习课程都未进入大学毕业生的必修内容。④

这一时期"教育介于艺术与科学之间"⑤也是大学教授们的普遍共识，教师的教学活动被视为一种技能，教学法课程也因此遭遇大学同行的歧视。例如，英格兰的教师学院1872年设立了一个教育和艺术的教席，是

---

① 王长纯等：《教师教育思想史研究（下）》，长春：东北师范大学出版社，2016年，第183—184页。

② 同上书，第183页。英国教师教育大学化初期，社会各界围绕"学术性与师范性"问题展开论争。在此，"师范性"的说法是中国语境表述，英语语境中的表达是"教学是艺术或技艺"。还原历史语境，西方大学早期在教师教育方面的争论来自学术对艺术的偏见。

③ 伦敦师范学院成立于1902年，是英国第一所由大学和当地政府联合管理的师范学院，培养各种类型学校的教师，有本科生和研究生，师范学院院长同时也是伦敦大学教授。1932年伦敦师范学院正式并入伦敦大学，成立伦敦大学教育学院（IOE），首任院长即英国教育史上著名教育学家沛西·能。伦敦大学教育学院（IOE）至今依然在英国和国际教育界具有一流的学术地位。参见［英］沛西·能著，王承绪、赵端瑛译：《教育原理》，北京：人民教育出版社，2004年，译者前言第9页。

④ ［瑞典］马克隆德著，张斌贤译审：《教育大百科全书·教育史》，重庆：西南师范大学出版社，2011年，第12页。

⑤ ［法］涂尔干著，陈光金、沈杰、朱谐汉译：《道德教育》，上海：上海人民出版社，2001年，第6页。

英格兰历史上第一个教育学职位，却没有大学教师的资格。① 即使在"教育学"得风气之先的德国大学里，参与教育学课程的大学教师也面临比较尴尬的处境。例如，赫尔巴特之后的百年之内，德国大学里依然没有独立设置的教育学教席，基本上是混合聘请的教授席位，如柏林大学在1882—1907年期间给知名学者狄尔泰的教席是"哲学与教育学"。② 直至20世纪20年代，在德国一些著名大学里教育学教授与哲学教授多是共同拥有一个教席。同样情况也存在于美国，哥伦比亚大学管理层执意把归属其名下的教师学院作为与之挂钩的独立学院，而不是大学的一部分③；在哈佛大学里，"大多数文理科教师都认为那些专门教授教学法的先生们没有存在的理由，并深信卓越教师是根据经验发展教学技巧的"④。教育学在大学的尴尬境遇可见一斑。

总之，这一时期大学介入教师教育比较多地停留于形式上。大学仅从制度层面开展教师教育，课程设置方面依然存在学术研究与教师培养的分离状态。主要原因：一是大学自身的学术偏见，贬低实践层面"教育"或"教学"；二是当时的教育研究成果无关新手教师的现场教学经验养成。这不仅妨碍教师培养质量，也严重制约教育研究水平的提升。例如，世界上有广泛知名度的英国伦敦大学教育学院使用沛西·能的《教育原理》作为教材，1929年初次出版，重印13次，第三版1963年还在使用，已重印28次，足以表明教育学的研究进展缓慢、成果贫乏，教育学科尚未拥有影响教师教育的专业实力。综观20世纪上半叶各国大学的科研状况，在自

---

① ［瑞典］马克隆德著，张斌贤译审：《教育大百科全书·教育史》，重庆：西南师范大学出版社，2011年，第11页。

② 同上。

③ ［美］拉格曼著，花海燕等译：《一门捉摸不定的科学：困扰不断的教育研究的历史》，北京：教育科学出版社，2006年，第72页。

④ ［美］科南特著，陈友松译：《科南特教育论著选》，北京：人民教育出版社，2017年，第152页。

然科学、社会科学和人文科学的几乎所有领域涌现出许多蜚声国际的学者，其研究或多或少都对各自分支学科产生了深刻的影响，并革新了所在学科的知识面貌，然而，"在同一时期的教育学家中，没有一位能够跻身那些名垂青史的伟人之列"①。可见，如果大学尚不能提供成熟的教育学研究成果支持教师教育学科建设与教师培养，那么，大学尤其是师范大学是否能够承担教师教育的主体责任，依然是一个尚待解决的问题。

（二）"专业化"与"解制化"之争：当代大学教师教育的新挑战

近些年来，在教师教育领域，以往的"学术性与师范性"②分歧似乎正在逐步转化为"专业化"与"解制化"两种取向之争。"专业化"取向强调大学教育学院主导教师教育；"解制化"取向否定教育学科对于教师培养的专业作用力，进而否认教育学院的专属职能。综合相关文献看，双方各有其理，似乎难分伯仲，这是教师教育大学化进程的现实挑战。

以美国为例，"专业化"取向的实践主要源自大学内部的教师教育改革。1986 年，霍姆斯小组（Holmes Group）发表《明日之教师》报告，加速大学自身的教师教育重构，着力提升理论与实践的联系，提高支撑教师有效教学的能力。经过十几年的努力，美国超过 300 所大学的教育学院致力于教师教育项目创新，突破传统四年制本科学位教师培养体系，提供 5 年制项目，即让未来教师在 5 年内将（文理学院）本科课程与教学实习相结合；还探索为期 1～2 年的教育专业研究生项目，这些项目都保证为期一年的基于中小学的教学实习。项目效果取决于大学与当地学区的中小学校密切合作，探索并生成培养职前教师的新型运作机制——专业发展学

① ［瑞士］让·皮亚杰著，杜一雄、钱心婷译：《教育科学与儿童心理学》，北京：教育科学出版社，2018 年，第 8 页。

② 近代西方最早的师范学校出现在法国，是培养小学教师的机构。"师范"一词出自法语"normale"，可溯源自拉丁文"norma"，原意为木工的"规矩""标尺""图样""模型"。在西方文化的常识理解中，"教（教授）"是一门手艺，早期师范学校主要通过手工业行会里的师徒制方式培养新教师，因此"师范性"一般指教师的职业技能。英语国家进入教师教育大学化以来，"师范教育"已被"教师教育"取代，英文文献也多以讨论"专业性"或"职业性"为主，很少出现"师范性"一词。

校（Professional Development Schools，PDSs）[1]，对职前教师的实习课程进行更有针对性的系统规划，至 20 世纪 90 年代末，美国已有 1000 多所 PDSs。

美国斯坦福大学的达林－哈蒙德（Darling-Hammond）是"专业化"取向的拥护者，她通过研究组与对照组进行比较的方式系统研究七个由大学教育学院主导并获得成功的教师教育项目。研究结果表明：这些项目的毕业生觉得自己明显比其他初任教师受到了更好的培养，其任职学校的校长们也均认为他们更具有竞争力。[2] 她提炼出大学主导的成功教师教育的三个特色：一是形成职前教师理解教学的理论基础；二是培养职前教师的教学行为设计、表现与评估的能力；三是通过大学教师与中小学教师的合作指导，构成职前教师的教育实践经验[3]。

从世界范围看，伴随芬兰学生在 OECD（经济合作与发展组）举办的 PISA（国际学生评估项目）测试中连续取得好成绩，芬兰大学的教师教育模式得到世界关注。芬兰特色正是大学立场的"专业化"取向，强调"研究本位的教师教育"[4]，目的在于培养教师的教学思维，即能够在日常的、直觉的思维基础上，基于理性的根据进行教育决策。芬兰知名学者奥莉·图姆等人给出明确阐释：有关教育理论的学习使师范生熟悉了有关教学过程的概念，也使得他们对经验进行反思和回应实践情境的行动成为可能。当教师对其教学进行教育学反思时，他们的行动和思维呈现出三个不同的层次：在行动层次，教师主要对其教育行动进行规划、实施和评价；在实践

---

[1] Rice，E. H，"The Collaboration Process in Professional Development Schools：Results of a meta-ethnography，"*Journal of Teacher Education*. Vol. 53（2002），p. 55.

[2] ［美］Darling-Hammond 主编，鞠玉翠等译：《有力的教师教育——来自杰出项目的经验》，上海：华东师范大学出版社，2009 年，第 48—49 页。

[3] 同上书，第 61—122 页。

[4] 饶从满、李广平：《芬兰研究本位教师教育模式：历史考察与特征分析》，《外国教育研究》2016 年第 12 期，第 3—20 页。

理论层次，教师的思维主要聚焦教育的实践反思；在元理论层次，教师的思维聚焦于关于实践理论的教育元理论。[①] 芬兰的教育和文化部（Ministry of Education and Culture）还在赫尔辛基大学建立了"教育科学与教师教育"全国网络平台，以协调促进各教师教育机构之间的交流互动和经验分享。

20 世纪与 21 世纪之交，我国一些师范大学也致力于教师教育改革之路，探索大学与中小学（U－S）合作培养教师的不同模式。如借鉴美国的大学与中小学合作培养教师的"专业发展学校"（PDSs）经验，国内的一些师范大学积极倡导教师发展学校（Teacher Development School，TDS）项目[②]，逐步形成大学与中小学"共生"合作机制，既为职前教师提供研究性教学实践环境，也促进中小学教师和大学教师的专业成长。[③] TDS 是大学与中小学共建的专业共同体，克服传统师范模式局限，尝试理论—实践双向激活，既提升中小学课堂教学质量，又"反哺"大学的教师教育。[④] 但是，大学的学术文化与中小学工作文化的差异是客观存在的[⑤]，换言之，大学教师的学术思维与中小学教师的常识经验思维之间存在逻辑差异，双方在教师教育方面能够达成的共识也相当有限，反而造成一些职前教师盲崇中小学教师的教学经验而轻视教育理论课程。

诚然，美国 PDSs 项目、我国 TDS 项目及芬兰经验等都是教师教育专业化取向的代表性探索，但是并未充分表明大学教育学院在培养教师方面

[①] Toom, A., et al. Experiences of a research-based Approach to Teacher Education: suggestions for future policies. *European Journal of Education*, 2010, 45（2），331－344. 转自：饶从满、李广平：《芬兰研究本位教师教育模式：历史考察与特征分析》，《外国教育研究》，2016 年第 12 期，第 3－20 页。

[②] 王长纯、宁虹、丁邦平：《建设教育发展服务区　探索教育发展新模式》，《教育研究》，2001 年第 1 期，第 35－40 页。

[③] 宁虹：《重新理解教育——来自教师发展学校的报告》，北京：教育科学出版社，2010 年，第 1－15 页。

[④] 孟繁华：《以新发展理念引领教师教育改革创新》，《教育研究》，2017 年第 11 期，第 15－17 页。

[⑤] 朱晓宏：《教师发展学校建设：学术文化与实践文化的对话》，《中国教育学刊》，2007 年第 10 期，第 70－74 页。

的不可替代性。进入 21 世纪以来，"专业化"取向不断遭遇"解制化"取向的挑战。

美国教师教育研究者玛丽莲·科克伦-史密斯（Marilyn Cochran-Smith）对 20 世纪 50 年代至 21 世纪初的相关研究文献进行系统梳理：一方面，她认可斯坦福大学达林－哈蒙德（Darling-Hammond）关于大学主导的教师教育成功项目的实证研究结论；另一方面，她也指出，几乎没有确凿证据支持高校是培养教师的最佳结构或途径，而且从教师教育政策视角看，自 1990 年以来，"为美国而教育"①已经被视为进入教学行业的非师范途径的一个典型。② 即使在教师教育研究者中也存在"非师范途径"的支持者，如知名学者舒尔曼（Shulman）③指出："声称可以对传统项目和非师范项目进行对比是一个神话。因为在通向教学的路径中，我们只有非师范的路径。"④1997 年他被任命为卡尔基教学促进基金会主席，在一定程度上更大力推动"非师范途径"（"解制化"取向）的教师教育。20 世纪 90 年代以来，

① "为美国而教育"（Teach For America，TFA）计划是美国普林斯顿大学毕业生温迪·卡普（Wendy Kopp）1990 年发起的项目，通过招募来自不同文化背景和不同专业的优秀大学毕业生到贫困市区和农村的公立学校进行为期两年的支教，以期缩小地区之间的差距，实现教育公平。在教师教育研究领域，TFA 被视为"解制化"取向的经典案例。当然，支持"专业化"取向的达林-哈蒙德（Darling-Hammond）用统计数据说明 58％的教师在第三年选择了离开，而前两年的流失率高出了全国新教师流失率的两倍。参见琳达·达林－哈蒙德《基于大学的教师教育之理由》，转引自［美］玛丽莲·科克伦-史密斯、沙伦·费曼-尼姆塞尔、D. 约翰·麦金太尔，范国睿等译：《教师教育研究手册：变革世界中的永恒问题》，上海：华东师范大学出版社，2017 年，第 343 页。

② ［美］玛丽莲·科克伦-史密斯，范国睿等译：《教师教育研究手册：变革世界中的永恒问题》，上海：华东师范大学出版社，2013 年，第 1095 页。

③ 舒尔曼（Shulman）于 20 世纪 70 年代晚期在密歇根州立大学的教学研究所领衔有关教学与教师知识的研究项目，批判当时教师教育偏重教学技术培训的取向，提出教师的专业思维需要特殊的知识类型，即学科教学知识（Pedagogical Content Knowledge，PCK）。简言之，PCK 就是把学科知识转化为易于他人理解的知识。参见［美］舒尔曼《实践智慧——论教学、学习与学会教学》，王艳玲等译. 上海：华东师范大学出版社，2014 年，第 13、138 页。尽管舒尔曼的研究试图承袭杜威（Dewey）和施瓦布（Schwab）关于理论与实践关系的见解，但是 PCK 的学术假设是认知心理学，受益于医生的医疗实践，比较推崇案例研讨方法。PCK 对于教师实践智慧研究有一定启示，但是缺乏实践哲学与实证研究成果的有效支持，其局限性一目了然。

④ Shulman, Lee. Teacher education does not exist. Stanford University School of Education Alumni Newsletter，Fall, 2005. Retrived from. http：//stanford. edu on January 6，2006.

美国有 40 多个州推出"替代性教师证书"政策，以开辟非教育学院毕业生进入教学的新通道。[①]

从大学内部看，教育学院、教育学科在研究型大学的学术地位及其生存环境始终面临严峻挑战。在"学术"占主导地位的研究型大学里，教育学教授为了所谓的学术地位，多采用社会学、管理学、经济学等实证科学范式来研究教育领域的问题，其结果却遭遇质疑：一是研究本身缺乏教育学科属性特征；二是研究成果与教师教育缺乏直接关联。1963 年，时任哈佛大学校长科南特（Kenante）在其执笔的《美国教师教育》里宣称："教育学专业课程对于培养优秀教师并没有多大贡献……专业教育学是一个有待试验和调整的不成熟的模糊领域。"[②]20 世纪 50 年代至 90 年代，美国一些研究型大学如耶鲁大学、杜克大学、芝加哥大学等相继关闭了教育学院。[③] 哈佛大学的教育学院虽然得以保留，但为凸显其"学术"品格，似乎成为教育研究院而非指向教师培养为主的教育学院。同时，对于一些州立大学的教育学院来说，因缺乏学术研究支持，只能回到传统的师范学校模式，其培养教师的专业水准也频频遭受质疑。

英国在教师教育范式上呈现折中态势。以教师资格培训项目 PGCE（Post Graduate Certificate in Education）为例，"专业化"与"解制化"两种取向并存：一是大学主导（University Lead），主要针对已经拥有文理学院本科以上学位的大学生或研究生，他们在教育学院注册并完成规定的教育类课程，再到指定中小学完成实习课程；二是学校指导（School Direct），主要针对申请教师资格证的学员，他们在教育部认证的有教师培训资质的中

---

① Shulman, Lee. Teacher education does not exist. Stanford University School of Education Alumni Newsletter, Fall, 2005. Retrieved from. http: //stanford. edu on January 6, 2006.

② ［美］科南特著，陈友松译：《科南特教育论著选》，北京：人民教育出版社，2017 年，第 178 页。

③ ［美］玛丽莲·科克伦-史密斯，范国睿等译：《教师教育研究手册：变革世界中的永恒问题》，上海：华东师范大学出版社，2013 年，307 页。

小学校完成相应培训项目，这些项目的学习与大学教育学院不存在任何关联。

从我国的教师认证政策来看，现行的中小学教师资格认证制度①也折射出"解制化"取向的影响。教育部确立相关考试标准（简称考纲），省级教育主管部门组织考试，分为笔试与面试两个部分。非师范类高校的毕业生直接通过上述资格证考试即可获得教师从业资格，之后可直接去中小学应聘教师工作岗位。对照上述各国的教师教育案例，我国现行的教师资格认证制度实质上弱化了高师院校教育学科在培养教师方面的专业地位。

事实上，"解制化"取向直接波及大学的教育学院及教育学科的可持续发展，甚至可能导致教师教育发展偏离大学立场。此类问题也不同程度地存在于我国现阶段的教师教育大学化进程之中。近些年来，国内一些师范大学尝试在教育学院之外增设教师教育学院，专门负责教师培养工作，由此造成同一所大学内部出现教育研究与教师培养相对分离的工作格局。与此同时，在中小学师资缺乏的地区，一些高师院校还在大力推行"顶岗实习"模式。实质上，这些所谓的教师教育改革举措不仅是复制以往中等师范的培养模式，而且还可能弱化教育理论在培养教师方面的专业引领作用，直接违背教师教育大学化之初衷。

三、重构大学教师教育课程新思路：基于胡塞尔的现象学视域

长期以来，以教学技艺为主的经验似乎成为衡量中小学教师教学水平的重要因素，职后教师囿于经验，职前教师崇拜经验。无论是以往"学术性与艺术性（师范性）"的分歧，还是当下"专业化与解制化"的争论，都不同程度地反映出这类教学经验观的影响。在此观念影响之下，师范大学始

---

① 根据教育部 2020 年颁布《教育类研究生和公费师范生免试认定中小学教师资格改革实施方案》规定：招收教育类研究生、公费师范生的高等学校从 2021 年起，可参加免试认定改革。同时，非师范院校的毕业生直接通过相应考试获得教师资格，明显呈现"解制化"取向。

终无法摆脱一种困扰：师范生在中小学课堂的教学实习活动可能因教学行为失误而妨碍中小学生的学习效果。如果不能正视这种教学经验观的代价，教育学科的学术地位或专业责任何以确立？作为以培养中小学教师为主责的师范大学，有必要超越上述教学经验观的束缚，重新厘清教师教育课程建设思路。基于现象学开启的意识—经验关系新视域，可从学理上确立教育理论与教学经验之间的内在统一性，进而找寻教育理论课程与实习课程的内在关联，否则，不仅无法消弭"专业化"与"解制化"的分歧，教师教育学科也难以在教师培养方面获得应有的学术地位与专业影响力。

(一)重新确立教育理论课程的优先地位：基于胡塞尔现象学视域

一旦重新审视教育理论课程对于职前教师拥有教学经验的专业作用力，阐释路径就有必要进入哲学领域。现象学哲学家胡塞尔在继承与批判传统经验论的基础上，借助于"先验性经验"和"意识意向性"①等概念的揭示，挖掘意识与经验的内在联系，形成其现象学阐释框架，对于重新确立教师教育理论课程的优先地位具有重要的理论参考价值。可从三个层面理解其相关理论。

其一，人的一切经验都可以还原为纯粹意识的先验性(意向性)构成。在胡塞尔看来，"一切的体验即意向性经验"②，人的主体(意识)之所以选择 A 而非 B，根本上取决于其纯粹意识的先验性朝向。在此，纯粹意识的意向性即先验性也被称为现象学的"看"。例如，我对某本书的意向决定了我"看"到了它，正是"意向性"召唤着我与这本书的关系。以此对照，胡塞尔认为我们日常生活中获得"经验"仅是主体意识对外部世界的接受性反

---

① 张廷国：《重建经验世界——胡塞尔晚期思想研究》，武汉：华中科技大学出版社，2003 年，第 5 页。
② [德]埃德蒙德·胡塞尔著，李幼蒸译：《纯粹现象学通论》，北京：商务印书馆，1992 年，第 106 页。

映，是"素朴的感性经验"①，这些经验即使再多，它们相加在一起，永远也只是具体的外在感性经验，呈现"或然性"或"偶然性"的特征，我们不可能从中获得普遍性的观念。只有纯粹意识的意向性构成的经验（先验性经验）才能摆脱那些具体经验的束缚，始终朝向普遍性的寻求。②

其二，人的意识先验地拥有朝向事物本质的可能性，即主体意识以"本质直观"方式把握事物普遍性，理论创建活动正是反映主体意识的普遍性寻求。在胡塞尔看来，这种"本质直观"的方式既不是运用培根的归纳法，也不是通过康德的先天综合判断、黑格尔的辩证法等传统哲学路径，而是由主体意识的先验性决定，本质是在直观中一下子给予主体意识的。例如，人看到"红花""红苹果"等东西的时候，人的意识即刻把握到"红"的统一性，不存在所谓的"透过现象看本质"。或者说，人能够在意识里自明性地建构"红花""红苹果"等观念之间的内在一致性，即人的意识先验地拥有朝向"红"的"普遍性"、建构"红"的"共相"的能动性。对于意识而言，普遍性的获得就是意识"直观"至"本质"的发生，在意识朝向事物普遍性的进程中生成。③ 胡塞尔还以几何学为例，揭示人的意识先验地朝向普遍性与理论创建活动之间的原初关联。④ 在胡塞尔看来，几何学意识的意向性构成几何学的测量事实（外在感性经验），这正是几何学先验的本质起源，并非从测量事实的外在经验中归纳出几何学理论。由此可见，人类创建理论的思想活动是人的意识"意向性"构造活动，这是人类文明产生的历史发生过程，也是人的纯粹意识朝向事物普遍性的发生过程。

其三，反思是纯粹意识对于经验根基的回返。在胡塞尔看来，真正有

---

① ［德］埃德蒙德·胡塞尔著，邓晓芒、张廷国译：《经验与判断》，北京：生活·读书·新知三联书店，1999 年，第 69 页。

② 同上书，第 400 页。

③ 张祥龙：《朝向事情本身——现象学七讲》，北京：北京大学出版社，2003 年，第 182 页。

④ ［德］埃德蒙德·胡塞尔著，王炳文译：《纯粹现象学通论》，北京：商务印书馆，2008 年，第 428—429 页。

根基的经验是由纯粹意识的意向性构成的，是内在于意识的先验性经验，而非外在的感性经验。胡塞尔在其晚期著作《经验与判断》中尝试阐释反思与经验的联系。经验的"根基"在语言表达之先，现象学"回到事情本身"就是指能够返回语言视域之先的生活世界，从意识发生的向度理解人的思想与行动的先验性意义。"反思的本质在于评价地、判断地朝向那些曾被进行过的意识行为"①，以无成见的态度去体会意识的发生性质。胡塞尔认为，每个人的整体环境是先已拥有的世界或视域，在此世界或视域之中，人的经验类型一般分为两类：一类是素朴的感性经验，另一类是有根基的经验。② 与之相应，胡塞尔还区分了自然反思与哲学反思两种意识活动，前者基于素朴感知经验的自然生活视域；后者是把素朴经验转变为有根基的经验的中介环节。胡塞尔所说的"哲学反思"不同于自然反思，而是对被经验之物的"根基"的知觉，即我明白我所知觉到的一切经验都有其"根基"或"世界视域"。③

总之，胡塞尔关于"先验性经验"的理论视域对于大学重构教师教育课程框架有着重要的方法论意义，开启了教师教育课程重心的新转向，即从关注外在感性教学经验转向关注理论导引的内在教育学意向性经验。对于培养职前教师的专业素养而言，其教育学意向或教育学眼光则具有优先性地位，由此重新确立了教师教育课程设置与实施的着力点：一是理论导引的"先验的教育学意向"优先于后天的外在感性教学经验；二是教育理论学习重在开启职前教师专业意识之朝向。

参照胡塞尔考察几何学起源的基本思路，人类教育活动中生成并流传下来的教育之学、教授之学蕴含着人类教育思想开端及教育意识的意向性

---

① 倪梁康：《自识与反思》，北京：商务印书馆，2002 年，第 413 页。

② ［德］埃德蒙德·胡塞尔著，邓晓芒、张廷国译：《经验与判断》，北京：生活·读书·新知三联书店，1999 年，第 72—73 页。

③ 陈家琪：《经验之为经验》，北京：社会科学文献出版社，2000 年，第 13—14 页。

构成过程，也是由语言符号构建的教育意义世界，这些已预先构成师范生的世界视域或经验之根基，教育学或教育意义的自明性也由此存在。这些教育理论作为（主体）纯粹意识的意向性活动构成物，其中的教育意义显现为超越物理时空的存在，或者说，拥有教育本质意蕴的教育理论在任何时候都是有效的，而且被教育活动共同体的每个人所理解。职前教师（师范生）作为教育活动共同体的一员，他对教育本质或教育意义的理解"先验地存在着"，这不仅是他能够理解教育学经典的内在意识前提，也是教育理论课程具有优先地位的学理依据。

遵循"回到事情本身"的现象学还原方法，师范生学习教育理论的过程可以被视为其教育意识的意向性构成过程。就师范生的学习方式而言，如果能够以知识还原为意识的方式来学习经典教育理论，其意识由此获得朝向教育意义的可能性比单纯增加教学实习经验更为根本。如《庖丁解牛》中庖丁的切身体验："臣之所好者，道也；进乎技矣。"[①]与此同理，学习教育理论对于师范生的根基意义在于他们的意识向度内在朝向教育之道。就教师教育课程建设思路而言，只有将追寻教育之道的原理课程置于优先地位，并且让师范生拥有教育学意识的朝向，以此作为教育理论课程实施的重点，才能突破传统教学经验观的束缚与局限，并以此反思与调整大学教师教育课程实施路径之偏差。

（二）反思教师教育课程现状：偏重教育实习课程，弱化教育理论课程

基于胡塞尔给予我们反思大学教师教育课程的理论分析视域，综观一些大学的教师教育课程设置现状，似乎普遍存在偏重实习课程、弱化教育理论课程的现象。从胡塞尔的视角看，职前教师现场实习获得的教学经验多是素朴的外在感性经验，如果忽视这类经验的先验性根基，不仅造成他们对教育学理论的疏离，也导致他们对实习活动本身缺乏自觉的反思

---

① 陈鼓应：《庄子今注今译》，北京：商务印书馆，2020年，第116页。

态度。

其一，现行实习课程旨在让职前教师拥有较多的教学实习经验，却无视其局限性。一般来说，职前教师的实习课程时间与其教学经验似乎存在正相关，但是，他选择教学行为 A 而非 B，多出于模仿在场或不在场的有经验的老教师的教学惯例，不能给出明确的教育学解释。在这样的教学实习过程中，职前教师经历多次试错与纠错，其意识也被这类尝试错误经验所填充，至于哪些教学经验在未来课堂上更有效，均充满着偶发性或不确定性，职前教师显然不能给出合乎教育学逻辑的分析与判断，一旦课堂教学过程中出现新的阻碍，他将陷入新一轮的困惑与不安。通过访谈一些职前教师发现，他们或许能够享受短暂教学成功的喜悦，却不能明察教育意义显现的踪迹。经历这种实习生活的职前教师，他们多年以后回顾初为人师的日子，对学生还充满愧疚之情。① 以现象学视角来审视职前教师的教学实习过程，其教学行为类似于"依葫芦画瓢"，其意识呈现被动性的"自然思维"态度。② 从大学教师教育立场看，这样的实习课程尚未脱离中等师范培养教师之窠臼，似乎与大学应有的专业人才培养之道相距甚远。③

其二，现行的教育理论课程多是一些关于教育的知识，无关乎职前教师的教育专业意识养成。自大学介入教师教育以来，教育理论课程虽然拥有学位课程的专属地位，却仅显现为学分的功用性价值。借鉴胡塞尔批判欧洲科学危机的思路，或许能够发现教育理论课程不受重视的原因有两个方面：一是自然科学研究范式在大学拥有支配地位，教育研究逐渐远离教

---

① 课题研究期间，笔者访谈多位具有全日制教育硕士学位的中小学教师，他们毕业于不同的师范大学，但初为师的体验却高度相似：在实习过程中因教学经验不足，每次讲课像摸着石头过河，回想起来深感愧对那些学生。

② ［德］埃德蒙德·胡塞尔著，倪梁康等译：《现象学的观念》，上海：上海译文出版社，1986年，第19页。

③ 从大学教育史看，自德国洪堡大学提出"科研—教学"相统一原则以来，现代大学的专业教育均实行"科学原理—技术应用"的人才培养模式。随着自然科学日益规范化，大学教育尤其重视实验室与实验课程建设，以此提升专业人才的应用能力。例如，大学医学院鲜明地体现专业教育路径：基础科学理论—医学实验—临床实习。

育意义与价值问题，其研究成果仅是一堆关于教育活动的事实性知识，无关乎教育者的意识朝向教育意义与教育价值；二是大学课堂教学也受之于自然科学范式支配，大学教师尚未关注到胡塞尔所说的理论知识生产与主体意识的原初联系，单纯讲授客观化或对象化的教育知识，较少关注师范生的教育意识如何构成。其中，间或发生课堂讨论，师生们也偏爱发表各自的观点，充其量是柏拉图所说的"意见"，鲜有胡塞尔所说的"反思意识"。即使有学者主张运用"学科教学知识"（Pedagogical Content Knowledge，PCK）[①]来培养职前教师的专业判断力，但是 PCK 奠基于自然科学取向的心理学认知理论，偏重人对外在信息的接受与加工，尚未触及胡塞尔所强调的内在纯粹意识的"本质直观"能力，也就无法关注到职前教师意识对教育意义的朝向。

总之，从现象学经验论视角反思当前大学教师教育课程的设置与实施，明显看到教育理论课程与实习课程处于分离状态：一方面，职前教师通过教育理论课程获得一些关于教育的对象化知识点；另一方面，他们通过实习课程获得一些零散的教学技艺及经验，两类课程尚未在职前教师的头脑中建立起内在一致性。换言之，职前教师的教学实习行为只是依从其外在感性经验，而非教育学反思性经验，也就无法领悟教育之道，这或许也是教师教育领域"解制化"与"专业化"分歧难以弥合的现实背景。

（三）探索教师教育课程改革新路径，职前教师拥有教育学意向性经验

依据现象学关于意识与经验、理论与意识的原初联系，职前教师的教学经验主要来自其教育学意识的意向性构成，而非教学实习活动中累积的外在感性经验，换言之，职前教师在教育理论课程中获得的教育学意识影响其在实习课程中的教学经验构成。由此确立教师教育课程建设新思路：以教育理论课程引发职前教师专业意识的朝向，其教育学意向在模拟教学

---

① ［美］舒尔曼著，王艳玲等译：《实践智慧——论教学、学习与学会教学》，上海：华东师范大学出版社，2014 年，第 13 页。

实验课程中生成其反思性经验，以真实学校情境的实习课程构成其教育学意向性体验。具体表述为"理论—实验—实习"（TEP）教师教育课程体系：一是教育理论课程（Theoretical Curriculum），该课程主要内容是教育基本原理，教学方式是还原理论之思的意识发生过程；二是教育实验课程（Experimental Curriculum），该课程主要内容是师范生模拟中小学教师的课堂教学活动，教学方式是在虚拟学生面前展开中小学课堂教学及其反馈；三是教育实习课程（Practical Curriculum），该课程主要内容是师范生在中小学现场从事教学实习活动，他们先已拥有的教育学意识、模拟教学经验等融入真实课堂教学体验，其内心萌发朝向孩子成长的教育意愿与行动，充盈着教育学意向性经验。

如图 1 所示，简要说明三类课程的实施状况。

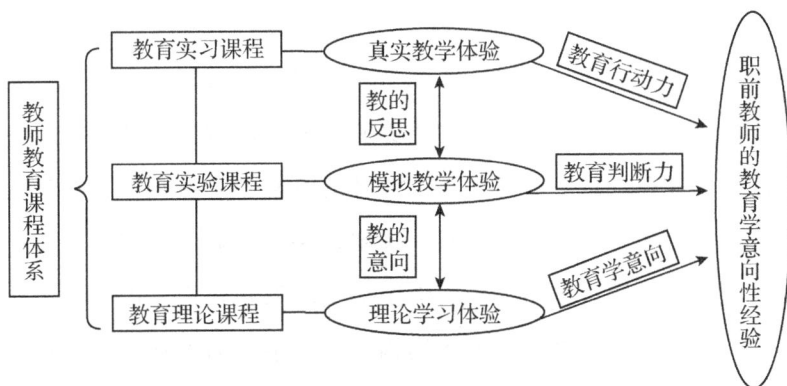

图 1 "理论—实验—实习"（TEP）教师教育课程体系（示意图）

其一，从培养专业教师的角度看，教育理论课程居于优先地位，旨在通过理论学习体验直接构成职前教师（师范生）的教育学意向。该课程内容由一系列经典的教育基本理论文献构成。对于师范生来说，理论学习不是学习关于教育的理论知识，而是运用现象学方法将教育理论知识还原为教育之思的意识发生过程，直观感受到理论文本中鲜活的教育意义，由此构成他们先已存在的教育学视域。例如，师范生学习赫尔巴特的《普通教育学纲要》中的"教育性教学"，如果从意识发生视角理解"教育"和"教学"内涵，就能够进入赫尔巴特的理论构成视域①，也得以"悬置"其日常观念中"教育"或"教学"的成见。师范生若能在纯粹意识层面把握赫尔巴特对于"教育"与"教学"的思考，就可以真正理解"教育性教学"的实质，并由此形成教育学眼光，或者说，他的意识开始关注教育意义的发生。

关于教育理论课程的实施也可参考英国教育哲学家彼特斯的建议，尽力地引向哲学的基本问题。② 若能给予师范生哲学之思的教育理论课程，让其洞察到教育问题中的普遍性，形成反思教育问题的自觉意识而非记住一些教条式的理论词汇，将真正确立教育理论课程应有的学术形象。对于师范生来说，学习教育理论是重温前辈学人的运思过程，是他们体验意识朝向教育意义或教育本质并不断涌现的过程，他们由此获得寻求教育普遍性的理论学习体验。

其二，从科学研究角度看，实验是理论应用于实践并得到有效检验的必要环节。教育实验课程成为大学培养专业教师的重要改革举措，主要内容是师范生在虚拟环境中模拟中小学教师的日常教学活动，旨在运用教育原理研究教学行为与教学效果之间的确定性关系，避免他们在真实中小学课堂中出现教学失误。参照大学医学院的实验课程建设，以人体解剖实验课程为例，医学生以此来理解人体结构、熟悉手术刀的运用，为后续临床实习提供明确的实验性经验或反思性经验，换言之，外科医生最初拥有驾驭手术刀的专业意识与能力是在实验室里养成的。与之对比，大学则忽视对中小学教师的教学行为进行科学研究③，更谈不上严格设计的教育实验

① 德文"教育"（Erziehung）由"训育"（Zucht）与"牵引"（Ziehen）两词构成，是带有价值取向的规范词；德文"教"（Unterricht, Lehren）是中性的描述词，这正是赫尔巴特提出"教育性教学"的思考前提。参见赫尔巴特：《普通教育学·教育学讲授纲要》，北京：人民教育出版社，1989年，第146页；陈桂生：《常用教育概念辨析》，上海：华东师范大学出版社，2009年，第11页。

② ［英］彼特斯：《教育学文集·教师》，北京：人民教育出版社，1991年，第430页。

③ ［瑞士］让·皮亚杰著，杜一雄、钱心婷译：《教育科学与儿童心理学》，北京：教育科学出版社，2018年，第7页。

课程。以严格科学态度关注中小学教师的培养，教育实验课程的具体内容为：师范生模拟中小学教师"备课—上课—评课"全过程，有步骤地展开教育理论指导下的教学行为，体验"教—学"之间的内在联系，或者说，从教学结果验证教学预设，由此获得具有反思性质的"模拟教学经验"。在此，因理论预设在先，师范生前期理论学习体验直接引导模拟教学设计，也能够直观感受到"教的意向"与"教的行为"之间的确定性联系，这样的经验即杜威所指的"反思性经验"①，亦即胡塞尔所说的"有根基的经验"②，它明显区别于以往师范生的学徒式实习课程，后者多因尝试错误而获得偶然性经验。

与此同时，我们也看到一些大学在努力突破教学法课程"纸上谈兵"的状态，如采用"微格教学"等方式培养师范生的教学能力，但是由于缺乏科学实验研究的严谨程序，尚未形成真正意义上的教师教育实验课程形态。如果师范大学对于教师教育实验课程建设的必要性与重要性缺乏专业理解，不仅妨碍教师教育学科的学术名誉，也可能导致职前教师失去以严格科学态度参与教学研究的机会。

其三，从大学专业教育角度看，"基础理论—科学实验—实践应用"一体化原则决定专业课程建设的基本走向，实践课程是基础理论课程、科学实验课程等合乎专业逻辑的延伸。教育实习课程是职前教师教育从理论意识形态、模拟经验状态走向真实情境体验状态的必要环节，职前教师由此形成具身化的教育学意向性经验。从现象学视域看，主体意识对经验的意向性构成在其意识流动中实现，意识的意向性经验流动是意识流，也是体验流。就职前教师在实习课程中的意识流或体验流而言，当他与一个个具体而灵动的中小学生相遇之时，前期的理论学习体验、模拟教学经验都

---

① ［美］杜威著，傅统先译：《确定性的寻求——关于知行关系的研究》，上海：上海人民出版社，2004年，第78页。

② ［德］埃德蒙德·胡塞尔著，邓晓芒、张廷国译：《经验与判断》，北京：生活·读书·新知三联书店，1999年，第73页。

涌入至当下意识之中并被勾连起来，他作为新手教师的专业体验也由此充盈起来，他对课堂教学活动的意义理解也变得直观。

当然，从教育理论、教育实验等有效干预教育实践的角度看，实习课程必须有赖于大学主导的教师教育合作培养机制：一是组建复合型"实验—实习"导师团队，包含文理学科教授、教育学教授、中小学优秀教师等，共同负责模拟教学、现场观察、实习教学等相关课程的专业指导工作；二是从专业思维与专业行动的关系来建立理论课程、实验课程与实习课程的统一评价体系，这三类课程的学习效果共同构成职前教师的学业评价内容；三是通过互联网信息技术平台建设相关数据库，推进大学模拟教学实验研究与中小学真实教学情境研究的密切联系。理论解释力与实践行动力由此形成统一联系，共同促进新手教师的专业成长。教师教育领域长期存在的"学术性与艺术性"之分离、"专业化与解制化"之分歧等问题也能够在此过程得以克服并消解。

综观 21 世纪全球教师教育发展趋势，在日益高涨的教师专业化浪潮之中，大学文理学士起点、硕士学位层次的教师教育已成国际共识，但是，文理学士起点的教师教育改革究竟向何处去？从大学校长的视角看，"教授普通文理科目的教授们和培养未来教师的教授们之间的对立并不像原来所想的那样简单，有必要去增加两个团体之间的相互了解，使之交流思想，通力合作"[①]。总之，基于大学立场探索"理论—实验—实习"一体化的新型教师教育课程体系可以弥合长久以来"学术性与艺术性"之裂痕，以及当前"专业化与解制化"之分歧，教师教育学科建设也能够从中获得突破传统学术范式压迫的契机，大学的教师教育改革也由此开辟新的方向。

---

① ［美］科南特著，陈友松译：《科南特教育论著选》，北京：人民教育出版社，2017 年，第 153 页。

实践取向教师教育之省思

——兼论教师教育课程体系建设①

《实践取向教师教育之省思——兼论教师教育课程体系建设》写作针对的问题是教师教育领域存在对于实践取向的误解，或者说相当一部分人对于"实践"的理解存在庸俗化成分，即把"实践"与"经验"混淆。究其根源，恐怕还是缺乏对"实践"概念的哲学理解。考虑到教师教育领域熟悉现象学理论的人比较少，本文特意基于杜威的实践理论展开讨论，旨在厘清"尝试错误性经验"的实践与"反思性经验"的实践的本质不同，由此重申教育理论课程对于培养教师反思意识的重要性。

时至今日，国力竞争与基础教育质量紧密相关，这已是国际教育界的共识。培养优秀中小学教师已成为一个世界性课题，各国的教师教育工作者与研究者正致力于探索有效的教师教育变革之路。针对教师教育领域长期存在的理论与实践脱节现象，教师教育课程的实践取向似乎在国内外教师教育领域获得广泛认同。教师教育的重心正在从大学课堂移向中小学现场，直接表现为增加实践类课程，即延长职前教师在中小学的见习和实习时间，以此积累他们的实际工作经验。针对职前教师培养现状，大学里的教师教育对于教师专业能力形成的作用何在？这似乎成为教师教育学科存

① 本文以题名《实践取向教师教育之省思——兼论教师教育课程体系建设》刊于《教师发展研究》2021年第5卷第2期，文中内容略有改动。本文获教育部哲学社会科学研究重大课题攻关项目"新时代加强教师队伍师德师风建设研究"（项目编号：18JZD055）资助，由朱晓宏教授与首都师范大学教育学院硕士研究生张益涵合作。

在的前提性问题。因此，有必要基于杜威的经验理论深刻省思现行教师教育实习类课程，并从当代实践哲学视域重新理解教师教育实践与理论的统一关系，以此探寻基于大学专业教育立场的教师教育课程改革路径，真正确立教师教育学科对于教师专业成长的理论支持力。

一、现行的职前教师培养：迷失于"学徒式"自然习得经验

纵观教师教育发展史，自中等师范学校（Normal School）升格为综合性大学内的教育学院（College of Education）或独立建制的师范大学（Normal University）以来，与之相伴的争论是"理论"课程与"实践"课程在教师培养过程中孰轻孰重的问题，不同方式的解决方案也纷纷涌现。从世界范围看，两项具有代表性的教师教育改革行动影响至今。一是 1936 年美国哈佛大学首创的"教育硕士模式"（Master of Arts in Teaching），强调大学培养师范生的通识素养及他们对学科知识的掌握，同时，通过中小学的教学实践让他们获得教学技能，拥有教学经验。[①] 二是美国波士顿学区尝试"教师驻校培养项目"（Boston Teacher Residency），该项目主要针对一些公立中小学教师供给不足，尤其表现为结构性缺编等问题。试行"教师驻校培养项目"的学校不仅是教师"使用方"（consumer），还成为教师"生产方"（producer）。[②] 如今，上述两种经典案例不同程度地存在于世界各国的教师培养方案之中。

例如，加拿大一些著名大学的教育学院探索"连续制教师培养方式"，一般分为三种类型，即"4＋1""4＋2""3＋2"培养形式。多伦多大学"4＋1"培养形式即大学生通过四年本科阶段的学习，获得相应学科的学士学位，

---

① ［美］玛丽莲·科克伦-史密斯、沙伦·费曼-尼姆塞尔、D. 约翰·麦金太尔著，范国睿等译：《教师教育研究手册——变革世界中的永恒问题：上卷（第三版）》，上海：华东师范大学出版社，2017 年，第 267 页。

② 周钧：《美国教师教育的第三条道路：教师培养的驻校模式》，《全球教育展望》，2010 年第9 期，第 56、75－78 页。

再由该大学的教育学院对有教师职业意向的本科生进行为期一年左右的教育学相关课程和教育实习训练。由于对学生教育技能的训练较短，学生在进入教师岗位后普遍表现出适应程度不高的状况。因此，近年来一些大学比较多地采用"4＋2""3＋2"形式来培养教师。"4＋2"培养形式是在原来"4＋1"的基础上为职前教师增加一年的教育理论和实践课程时间，保证他们能够获得作为一个准教师的基本教学知识和技能。"3＋2"培养形式是一种学士后教师教育模式，其设计理念是学生在三年里获得相应的学科学士学位，再向教育学院提出申请，学习两年的教育理论与教育实习课程。① 虽然这种培养方式在课程构成上呈现"学科课程＋教育课程＋实践课程"的组合形态，但是三类课程各自孤立存在，准教师（职前教师）的教学经验还是过多地依赖现场实习获得，而实习课程与大学提供的教育课程并未发生真正的内在联系。这类现象普遍存在于世界各地大学的教师培养过程之中。例如，我国一些师范大学现行的全日制教育硕士培养模式在一定程度上借鉴了哈佛大学、多伦多大学等国外高校的教师培养模式；一些地方师范院校采取的"顶岗实习"模式②类似波士顿学区的"教师驻校培养项目"。2011 年教育部颁布实施的《教师教育课程标准（试行）》把"实践取向"作为教师教育课程的三大基本理念之一，并明确提出教师教育课程应"强化实践意识，关注现实问题"。在此引导之下，国内各高师院校纷纷探索不同形式的职前教师教育路径。

如今，一些师范大学在管理体制上追求凸显教师培养的实践特性，还专门设置教师教育学院，借此将培养教师的职能从原有的教育学院职能框架中分离出来。这些教师教育学院也在积极拓展培养教师的各种实践路

---

① 曲铁华：《加拿大教师教育改革特色探析》，《四川师范大学学报（社会科学版）》，2021 年第 2 期，第 130－139 页。

② 钟启泉、胡惠闵：《我国教师教育课程标准的建构》，《全球教育展望》，2005 年第 1 期，第 36－39 页。

径：一方面加强教师教育实践课程建设，如增加实践课程学分，即延长职前教师到中小学校的见习与实习时间；另一方面，聘请有丰富经验的优秀中小学教师作为实习导师，对实习生（职前教师）进行课堂教学和班级管理方面的现场指导。

笔者通过对实习过程的参与式观察发现：一方面，中小学的实习导师多是凭借个人经验对实习生进行指导，他们不能清晰阐释课程逻辑、儿童认知逻辑和教学逻辑三者之间的联系；另一方面，作为实习生的职前教师多是模仿导师的行为方式进行备课、上课，以及处理班级相关事务。从效果上看，这些职前教师在模仿实习导师过程中确实积累了一定的教学与班级管理经验，但是遇到新问题，他们依然不能实现经验的有效迁移。

与此同时，一些地方师范院校探索的"顶岗实习"教师教育模式也多出现在师资相对匮乏地区的中小学校。"顶岗实习"的职前教师可全职代替一位教师的日常工作，在其日常教学活动中，由于没有实习导师引领，只能在摸索中前行。他们经过多次尝试性错误或许积累了一些经验，但是这些经验是零散的、片断的，彼此之间无法构成内在逻辑联系，其后果是他们没有能力去控制新问题。换言之，"顶岗实习"的职前教师每天都面临新困惑、新挑战，昨天的经验无法应对今天的问题。

综观上述各类实习方式，对实习生和实习导师来说，他们均无法超越个人经验的束缚，实习生往往局限于经验模仿，实习导师囿于个体熟悉的经验。在个体自然经验的强大范式之下，更多的实习教师迷失于"学徒式"的自然经验积累之中，直接造成他们对教育理论的轻视或质疑。从历史视角看，强调中小学现场实习课程的培养方式仅是一定程度上恢复早期师范教育对于经验的崇尚。众所周知，早期的师范学校十分重视通过现场"学徒方式"让新教师获得最初的教学经验。

诚然，职前教师通过"学徒方式"获得了一些教学工作经验，对于他们适应教师工作有一定帮助。但事实上这种实习方式在很大程度上表现出的是对教师个体经验的崇尚。作为学徒的实习教师，一言一行都表现出对师父个人经验的坚信不疑。他模仿师父的样子去教学，其个人对学科、学生和教学方式的理解缺乏独立思考的可能性。他没有内在动机去思考教是什么及如何教，由此丧失对教学行为的专业责任。"这种从属的距离，不只是程度上的、代沟之间的差别，而是本质上的。"①在这样的实习方式中，与其说实习生服从于师父，不如说他们都屈从于教师个体在其职业生活中自然习得的经验（自然经验）或约定俗成的职业惯例。如果师范大学的教师对于经验的教育价值缺乏深刻的理论反省，不仅无力解决"理论"与"实践"在培养教师过程中的割裂问题，反而会加剧"理论"与"实践"对立的倾向，进而妨碍大学里教师教育学科专业地位的真正确立。

二、反思"学徒式"培养教师之局限

基于杜威的经验理论来看，实践者可以通过不同的实践形式获得不同的经验，但是并非所有经验都有教育价值。由于我们缺乏对职前教师实习经验的深度理论分析，忽视"学徒式"实习在培养职前教师方面的局限性，似乎在实践取向教师教育的"新瓶"里装着"学徒式"教师培训的"旧酒"。

在杜威看来，存在两种不同的实践方式②，并由此产生两种不同的经验，即"尝试错误性经验"（自然经验）③与"反省的经验"（反思性经验）④。同时，杜威还以经验之间的交互性与连续性两个原则作为标准，明确区分"教育性的经验"和"非教育性的经验"⑤。综合杜威的上述观点，不同的实践方式与不同经验之间的关系可通过图1直观呈现。

---

① ［德］雅斯贝尔斯著，邹进译：《什么是教育》，北京：生活·读书·新知三联书店，1991年，第8页。

② ［美］杜威著，傅统先译：《经验与自然》，南京：江苏教育出版社，2005年，第201页。

③ ［美］杜威著，王承绪译：《民主主义与教育》，北京：人民教育出版社，2001年，第165页。

④ 同上。

⑤ ［美］杜威著，姜文闵译：《我们怎样思维·经验与教育》，北京：人民教育出版社，1991年，第274页。

```
┌─────────┐      ┌─────────────┐      ┌─────────────┐
│ 实践 Ⅰ  │──────│ 尝试错误性经验 │──────│ 非教育性的经验 │
└─────────┘      │ （自然经验） │      └─────────────┘
                 └─────────────┘

┌─────────┐      ┌─────────────┐      ┌─────────────┐
│ 实践 Ⅱ  │──────│ 反省的经验   │──────│ 教育性的经验  │
└─────────┘      │ （反思性经验）│      └─────────────┘
                 └─────────────┘
```

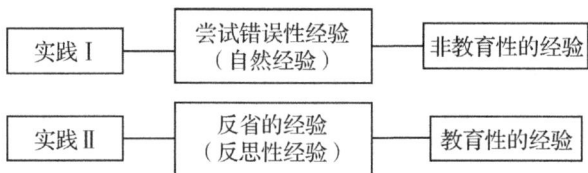

图 1　杜威阐释"实践与经验关系"的示意图

杜威对第一种实践方式持否定态度。在第一种实践方式中，实践者一味追求向前推进，先做后想，即碰到阻力再想对策。对于这种行事方式的人而言，遇到强大的阻碍多选择顺从或屈从以往经验，即比较粗糙的"尝试错误性经验"，亦即获得尝试错误之后的"自然经验"。"虽然每个经验本身是令人愉快的或者甚至令人兴奋的，可是它们彼此之间不能够持续地连贯起来，人们的精力就浪费了，同时，一个人也就变得粗率浮躁了。"[1]由于这些经验之间缺乏连续性与交互性，杜威视之为"非教育性的经验"，即不能作用于实践者的未来行动，因而丧失了教育作用。

杜威明确肯定第二种实践方式。在第二种实践方式展开的过程中，实践者像科学实验者一样，小心从事，谨慎留神，明察秋毫，不是为行动而行动，而是意识到一个目的，并为此而展开行动。在此，实践者处于清晰的意识状态，思想指导行动，对情境比较审慎，对结果能够进行合理推测。行动在此过程中得到调整而改善，并由此拥有"反省的经验"，也称为"反思性经验"。在此过程中，"经验的连续性和交互作用彼此积极生动的结合，是衡量其教育意义和教育价值的标准。"[2]因此，杜威称之为"教育性的经验"，即每种经验既从过去经验中采纳了某些东西，同时又以某种方式改变未来经验的性质。

杜威还进一步阐释反思性经验具有的五个特征[3]：①提出问题，即面

---

① ［美］杜威著，姜文闵译：《我们怎样思维·经验与教育》，北京：人民教育出版社，1991年，第254页。

② 同上书，第268页。

③ ［美］杜威著，王承绪译：《民主主义与教育》，北京：人民教育出版社，2001年，第165页。

对真实教育情境的不确定性，提出拟解决的问题；②推测结果，即根据已知条件推测诸要素之间相互影响的预期性教育结果；③分析论证，即谨慎考察实际活动过程中一切可能出现的情况，并在此基础上分析当前教育情境中的问题；④提出试验性假设，即详细解释"行为—结果"之间的内在联系，并拓展假设可以适用的教育情境；⑤开展行动，即将试验性假设转化为可行性计划，并针对当前的教育情形实施计划，形成预期成果，进而检验假设。

在此基础上，杜威还重点区分"反思性经验"与"尝试错误性经验"。杜威指出，"反思性经验"能够持续关注"行动—结果"之间的因果联系，这种联系也体现为"经验连续性原则"。当然，杜威话语体系中的反思不能简单理解为中小学教师日常工作语言中的"反思"。杜威所说的"反思"是哲学意义上的反省①，即通过理论分析相关要素关系，假设"行为—结果"之间的内在关系，并由此推论可能发生的后果，进而在行动展开过程中检验假设；中小学教师常说的"教学反思"只是一般意义上的教学活动回顾，即在头脑中再现整个教学活动，对于未达成的教学目标多是从已有经验角度进行理解，缺乏对于"行动—结果"之间关系的前提性思考。

由此考察现行"学徒式"实习活动性质，基本上可归为杜威批判的第一类实践方式。职前教师习得的经验即杜威所说的"尝试错误性经验"。无论是实习教师模仿师父的样子进行教学，还是"顶岗实习"教师独自摸索着教学，他们或许有过几次愉快的教学体验，但是这些经验常常处于零散状态，彼此之间缺乏内在逻辑的连续性。换言之，在这些实习教师的观念中，他们不能有效地建构"教的行为—学的行为"之间的内在联系，也就无法拥有杜威所说的"反思性经验"。况且，中小学教师的实际工作经验也根深蒂固地体现在特定的习俗与惯例之中，是杜威所谓的"常识的兴趣"②，

---

① ［美］杜威著，傅统先译：《经验与自然》，南京：江苏教育出版社，2005年，第207页。

② 同上书，第208页。

即教师的兴趣仅在实用方面，缺乏深度思考。或者说，他们的经验样式倾向于孤立地关注行动的实用性结果，而对事情之间的内在关联性明显缺乏反省意识。

诚然，对于实习教师而言，这些经验或许是新鲜的、富有活力的和饶有兴趣的，但是在他们的观念中，诸多经验之间不能呈现连续性与交互性。在此情形之下，实习教师常常形成不自然的、分散的、割裂的和离心的习惯，其后果是他们没有能力去控制未来的经验。或者说，实习教师因为无法看到这些经验中所蕴含的改变未来经验的特质，一旦面对真实教学环境的突发问题，他们依然陷入新的困惑之中。由此获得的实习经验对于形成教师专业能力的作用非常有限，即杜威所说的"非教育性经验"。可见，"学徒式"实习课程存在自身无法克服的局限。

如何让实习活动中获得的经验成为"教育性的经验"？或者说，实习教师如何真正拥有反思性经验？这是高师院校实践取向教师教育课程建设必须正视的现实问题。基于杜威的两种实践方式及由此构成的两种经验样式之比较，可以清晰地看到反思性经验的获得依赖于实践者拥有反省的思维态度。作为哲学家的杜威，他所指的反思或反省的思维态度是一种理论之思的反省态度，而非中小学教师日常意义的自然习得式的经验之思。由此可见，如何让实习教师获得反思性经验，正是师范大学教师教育学科的理论担当。承上所述，只有基于杜威提倡的第二种实践方式来设计教师教育课程，职前教师才能够真正拥有反思性经验，这样的课程才能够真正体现教师教育学科的专业价值。

三、重构实践取向教师教育课程，培养职前教师的反思性经验

事实上，一些高师院校在实践取向名义下展开的教师教育课程探索，倾向于甚至迷失于"学徒式"经验之习得，依然未脱离以往中等师范学校的实习方式，直接导致职前教师轻视理论之思，偏重自然经验习得。实质

上，这是师范大学对于教育专业人才培养理论责任的放弃，教师教育学科也因此失去应有的学术地位，这在一定程度上影响了高师院校培养教师的专业声誉。

就大学培养专业人才的目标定位而言，其培养方案或课程体系必须奠基于特定领域的原理研究与应用研究，大学里的诸多学科也由此形成。事实上，工程师、医生、律师等专业领域人才的培养都有赖于大学相关学科的理论支持。同理，师范大学培养专业教师，如果缺乏教育基础理论的有力支持，片面追求增加职前教师的实际工作经验，势必存在沦为职业训练的风险，也远离大学培养专业人才的应有之道。因此，有必要基于当代实践哲学的理论视域重新厘清实践与理论的关系，基于教育学的专业立场来探索实践取向教师教育课程体系之建构。

一般来说，"人们倾向于把实践看为与理论对立的东西，使用'实践'一词的时候，明显有着一种反教条的意味。与此同时，理论也失去它原有的崇高地位，已变成了一种用来研究真理和收集新知识的工具性观点。"①其实，"理论"一词的古希腊文本义就包含沉思和观察的意思，古希腊人对理论的赞美实际上也是对实践的赞美。在亚里士多德看来，理论不仅是理论，而且是实践。德国哲学家伽达默尔在此意义上重构实践哲学，即在理论与实践统一的基础上，将"原理运用于对具体实际问题的理性反思上来"②。

基于对理论与实践关系的重新理解，可以开启教师教育实践课程建设的基本思路。置身于真实教育情境中，职前教师要拥有对具体问题的理论反思能力，就要有意识地运用相关教育理论进行观察与思考，即运用教育原理针对具体情境提出问题假设，设计并论证行动计划，展开解决问题的

---

① ［德］伽达默尔著，薛华等译：《科学时代的理性》，北京：国际文化出版公司，1988 年，第61 页。

② 张能为：《理解的实践》，北京：人民出版社，2002 年，第 67 页。

直接行动，这也是杜威提倡的"反思性经验"实现之步骤。唯有如此，实习教师才能在行动展开过程中获得"教育性的经验"。

因此，我们着力于形成职前教师"反思性经验"的实践取向教师教育课程体系，其展开过程即教育基本理论转化为实际应用的过程。不同于一般意义上的延长实习时间、增加教学技能—方法课程的课程方案，而是以教师教育原理为课程设计的逻辑起点，尝试建立"理论—实验—实习"三维一体的课程框架。在此，教育理论课程超越传统教育学课程的知识呈现方式，指向形成职前教师的理论思维能力与专业意识；实验课程创设模拟教学环境，旨在让职前教师获得杜威所说的反省思维体验；实习课程定位于职前教师在学校真实情境中体验理论与实践的相互印证与双向激活，确立其教育专业自觉意识与行动能力。课程框架如图2所示。

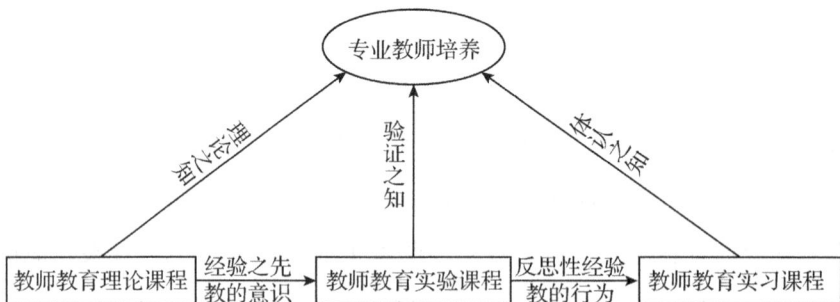

图 2　理论—实践取向的教师教育课程框架

其一，教师教育理论课程——"教师之教"的"理论之知"。

理论课程集中呈现教师教育基本理论，由"普通教育原理""学科教育哲学""学习理论与学习指导"等相关课程构成。目标是形成职前教师关于"教师之教何以可能"的"理论之知"，让其拥有反思日常教育行为的理论思维能力，内在构成其教育专业意识品质。职前教师通过该类课程的学习，获得"教育是什么""教是什么""学是什么"，以及"教育行为、教学行为何以发生"的内在逻辑，由此构成教师理解"教师之教何以可能"的理论之思，以此超越有关教育教学活动的常识经验之思。

其二，教师教育实验课程——在模拟环境中获得"教—学"因果关系的"验证之知"。

对于培养专业人才而言，大学实验课程的设计正是原理具体应用的体现。实验室条件下的相关课程由"教学设计与模拟训练""教学产品设计与开发""教育行动研究"等构成。依据"教师之教何以可能"的原理，职前教师在实验室中展开模拟中小学课堂教学的设计与训练，即推演"教—学"因果关系的发生过程中，获得"教—学"因果关系的"验证之知"。通过该类课程学习，职前教师在模拟中小学教学情境中主动运用"理论之知"推演行动之间的因果可能性，并以实验效果检验"教的行为—学的行为"理论假设。他们在梳理"行为—结果"之间因果联系的过程中，尝试运用教育原理阐释不同"教的行为—学的行为"之间的内在联系，从中体验反省思维的发生过程，也因此拥有杜威所说的"反思性经验"。

其三，教师教育实习课程——在学校教育发生的现场获得"体认之知"。

相对于实验室模拟环境，现场实习过程是职前教师在真实学校情境中展开以"理论之知"和"实验假设"为先导的教育行动，旨在实现职前教师的观念中理论与实践的相互印证及双向激活。在此，依循教育实践的目的性、发生性、构成性等基本规定，参照教师专业活动的相关环节（说课、上课、评课）设置相应的实习课程，由"课堂教学设计""教学行动与反思""教学评价"等相关课程构成。实习生（职前教师）通过该类课程获得"教—学"因果关系的"体认之知"，即在真实教育情境中体验"教的行为—学的行为"的发生与构成形态。在此过程中，职前教师以清醒的理论之思来设计并展开相应的教学行动，能够清晰解释"教师之教—学生之学"的内在关系，从中获得的经验具有明确的反思性质，超越"学徒式"实习活动的"尝试错误性经验"。

总之，"理论—实验—实习"三维一体的教师教育课程体系探索旨在解决长期以来教育理论课程与实习课程脱节的顽疾，也试图克服现行"学徒式"实习课程之局限。其中的关键环节是实验课程的研制与开发。这里的实验室可以看作训练飞行员的模拟驾驶舱，职前教师正是通过实验室模拟教学环境获得"验证之知"，即拥有体现专业理论自觉的"反思性经验"，超越现行"学徒式"实习课程获得的"尝试错误性经验"（自然经验）。这样的职前教师进入实习学校现场，面临真实教学情境问题时，凭借实验室里已拥有的反省思维能力，他们可以在真实学校情境中形成各种教育行动方案，即使行动展开过程中遇到阻碍也能够采取相应的教育措施，超越从尝试错误中积累教学经验的"学徒式"实习活动。或者说，实习教师不再以单纯消耗中小学学生的课堂生活质量为代价形成其专业能力。教学新手成长为教学能手，在此过程中获得了明确的教育学解释力。这样的教师教育课程为教师专业成长提供教育学专业支持，这才是真正意义的实践取向，也是高师院校教师教育课程建设的必由之路，大学里的教师教育学科也因此拥有相应的学科地位与学术尊严。

实践取向学士后教师教育[①]

《实践取向学士后教师教育》写作缘起是当时承担面向在职教师的教育专业硕士生课程教学工作。一方面，看到重返大学课堂的中小学教师对于理论学习充满渴望；另一方面，师范大学的教育专业硕士生课程与中小学教师的期待存在相当大的差异。同时，我在参与"教师发展学校"（TDS）项目中结识的一些中小学教师也来到首都师范大学教育学院攻读在职教育专业硕士学位，在与这些教师的深度交流过程中，我直观感受到他们长期以来对于"方法"的依赖与困惑。为此，我的思考本然地朝向实践哲学的相关理论，从中汲取相应的理论资源对于学士后教师教育展开一些深入的思考，并顺利获批北京市教育科学"十一五"规划重点课题"大学与中小学合作探索学士后教师培养新模式"（项目编号：AIA08062）。

随着我国基础教育改革的深化，教师专业发展及教师教育受到了前所未有的关注。就在职教师继续教育而言，近年来最显著的变化是由学历补偿教育逐步转向学士后教师教育，即由专门的教师教育机构对具有学士学位的在职教师进行旨在提升其专业素养的教育。我国学士后教师教育的形式包括各级师范大学所开展的教育硕士专业学位教育、各地教师进修学校和教研部门等组织的教育培训等。与发达国家相比，我国学士后教师教育还处于起步阶段，实践中还存在诸多问题，我们必须立足于教育实践的大

---

① 本文以题名《实践取向的学士后教师教育》刊于《教育发展研究》2009 年第 20 期，文中内容略有改动。本文系北京市教育科学"十一五"规划重点课题"大学与中小学合作探索学士后教师培养新模式"（课题编号：AIA08062）的阶段性研究成果之一。

背景，寻求更为有效的发展路径。

一、我国学士后教师教育面临的困境

20世纪60年代以来，伴随着基础教育课程改革的推进，斯腾豪斯(Lawrence Stenhouse)提出的"没有教师发展就没有课程发展"的思想逐渐成为共识。各国为促进教师专业发展进行了多方探索，如美国形成了"4＋1"教师教育模式及其后的"4＋2"模式，法国大学建立了"教师培训学院"，日本设立了"教师专业研究生院"。总体上，发达国家都强调通过延长学习时间来加强教师对教育学科课程的学习，进而提升教师专业化水平。

近年来，我国也开始重视学士后教师教育，深入推行教育硕士专业学位教育，同时各地也不断加强教师培训。但在实践中还存在理论学习和教育实践"两张皮"的现象，直接影响教师专业生活质量的提升。其原因在于学士后教师教育的指导思想长期以来深受传统认识论和技术理性的影响。

(一)理论与实践分离

传统认识论强调将既定的传统知识视为科学知识的典型，科学理论在知识体系中拥有特权地位。[①] 受这种认识论的影响，学士后教师教育忽视了教育实践的丰富性，表现出对科学理论的偏好。这使教育硕士专业学位教育、教师培训等重视宏大叙事的理论课程，并以此作为必修课程的主导。但是，这些课程所包含的理论往往不能解释教师在教育实践中面临的问题，导致理论与实践的分离。如当前的教育硕士专业学位教育在某种程度上存在概念化、僵化的学习方式，以及学习内容与教育实践缺乏联系的问题，使参与其中的教师不能感受到学习的价值，而只为"学分"和"学位"忙碌。事实上，许多中小学教师是怀着美好的专业发展愿景而重返大学攻

---

① ［德］哈贝马斯著，郭官义、李黎译：《认识与兴趣》，上海：学林出版社，1999年，第10页。

读教育硕士专业学位课程的。但是，教师教育的这种僵化倾向使其课程体系与教学方式无法满足教师的"实践兴趣"。

(二)方法至上

近代以来，技术对人类生活产生了深刻的影响，由此导致人们对技术理性的崇拜。在技术理性的支配下，人类征服自然、改造世界、追求效率、迷恋控制，并且强调目标与手段、过程与结果的二元思维方式。受技术理性的影响，人们把教师的教学活动视为达到预期教育目的的一种手段，因而在教师培训过程中注重教师的教学技艺，而忽视教师的内在体验，教师被培养成学校教育流水线上的"技术工"。教师教育就是要向教师灌输预设的知识体系，以便教师能够忠实地完成知识传递工作。因此，长期以来教师教育关注的重心定位于教师教什么及如何教。与此相应，目前的学士后教师教育在内容上仍然集中于两方面，即学科知识传递与教学方法的介绍。但是，这种过于重方法的教师教育或教师培训并没有帮助教师摆脱"技术工"的生存状态。

总之，在教育硕士培养中，其课程设置掩蔽了教育实践的丰富性，将中小学教师带入了被迫的学习状态；在各地教师继续教育方面，其培训内容与方式过于崇拜方法，使许多教师擅长对知识的讲解而缺乏富有个性的应用。无论从目标定位还是指导理念上看，这种学士后教师教育对教师都是外在的、强制式的，已远远不能适应教师专业发展的要求。因此，我们必须立足于基础教育改革的时代背景，从教师专业发展的理论高度重新思考学士后教师教育的发展方向。

二、学士后教师专业发展的实践意蕴

"教师职业正在成为一门重要的专业，而不是一种行业和简单劳动；教师开始不再是单纯的任务执行者或角色的扮演者，而是教育的思想者、研究者、实践者、创新者和需要不断发展的专业工作者。"①这一界定为我们思考学士后教师教育的定位问题提供了启示。

目前，我国参与学士后教师教育的主体多是具有一定教育实践经历的在职教师。通过本科阶段所接受的教育，他们已经具备了比较完整的学科知识，而且其教育实践已在一定程度上唤醒了自身的专业自主意识，教师不再是等待被"填充"的知识或思想容器，也不再是传递知识的"熟练技工"。所以，无论是教育硕士专业学位教育还是各地在职教师培训，都必须重视教师已有理念、经验、知识和技能的影响，转变教师教育中原有的"控制—技术"倾向，从教育实践与教师专业自主意识的关系出发，重新理解教师专业发展的核心内涵，并以此开辟学士后教师教育的理论视域。

(一)教育实践呼唤教师专业自主意识

从哲学的视角来看，意识与实践有着同等重要的地位。马克思主义哲学首先强调意识是社会实践的产物，同时也强调意识在实践中的能动作用。因为正是人的实践理性和实践智慧确立了人在世界中的地位。② 同时，实践也呼唤着人的能力，唤醒着人的全部生命力量，这就是人的意识。意识不仅反映实践，而且觉察和建构着人的实践生活。

对实践与意识关系的上述理解使我们看到教育实践与教师专业自主意识存在密切的关系。教师的教育行为总是在具体的教育实践情境中展开的，并实现着对教育意义的理解和追求。这样的实践总是呼唤着实践主体的强烈意向性。在具体的教育实践中，这种意向性就是教师所拥有的教育意识指向，是教师自主性或主体性的真实呈现。例如，教师表现出"诲人不倦"的高尚责任感表明教师拥有引导学生追求真、善、美的强烈意向。这种意向性充分地反映出一个教师明确的教育意识。

---

① 王长纯、宁虹：《建设教师发展学校的思考——重新理解教育、重新发现教师、重新认识学校》，《中国教育报》，2001-09-22。

② 张能为：《理解的实践》，北京：人民出版社，2002年，第143页。

教师的专业自主意识决定了教育情境事件的重要意义。例如，在课堂上，教师如果对学生不良行为的制止是出于友善的，那么学生们会感觉到教师的亲切。[①] 我们必须肯定教师专业自主意识在教育实践中的巨大作用。学士后教师教育必须立足于教育实践的情境提升教师的专业自主意识。

(二)学士后教师教育的根本转向：从知识到意识

学士后教师教育必须打破以往传统认识论和技术理性的支配，超越教师是"技术工"的定位，重视教师作为独立个体的存在体验。教师教育实践环境的丰富性、整体性和复杂性使教师"个人实践知识"的价值与意义日益凸显，使学士后教师教育不仅要"引向外部"，更要"引向内部"，帮助教师发现或恢复属于自己的生活世界。具体来说，就是关注教师专业意识的养成。

由于教师实践知识并非传统概念中的"知识"，而是包含了教师实践智慧和实践能力的综合体，这种知识在很大程度上不能用语言清晰地表述，因此也被称为默会知识（tacit knowledge）。[②] 这种知识中所蕴含的教育意识只能由教师在教育情境中去领悟和体验。学士后教师教育必须重视教师个人知识的实践形态。如果我们关注教育实践的意义，那么对于教师个人实践知识的理解就可能会深入到意识层面。因为教师对教育意义的清醒意识关系到教育的实践目的能否得到真正实现。对于那些专业意识强的教师来说，其教育行为总是有着明确的指向性，即使是教学生活中的一个细节，他也能触摸到其中的教育意义。例如，某数学特级教师在教室黑板的两侧总是挂着条幅："神圣的课堂永远安静；明亮的教室永远干净。"他相信，数学的学习需要冷静而深刻的思考，静谧的气氛能够使学生进行深入

---

① ［意］亚米契斯著，夏丏尊译：《爱的教育》，上海：华东师范大学出版社，1995年，第3页。
② 石中英：《知识转型与教育改革》，北京：教育科学出版社，2001年，第222页。

的思考。① 这位教师的数学课自然而然地体现出了教育的意义。教师教育意识的自觉对其教育行动具有根本的、原初的意义，学士后教师教育要关注教师自觉意识的养成。从强调知识传递到关注专业意识养成，正是教师教育摆脱传统认识论和技术理性支配的根本性转变。当然，这样做并不是否定知识教育，而是强调不能把知识传递作为学士后教师教育的根本，要将知识作为养成教师教育意识品质的媒介。

三、关注教师的境域感悟，升华其专业自觉

学士后教师教育要关注教师在实践境域中的感悟，唤醒教师的专业自觉。事实上，人的自主是发生性的，只有教师从内心深处完全投入教育实践生活中，他的经验才可能升华为教育意识。

基于上述思考，我们在教育硕士试点班中尝试进行了一系列课程与教学改革。例如，请学员回忆任教以来体验到的庄严与幸福时刻，希望以此唤醒他们对教育的自觉意识。一位语文教师谈道：

那是 2001 年的春天，时值期中考试前夕，那时我对学生倾注了自己的全部心血，总想让学生考出好成绩，每天督促学生学习，现在想来有点过了头，但当时却没有感觉到，所以与学生的关系也有点紧张。其间，我去杭州参加了语文教学观摩学习。学习结束了，对工作和家庭的牵挂使自己归心似箭。中午在家略作休息，下午我就去了学校，刚好第一节是语文课，我和代课老师说了一下就回到了久违的教室。万万没想到，当我刚刚探身进去，安静的教室里突然爆发出一阵狂呼，所有的同学都兴奋地叫着，使劲地鼓掌，小脸蛋儿通红通红的，脸上满是兴奋与欢欣。我当时简直有点不知所措。

---

① 孙维刚：《孙维刚谈全班 55％ 怎样考上北大考上清华》，长春：北方妇女儿童出版社，1999 年，第 55 页。

没想到他们竟然会以这样的方式来欢迎我。我的泪水汩汩而下，我深深地被学生的真情打动了，为人师的幸福感在那一刻前所未有地充溢着我的心胸。那一刻是我最幸福的时刻，也是我最庄严的时刻。①

这则故事真实地呈现出一位教师的幸福感，他对教育的理解也是十分具体而生动的。事实上，教师在实践境域中生成的教育觉察力就是其专业意识生成的一种显现，正是在教育实践现场显现教育觉察力、判断力和教育行动力，而其中最重要的是在意识层面上热爱教育、热爱学科、热爱学生的高尚品质。教师的专业意识就是一种教育觉察与敏感，他要善于从熟悉事件中唤醒深层次的认识，从可见现象里看见不可见的问题。

对教师而言，虽然每天的教学生活貌似重复，但实际上的情形是每一次的重复都是一次重新开始。就像赫拉克利特所说的：一个人不能两次踏入同一条河流。教师只有在教育实践境域中才能真正体悟教育之道，而这种道的力量是柔性的，是造福教师和学生的。

学士后教师专业发展的生命力只存在于、发展于教育发生的地方。一切为了教师专业发展的教师教育理论与实践都应该着眼于教师的实践境域。经过近两年来学士后教师教育改革的探索，我们在观念和实践上形成了以下共识。

其一，在观念上尊重教育的实践逻辑。法国学者布迪厄指出：实践有一种逻辑，一种不是逻辑的逻辑；实践逻辑的许多特性源自这样一个事实，逻辑学上称为论域的东西在实践逻辑中处于实践状态。② 石中英把各种教育实践共同分享和遵守的一般形式、结构或内在法则称为"教育实践的逻辑"，并且认为这种教育实践的逻辑既非一种纯粹观念的存在，也非

---

① 摘自首都师范大学教育科学学院宁虹教授主讲的"教的艺术与哲学"2007级教育硕士班的学生作业。作者为北京丰台二中杨勇学老师。该文在收录本文时有所删节。该班依托于首都师范大学教育科学学院教师发展学校建设项目，尝试着对学士后教师教育课程进行了系列改革。

② ［法］皮埃尔·布迪厄著，蒋梓骅译：《实践感》，南京：译林出版社，2003年，第133—135页。

一种纯粹实体的存在，而是一种介于二者之间或兼容主观性与客观性的文化的存在。① 如果我们充分意识到教育的实践逻辑，就能够看到"实践活动有一个内在的而不能排除的显著特征，那就是与它俱在的不确定性"，即"实践活动所涉及的乃是一些个别的和独特的情境，而这些情境永不确切重复，因而对它们也不可能完全加以确定。而且一切活动常是变化不定的"②。因此，面对具体、复杂的而且不确定的实践情境，作为教育工作者必须充分地尊重其内在的实践逻辑，并以此为依据重新设计并组织教学内容。

其二，在行动上尊重中小学教师在教育实践中的真实体验。一旦从观念上确立了学士后教师教育的实践立场，也就意味着我们在教师教育实践中承认中小学教师在具体的教育实践情境中形成的教育经验、体验和理解。而这些正是中小学教师参与学士后教师教育过程的"前见"或"前理解"。我们如果尊重和把握这些中小学教师对教育拥有的"前理解"，就能够在教师教育过程中关注到中小学教师的实践感与实践意识，也就有助于提升学士后教师教育的实施效果，进而满足在职教师的学习期待。当然，丰富的教育实践感悟不能自发地产生教育理论。真正的教育实践问题研究除了实践经验的基础之外，必须有深厚的教育理论滋养。因此，学士后教师教育不能仅仅满足于教师的体验式感悟，而是在此基础上致力于提高中小学教师的教育判断力、理论敏感性，进而提升其反思教育教学活动的自觉意识。

总之，实践取向的学士后教师专业发展和教师教育就是唤醒教师那种强烈的教育意识，以此体悟课堂生活的原本经验。如果教师体悟到教育的生命力，就能以此唤发出学生们原发的健康的活力，与此同时，教师也就能把自己从外在的压制力量中解放出来。这也许是教师专业自主的真谛所在。

---

① 石中英：《教育实践的逻辑》，《教育研究》，2006年第1期，第3—9页。
② ［美］杜威著，傅统先译：《确定性的寻求——关于知行关系的研究》，上海：上海人民出版社，2004年，第4页。

实践取向的教育硕士课程建设①

　　《实践取向的教育硕士课程建设》的写作意图，依然坚守实践哲学立场，并着力于从课程建设角度对于硕士水平的专业教师培养做出进一步的理论阐释。2009 年首都师范大学作为全国首批全日制教育专业硕士生招生单位，开始文理硕士生起点的全日制教育专业硕士生培养工作。从中国师范教育史的视角看，这是一件具有历史意义的标志性事件。加之首都师范大学自 2000 年开始探索"教师发展学校"(TDS)项目，已经深刻意识到大学培养硕士水平专业教师的迫切性。我有幸参与宁虹教授组建的全日制教育专业生试点班导师团队，因此探索教育专业硕士生课程建设是工作使然，其间顺利申报了北京市社科项目"深化大学与中小学的合作，探索教师专业自主发展的新模式"(项目编号：SM200910028015)。

　　根据国务院学位委员会 1996 年 4 月通过的设置教育硕士专业学位决议，一些师范大学于 1997 年开始面向在职中小学教师的招生试点工作。经过十几年的发展，教育硕士专业学位教育已经取得了令人瞩目的成绩，也得到了各级教育行政部门、中小学领导及中小学教师的普遍关注，招生人数逐年增加。然而，其存在的问题也是不容忽视的。笔者多年来一直承担教育硕士专业学位必修课程的教学工作，与攻读教育硕士专业学位的中小学教师有广泛的接触，深切感受到他们的辛苦与期待。一方面，这些学

---

　　① 本文以题名《实践取向的教育硕士课程建设》刊于《中国教育学刊》2009 年第 12 期，文中内容略有改动。本文系北京市教育社科项目"深化大学与中小学的合作，探索教师专业自主发展的新模式"(项目编号：SM200910028015)的阶段性研究成果。

员很珍惜重返大学校园进修的机会，刻苦学习；另一方面，课程设置缺乏专业特色，并且与教育实践联系不够，学员们多为"学分"和"学位"而忙碌，学位论文的质量不尽如人意。造成这一状况的原因或许是多方面的，但是课程建设中对教育硕士学位专业性缺乏深刻的理解可能是关键问题，而对于专业性的理解，首先在于对教育实践逻辑特殊性的把握上。

一、教育硕士课程之困境：专业性质的缺失

根据教育硕士专业学位招生文件的相关规定，教育硕士专业学位是具有特定教育职业背景的专业性学位，主要培养高层次的中小学教学与管理人员，以促进我国基础教育水平的提高。培养方式是以学位课程学习为主的在职兼读。从招生对象上看，学员可能有不同的学科背景，但是其特定的职业背景决定了他们共同的专业就是"教育"。从教育硕士专业学位的特点看，它具有鲜明的职业性和实践性特征，与教育学硕士学位相比，它是一种具有特定专业取向的学位。具体而言，教育硕士专业学位是一种职业性学位，在我国也被称为"专业学位"，而教育学硕士学位则是一种学术性学位，也被称为"科学学位"。两者虽然在学位层次上相同，但是在培养目标、培养方式及学位论文的要求方面都有所不同。教育硕士作为一种专业性学位，其培养目标主要是提升在职中小学教学与管理人员的专业水平，也就是提高他们运用所学理论知识解决教育实践问题的能力，其培养方式主要以课程(公共课和专业课)学习为主，同时也要求撰写学位论文，但必须结合本专业的实践来撰写，这种论文属于应用性学位论文；教育学硕士作为一种学术性学位，着眼于培养从事教育理论研究的专门人才，其培养方式以研究性学习为主，最后以研究论文为主要成果，其学位论文强调学术性和理论性，这类论文属于学术性学位论文。

鉴于教育硕士专业学位的上述特点，若要突出教育硕士培养目标中的专业性质，培养方案和课程设置就要充分考虑到教育实践的特殊性质。但

是，从目前我国教育硕士培养的实际情况看，教育硕士专业学位培养方案的课程设置中并未充分反映其学位的特殊性质。通过教育硕士专业学科教学(数学)方向和课程与教学论专业(数学教育方向)硕士研究生课程设置的对照表(见表1)[①]，我们可以看出，在教育硕士专业学位教育的培养目标中，其专业性质即教育实践特质并未在课程设置中很好地落实。

表1　课程设置对照表

课程名称	课时	教育硕士专业学科教学(教学)学分	课程与教学论专业(数学教育方向)学分	比较结果
政治★	90	3	4	课程相同　学分不同
外语★(含专业外语)	216	5	6	课程相同　学分不同
教育学原理★	36	3	2	课程相同　学分不同
教育心理学★	54	3	3	完全相同
教育技术学★	54	3	3	完全相同
教育科学研究方法★	36	3	2	课程相同　学分不同
数学教学论	54	3	3	完全相同
现代数学概览	54	3	3	完全相同
现代数学与中学数学	54	3	3	完全相同
中学数学教学研究数学教学论	54	3 中学数学教学研究	3 数学教学论	相似

注：★代表公共课。

在表1中，我们从课程名称上很少看见教育硕士与教育学硕士的专业差异，与理论相关的课程偏重，而与实践相关的课程比重相当小。当然，

---

　　① 朱新根：《论教育硕士课程设置及其建设》，《清华大学教育研究》，2006年第4期，第113—116页。

硕士研究生的培养，理论课程存在的必要性是不言而喻的，关键是如何反映出教育硕士专业学位的专业性质或实践性质。也许在教育硕士班的教学过程中，授课教师可能会引用案例来阐释理论，但是这种讲述也多是遵循实证科学的分析思路，注重分析事件的细节和特征，而忽视对教育实践本身的理论解释。也就是说，现有的教育硕士学位课程中，教育理论课程多是"关于教育"的宏大叙事研究，而对教育实践本身的研究相当缺乏。这样的教育理论课程很难与中小学的教育实践真正联系起来，这也就在一定程度上造成了理论学习与教育实践的分离。

其实，这些教育硕士生都来自教学一线，他们在实践中积累了许多问题与困惑，渴望通过进一步的学习来解惑。与此同时，课程中多是一些具有普遍性、规律性、原则性的知识，教育的一切都已经被高度概括化了，与丰富而复杂的教育实践相去甚远。中小学教师无法就实践情境问题与教育理论进行深入的对话，教育硕士学位教育的专业性质也就无从体现。正是由于现有的教育硕士学位课程对"教育实践"的特殊性关注不足，教育硕士专业学位理论课程设置与实施中难以真正落实教育理论联系实际。这些问题在教育硕士生进入学位论文研究阶段就愈发凸显。

从教育硕士生的学习状况和学位论文水平看，教育硕士专业学位课程建设的改革已经变得十分迫切。我们有必要基于对教育实践逻辑的把握，深刻理解教育硕士学位的专业内涵，并在此基础上重新处理好理论联系实际的关系，推动教育硕士学位课程建设取得实质性进展。

二、认识教育实践的逻辑，理解教育硕士专业学位的专业意蕴

教育硕士专业学位的设置不是以学科为依据，而是以教育专业为依据，其培养方向有明确的教育实践归属。如何理解教师的教育实践？这是教育硕士专业学位课程建设中面临的首要问题。只有对教育实践逻辑的特殊性给予足够的关注，才能在教育硕士专业学位课程建设中真正做到教育

理论联系实际。

诚然，谈论实践的逻辑不是一件容易的事。法国学者布迪厄早就承认实践有一种逻辑，一种不是逻辑的逻辑；实践逻辑的许多特性源自这样一个事实，逻辑学上称为论域的东西在实践逻辑中处于实践状态。[①] 在教育学界，英国学者卡尔较早地提出了"教育实践的逻辑"的概念，他意在强调有关教育实践的"理论图式"的特殊性。卡尔批评了教育学界偏爱教育理论而不愿理解教育实践，致使人们对教育实践的理解还停留在常识水平。[②] 我国学者自 20 世纪 90 年代开始关注教育实践与教育理论之间的逻辑差异，其中也不乏真知灼见。陈桂生教授就曾提醒我们关注教育理论与教育实践之间的逻辑鸿沟。[③] 在此基础上，石中英把各种教育实践共同分享和遵守的一般形式、结构或内在法则称为"教育实践的逻辑"，并且认为这种教育实践的逻辑既非一种纯粹观念的存在，也非一种纯粹实体的存在，而是一种介于二者之间或兼容主观性与客观性的文化的存在。[④] 由此可见，这种实践的逻辑包括思想、信念、言语、表情、行为等，它从整体上支配着一个教师的教育实践活动。上述这些研究成果使我们看到"教育实践"的特殊性质，也构成了我们理解教育硕士学位专业性质的思想资源。

通常情况下，虽然教育理论工作者和教育实践工作者都谈及"教育实践"，但是彼此关注的视域不同。作为中小学教师的教育硕士生，他们虽然置身于教育实践情境中，拥有丰富的"实践感"[⑤]，但是他们很少把"实践"作为一个研究主题来对待，而比较多地关注实践中的操作性问题和细节特征。而教育理论工作者身处实践情境之外，与实践本身存在时间、空

---

① ［法］皮埃尔·布迪厄著，蒋梓骅译：《实践感》，南京：译林出版社，2003 年，第 133－135 页。

② ［英］卡尔著，温明丽译：《新教学学》，台北：师大书苑，1996 年，第 94 页。

③ 陈桂生：《"教育学视界"辨析》，上海：华东师范大学出版社，1997 年，第 463－464 页。

④ 石中英：《教育实践的逻辑》，《教育研究》，2006 年第 1 期，第 3－9 页。

⑤ ［法］皮埃尔·布迪厄著，蒋梓骅译：《实践感》，南京：译林出版社，2003 年，第 101 页。

间乃至情感上的距离。理论工作者在实践情境之外关注教育实践，实践本身就容易被符号化、客观化、对象化。这一种"话语中的实践"已非"实践着的实践"。[①] 这就造成两种"教育实践"之间的隔膜，各说各的话语，难以真正沟通。由于我们缺乏对教育实践逻辑的认识，教育硕士专业学位理论课程中的"教育实践"也只是一种"话语中的实践"，与中小学教师心目中的"教育实践"相去甚远。因此，教育硕士生学习理论课如同"隔靴搔痒"，他们的学位论文水平也就差强人意了。事实上，如果缺乏从教育实践的角度对教育硕士专业学位课程建设进行上位思考，单纯地进行课程内容的增减、教学方式的改变，都不能解决教育硕士课程中存在的根本问题。

诚然，为了突出教育硕士生的职业特点，在现行的培养方案和课程建设过程中，我们也一直强调理论联系实际，但是往往过于简单地理解理论与实践的联系，以为教材中多一些案例、教学多进入中小学现场就是理论联系实际了。其实，马克思主义的"理论联系实际"原则既针对教条主义，也针对经验主义，而流行的"理论联系实际"观念往往只把锋芒指向教条主义，有时甚至把科学的基本理论当成教条主义加以排斥，从而为狭隘的经验主义张目，实际上则以狭隘的经验主义原则冒充"理论联系实际"原则。[②] 因此，我们若能够立足于教育实践逻辑的视角，重新理解教育理论与教育实践的关系，也是为确立实践取向的教育硕士专业学位课程建设准备了理论基础。

一旦认可教育实践逻辑是一种特殊的综合的文化存在，就意味着承认教育实践有自己的内在规则，既受到实践者个人因素的影响，也受到历史与现实境遇等诸多因素的影响。教育实践终归是中小学教师的实践。任何对教育实践行为的外在观察、描述与分析等理论都不足以反映其内涵实质。这样的理论既不能对教育实践产生解释的效力，更谈不上指导实践。

---

① 石中英：《教育实践的逻辑》，《教育研究》，2006年第1期，第3—9页。
② 陈桂生：《教育学辨》，福州：福建教育出版社，1998年，第347页。

因此，我们要做到理论联系实际，就要时刻想着尊重实践的逻辑，然后才能够理解实践、解释实践和服务实践，这才是充分体现对教育硕士学位专业性的深刻理解。

在教育硕士专业学位课程建设方面一定要凸显专业性质，这就意味着要正视教育实践的逻辑特征，强调"理论回归实践"，依据教育实践的内在法则建设课程体系。同时，我们也绝不会因为强调其实践性质而削弱和动摇研究生教育的学术责任。我们在此明确表明的仅是一种坚持"实践取向"的课程建设态度。

三、确立教育硕士课程建设的实践取向

基于上述理解，教育硕士专业学位的专业性就在于它是属于实践、由于实践和为着实践的。对于来自教学一线的教育硕士生来说，他们共同的职业就是教师。教育硕士专业学位教育的培养目标就是培养教育实践领域中的专家型教师。那么，怎样的课程才能产生预期的效果呢？

（一）尊重教育硕士生的"前见"，提升其理论敏感性

根据教育硕士专业学位招生规定，教育硕士生的入学条件之一是至少有三年的中小学实践经验。因此，这些教育硕士生与那些从本科生直接成为研究生的教育学硕士生相比，有着得天独厚的实践体验和强烈的"实践意向"，与普通教师相比，他们又有着强烈的专业发展追求。要充分认识到教育实践逻辑的存在，我们就必须承认中小学教师在具体的教育实践情境中形成的教育经验、体验和理解，这些都构成了教育硕士生学习的"前见"或"前理解"，也构成了教育硕士课程建设中"活"的资源。如果我们能够尊重和把握这些学员对教育拥有的"前理解"，就有助于提升教育硕士专业学位课程实施效果，进而保证其教育质量。

辩证地看，教育硕士生虽然具备了丰富的教育教学经验，也可能习惯性地沉于日常的实践事务中，对很多教育现象熟视无睹，这就容易忽略其

中蕴含新思想的事件或行为。中小学教师的职业经验使得他们比较关注"做什么"和"怎么做"，而对于"是什么"则缺乏深刻理解。所以，丰富的教育实践感悟不能自发地产生教育理论。真正的教育实践问题研究除了实践经验的基础之外，必须有深厚的教育理论滋养。我们必须让中小学教师生长某些素质，而不是掌握某些知识，以便将来他可以帮助他的学生们生长这些素质。① 这些素质可以集中表现为进行教育研究的问题意识和理论态度。因此，教育硕士专业学位课程的教育价值在于提高中小学教师的教育判断力、理论敏感性，进而提升其反思教育教学活动的自觉意识。一旦这些教师能够从理论层面反思他们的教学实践，将是他们朝向专业发展迈出的一大步。因为教师在教学实践中的功力不是方法或技巧，而是教育的敏感性与洞察力。教育硕士生在多年的教育实践过程中，由于从事分科教学已经具备了学科的视域，但是教育的视域多停留在经验层次，他们也常常凭借经验或直觉来处理实践情境中的问题。与此同时，师范院校一般依靠专业理论来组织专业，各个专业形成不同的院系，而这些过于分化的专业理论都与中小学的教育实践世界失去了联系。因此，教育硕士的理论课程应重点研究教育的根本性问题，以提升学员对教育问题的觉察力，而不是简单地把学员视为教育理论知识的"填充"容器。只有经过严格的教育理论训练，他们才可能拥有一种"教育理论"的眼光，即能够以严格的科学态度对待教育行动研究，他们的日常教育和教学工作也因此上升为一种自觉的教育行动，而不是经验式的重复。

(二)加强大学教师的实践意识，提升课程的品质

任何课程都没有抽象的教育价值。如果不考虑课程实施中的有效教学，任何课程所具备的固有价值都无法真正体现。从这个意义上看，"教师即课程"这一命题确实有合理性的一面。也许这一命题的提出最初着眼

---

① 杨启亮：《问题与对策：关注教师素质的教育硕士课程建设》，《江苏教育学院学报(社会科学版)》，2001 年第 5 期，第 19—21 页。

于基础教育课程领域。其实，在大学的课程建设中，授课教师与课程品质的关系可能更为密切。

虽然为了规范教育硕士培养，全国教育硕士专业学位教学指导委员会《教育硕士教学大纲》拟定了教育硕士专业学位参考性培养方案，招收教育硕士的各师范院校也制定出各专业的培养方案，但是大学教师在课程实施过程中还是拥有比较高的自主权，这一点远远高于中小学教师。因此，从培养方案的落实、课程目标的实现、教学大纲的执行、教材的选取、教学内容的组织等诸多方面看，大学任课教师如何理解教育实践的逻辑，如何重新理解理论与实践的关系，这些都直接决定课程的品质。然而，教学的现状不容乐观。长期以来，大学教师倾向于信奉教育理论对实践的指导，在教学过程中也可能自觉或不自觉地流露出一种"居高临下"的优越感。当教育理论的逻辑与实践的逻辑发生冲突的时候，大学教师常常以理论的逻辑来裁剪教育实践的内容。

针对教育硕士培养目标的专业性质，大学任课教师对于教育实践的特征必须形成深刻的理解。如果大学教师能够意识到教育实践的特殊性，就能够看到"实践活动有一个内在的而不能排除的显著特征，那就是与它俱在的不确定性"，即"实践活动所涉及的乃是一些个别的和独特的情境，而这些情境永不确切重复，因而对它们也不可能完全加以确定。而且一切活动常是变化不定的"①。面对具体、复杂的而且不确定的实践情境，作为理论研究者的大学教师必须充分地尊重其内在的实践逻辑，并以此为依据重新设计并组织教学内容。这样的课堂才能够关注到中小学教师的实践感与实践意识。这也要求从事教育硕士学位课程教学的大学教师深入实践现场，并能够对教育理论联系实际或指导实践有一个新的理解。

总之，随着教育硕士专业学位研究生培养规模的不断扩大，如何切实

---

① ［美］杜威著，傅统先译：《确定性的寻求——关于知行关系的研究》，上海：上海人民出版社，2004年，第4页。

提高其教育质量、有效促进教师专业发展并服务于基础教育改革是值得我们深思的问题。针对教育硕士专业学位的专业性质，我们只有确立实践取向的课程建设理念，才能真正提高教育硕士的理论水平和解决实际教育、教学问题的能力，进而推动"专业学位"研究生培养质量的可持续发展。

经验、体验与公共教育学

——现象学视野中的高师公共教育学教学改革①

《经验、体验与公共教育学现象——现象学视野中的高师公共教育学教学改革》写作缘由是我担任本科师范生"教育学基础"课程的教学感悟。本文发表时间是 2007 年，当时我的工作单位还称为首都师范大学教育科学学院。其实，无论是首师大教育科学学院，还是首师大教育学院，无论名称如何变化，我和我的同事们实质上一直承担面向全校师范生的教育学公共课教学任务。诚然，随着我所在团队在教师教育研究领域的推进，尤其是基于现象学哲学资源及现象学教育学的研究心得，我们清晰地认识到"教育学公共课"是习惯说法，从根本上说，面向本科师范生的教育学教学从课程属性上看是教育专业基础课，其宗旨是培养职前教师的教育专业意识，由此也构成教育学课程与教学改革的内在驱动力。

对于高师的公共教育学课程而言，教育学的实践性质决定了它的教学目标之一就是引领未来教师分享对教育问题的"识见"——教育的意义是什么？而与"意义"相对照的自然是"做法"，是把它指向"生存"，即人的此在，表现为经验、体验。因此，我们立足于现象学和哲学解释学的视角重新审视高师的公共课教育学课程，在教育学公共课的改革方面着力于挖掘人（职后教师和职前教师）在教育生活中的经验和体验，并以此为基础来帮

---

① 本文以题名《经验、体验与公共教育学——现象学视野中的高师公共教育学教学改革》刊于《教师教育研究》2007 年第 6 期，文中内容略有改动。

助师范生从中深刻地理解教育的意义。

一、师范生分享教师故事中的教育经验

虽然师范生非常想了解教师的教育实践，但是他们又不喜欢教科书中的"死例子"。因为教科书中的案例是实证科学的分析逻辑，关注对特定事件进行经验性的概括，公文式的分析性陈述，或功能关系的建造。[①] 而教师之教是一种实践，根据实践哲学的观点，"人的实践行为是无法用理论理性加以处理的，因为它超出人们用科学方法论所能解决的领域和范围"[②]。

那么，谁能清晰地表达教师的实践？教师的"自我叙述"可能是一种有效的陈述方式。"人类经验基本上是故事经验；人类不仅依赖故事而生，而且是故事的组织者。"[③]教师陈述他（或她）自己的教育活动方式，对教育的理解、对自己成长经历的喜恶，都通过其叙述的故事表达出来。"写得好的故事接近经验，因为它们是人类经验的表述，同时它们也接近理论，因为它们给出的叙事对参与者和读者有教育意义。"[④]教师的故事呈现了"此在"的教师是如何"存在"的，让师范生了解不同教师的生活方式和生存状态，由此也可能改变他们对教师职业的理解，进而影响他们对教育意义的理解。

为了获得中小学教师的教育故事，我们借助于首都师范大学教育科学学院"教师发展学校"（Teacher Development School，TDS)项目的资源，通过耐心细致的"田野工作"，采集中小学教师的经验故事。在与中小学教师的交流过程中，我们鼓励合作伙伴用他们熟悉的语言把自己的做法和想法叙述出来，即呈现出一个个生动的教育故事。在此，呈现一则由中学教师

---

① [加]马克斯·范梅南著，宋广文等译：《生活体验研究——人文科学视野中的教育学》，北京：教育科学出版社，2003 年，第 26—27 页。

② 张能为：《理解的实践》，北京：人民出版社，2002 年，第 99 页。

③ 丁钢：《教育经验的理论方式》，《教育研究》，2003 年第 2 期，第 22—27 页。

④ 同上。

提供的故事。

抓住时机开发的写作素材

记得那天是愚人节，因为我对"洋节日"不太关注，学生们抓住了我的这个心理，课间时有的同学说："老师，您头发上有片树叶。"我摸了一下，没有呀。接着又有一个同学说："哎呀，老师，您的鞋带开了。"正当我低下头时，他们开心地笑了起来。这时，我才隐约记起好像有人说过愚人节的事，我不禁也被这帮淘气的学生逗笑了，我决定一会儿上课时也和他们开个小玩笑。上课时，我神色凝重地向同学们宣布，我即将调到很远的一所学校。学生们一开始并不相信。后来，我认真地把新学校的地址和电话都写在黑板上，并让他们一定要经常和我联系，还说我会很想他们的。然后，我用伤感的语调回忆和他们在一起的一个个有趣的生活片段，感谢他们给了我这么多快乐的记忆……这时，全班同学都相信了，纷纷流下了眼泪，还有的同学哭出了声。此时，我也禁不住被他们的真情打动，流下了热泪，同时又忍不住笑了起来。这下，同学们明白了怎么回事，也都破涕为笑。这件事后来被很多同学写入作文，成为他们津津乐道的一件事。

有的学生在作文中写道："……老师说得跟真的一样，真是有鼻子有眼的，同学们就这样'上钩了'。有些同学低下头大哭了起来，我的泪水也不由自主地流了下来，老师也悄悄擦眼泪。我知道，老师是因为看到学生们如此热爱她而流下激动的泪。杨老师，您为什么要走呢？我们喜欢您上课，喜欢和您在一起，难道您没觉得，在您上课时我们都很高兴，自从您教了我们，我们的成绩有了很大的进步……"

让中小学教师把他们的教育经验以故事的形式写出来，实际上就是作者与读者从中体会教育的意义。当我们把这些教师的亲历故事呈现在师范大学公共教育学的课堂上，立刻引发师范生的共鸣，这些来自中小学教师的经验叙事在课堂上产生了神奇的效果。故事帮助师范生重新发现教育情境中人与人之间——学生与教师之间的密切关系。他们围绕这些教育故事开展更广泛的交流，深入探讨的话题是：教学机智对教师意味着什么。

中小学教师的故事生动地诠释了教育智慧的意蕴。教师与学生们一起分享生活的快乐的同时，凭借其职业的敏感性把课堂上发生的偶然事件转化为教育契机——为学生们开发新的写作素材。中小学教师的课程生活叙事让师范生真正理解了教学的本义。正如范梅南所说："在教学当中，常常是那些不稳定的、不连续的、变化不定的时刻需要某种无法计划的机智的行动。"[①]可见，教育的意义或教学的本质并不存在于枯燥的理论讲述中，也不存在于理论的应用中，而是在师范生对教师经验叙事的解读中。

二、师范生在自己的故事中反思教育生活

作为一名大学生，从童年到长大成人会遭遇很多事情，这些都成为他的人生经验。在这些经验中，有的是纯经历型，即一个人只是经历了这件事，从中获得一些常识或技能，有的经验则使人从中获得对生活意义的理解，丰富人对生活世界的情感。这种经验也可以称为体验。体验是经验的一种特殊形态，是经验中蕴含意义、情感和个性色彩的那些部分，是对价值的叩问。[②] 在德国哲学家伽达默尔看来，"'体验'一词的构造以两个方面的意义为根据：一方面是直接性，这种直接性先于所有解释、处理或传达而存在，并且只是为解释提供线索、为创作提供素材；另一方面是由直接性中获得的收获，即直接留存下来的结果"[③]。如果说科学与人的经验的关系密切，那么，教育则与人的体验有更密切的关系，因为教育关乎人对生命意义、生活意义的追问。不仅与人的知识相关，更与人的情感世界相连。

---

① ［加］马克斯·范梅南著，李树英译：《教学机智——教育智慧的意蕴》，北京：教育科学出版社，2001年，第191页。

② 童庆炳：《经验、体验与文学》，《北京师范大学学报（人文社会科学版）》，2000年第1期，第92—99页。

③ ［德］伽达默尔著，洪汉鼎译：《真理与方法》，上海：上海译文出版社，2004年，第79页。

教育关注人的体验，而人的体验也是通过人的故事讲述表现出来的。从某种意义上说，人就是在故事中成长。在讲故事的过程中，我们感受自己的力量，反思自己的经历。[①] 师范生虽然没有当教师的经验，但是每个人都有在中小学生活的体验。凡是能被称为体验的东西，都是在回忆中建立起来的。因此，我们坚持现象学"回到事情本身"的态度和立场，让师范生回忆他们自己的学校生活体验故事，以此呈现一个真实的教育生活世界，即以故事的形式将自己在中小学的课堂生活体验真实再现。这些故事所呈现的学习体验没有被概念化，因而是生动、丰富和完整的"教"。学生眼中的"教"才是实现教育意义之教。下面的故事摘自一位大学生的课堂学习随笔。

语文课里的《红楼梦》

从小到大，就一直未脱离过语文课，但最令我触动的是高三时上过的一堂语文课。在紧张、枯燥的高三学习过程中，我的语文老师决定丢弃语文课本，花一个月的时间给我们串讲《红楼梦》及其中的诗词。上课那天，老师什么也没带，把手插在兜里，潇洒地进了课堂。他拿着粉笔开始写了一大黑板的字，其中有《红楼梦》的经典诗词，还有人物关系网络。随后，他照着人物关系图简略地讲述了故事梗概，并讲了每个人物的个性、特点及发生在主要人物身上的经典故事，还有描绘该人物的经典话语。为了让我们记住诗词，他还给我们唱出来，虽然他没有磁带里的歌手唱得好听，但他那独特的嗓音却让我至今难忘。在紧张的学习中，我还是看了一遍《红楼梦》，虽然我曾经看过，但没有这次看得那么有兴致。

在高师公共教育学课堂上，我们让学生们回忆他们至今难以忘怀的一节课，并以故事的形式呈现。这些故事是对特定课堂学习生活体验的一种本真描述，它们以一种更加深刻或充分的方式向我们呈现了教师之

---

① 鞠玉翠：《走近教师的生活世界》，上海：复旦大学出版社，2004 年，第 10 页。

"教"的丰富内涵，也直观地呈现了教育意义的本质。

对于每一位师范生来说，缺乏的不是故事，而是回忆和反思，即激活或唤醒他们过去的课堂生活体验。因此，我们鼓励师范生写自己在学校生活的体验故事。师范生在回忆过去学校生活体验的时候，他的头脑中聚集了对教育生活的各种理解，这是一种本体论上对教育的探寻，探寻教师之"教"带给一位学生怎样的内心感受。从现象学教育学视角来看，基于生活体验的写作，其本身就是一种反思活动。为了写作，我们必须思考，"写作使我们对世界的体验抽象化，又使我们对世界的理解更具体"[①]。

师范生撰写自己的学校生活体验故事，并在写作过程中进行反思，其指向性是非常明确的，即对他们曾经遭遇的学校生活事件进行教育学意义上的理解。我们也把这种反思称为"教育学反思"。师范生作为职前教师，他们通过生活体验式写作进行教育学反思，这也是一种持续而稳固地探讨教育意义的方式，其源泉在根本上是不会枯竭的，它也构成了高师公共教育学课堂上鲜活的课程资源。

三、建设一门新型公共教育学的可能性

长期以来，宏大叙事的教育学话语掩盖了教育起源于生活世界的事实，鲜活的教育世界尚未真正进入高师公共教育学的课堂，我们的教材习惯于用科学概念来描述教育，遮蔽了教育的本来面目，即忘记了教育过程中的教师和学生的真实存在。尽管许多有使命感的大学教师力图通过案例教学来弥补教科书的不足，但是并未从根本上改变师范生疏远公共教育学的现状。

事实上，这种关注经验与体验的教学区别于已有的案例教学。案例教学属于知性范畴，运用实证科学的分析逻辑。而针对教育意义的问题，根

---

① ［加］马克斯·范梅南著，宋广文等译：《生活体验研究——人文科学视野中的教育学》，北京：教育科学出版社，2003年，第169页。

本不能用分析的方法去解读。对于教育意义，我们唯一能够做的只能是更好地或更深刻地理解，但怎样理解教师和理解教育呢？于是，我们尝试着从现象学和解释学的立场重构公共教育学的课程，让概念化的教育学回归活生生的教育经验世界。教师的教育经验和师范生的生活体验被引入公共教育学的课程，共同构成理解公共教育学的新视域。

当然，在重构公共教育学课程方面，对于职后教师的经验故事和职前教师的体验故事来说，两者的作用是不同的。教师的日常工作经验多是一些微不足道的偶然事件，但是其中蕴藏着具有个性色彩的教育智慧。杜威早就提醒我们注意"经验"的意义，即经验"好像它的同类语'生活'和'历史'一样，它不仅包括人们做些什么和遭遇些什么，他们追求些什么，爱些什么，相信和坚持什么，而且也包括人们是怎样活动和怎样受到反响的，他们怎样操作和遭遇，他们怎样渴望和享受，以及他们观看、信仰和想象的方式——简言之，能经验的过程"①。教师的经验故事中有教师的"生活"和"历史"，具有未予分裂的意义，这对于师范生来说是非常重要的。教师的经验故事作为公共教育学课程的文本，它不是作为工作手册向师范生传授教学技巧，而是启发师范生的教育灵感，激发其生成教育学反思意识。

相对于别人的经验而言，自己的体验则是一种价值性的认识和体悟，它要求"以身体之，以心验之"，它指向的是价值世界（意义世界）。换言之，体验与深刻的意义世界相连，它把自己置于价值世界中，去寻求、体味、创造生活的意义和诗意。②体验这一概念所具有的认识论功能在胡塞尔的现象学理论中得到认可。当然，胡塞尔的体验不同于通常的体验概念，体验统一体被理解为一种意向关系。"体验"这个意义统一体在这里也是一种目的论的统一体，只有在体验中某种东西被经历和被意指，否则就

---

① ［美］杜威著，傅统先译：《经验与自然》，南京：江苏教育出版社，2005年，第8页。
② 童庆炳：《经验、体验与文学》，《北京师范大学学报（人文社会科学版）》，2000年第1期，第92—99页。

没有体验。① 所以，师范生的学校生活体验不仅构成了他们关于教育和教育学的一切知识的认识论基础，也构成了他们理解教育意义的目的论统一体。伽达默尔认为："理解不属于主体的行为方式，而是此在本身的存在方式。"②换言之，理解是人自身存在本质的一种解释，这是伽达默尔继承的海德格尔解释学思想。③ 师范生对教育意义或教育实践的任何理解都是在一定历史中一定条件下的具体的"解释学情境"中进行的，这些都和他们本身的各种因素密不可分，师范生理解教育学的前提条件是对教育的前理解，即他们总是带着自己的视域来理解教育学理论。根据伽达默尔的"视域融合"观点，师范生理解教育意义、理解教师存在的意义正是不同视域的交融过程。师范生对教育、对教育学的理解在视域的不断融合、不断拓展中向前行进，这就决定了对教育意义的理解是一项开放的、无限的事业。这也是公共教育学作为一门教师教育课程应有的专业使命。

伽达默尔指出："由于生命客观化于意义构成物中，因而一切对意义的理解，就是'一种返回，即由生命的客观化物返回到它们由之产生的富有生命的生命性中'。"④因此，把师范生对于教育生活世界的体验呈现出来，这正是给他们搭建一个理解教育意义的生活基础，即提供理解教育的前理解。教科书中概念化的教育学明显带有冷漠的理性主义色彩，对于教育进行概念化表述的弊端之一就是生命体验的缺乏，而富有生命气息的情感体验的成长故事是学生对已往经历的教育生活的回忆，这种方式保存和恢复了个别性的结果，而不让普遍性的东西自为地出现。在回忆中不存在陌生性的、对象性的需要解释的东西，学生对教育的生命体验是整体存在着的，"这种体验统一体本身就是意义统一体"⑤。师范生有了这些对教育

---

① ［德］伽达默尔著，洪汉鼎译：《真理与方法》，上海：上海译文出版社，2004年，第85页。
② 同上书，第4页。
③ 张能为：《理解的实践》，北京：人民出版社，2002年，第43页。
④ ［德］伽达默尔著，洪汉鼎译：《真理与方法》，上海：上海译文出版社，2004年，第85页。
⑤ 同上书，第84—86页。

的生活体验作基础，对教育意义的理解就内涵于生命运动的整体中，且持续不断地伴随着他们的生命运动。生命这个概念就暗含对整体、对无限的关系，对教育的理解伴随着生命特征，其意义的整体性也是显而易见的。

通过回忆过去的学校生活，师范生体验着生命被教育规定的存在方式，他们与教育没有完结地发生着关联。所以，师范生对学校的生活体验本应是教育学研究和公共教育学课程建设与课堂教学的逻辑起点。师范生通过故事重温某种教育体验，由此摆脱了概念的束缚，使他返回他的存在整体，在这种体验中还存在着一种意义丰满，这种意义丰满不只属于特殊的体验对象和内容，而是更多地代表了生命的意义整体。总之，公共教育学的课堂应引导师范生在具体的学校生活体验中理解教育的意义，因为真正的教育、直接的教育过程就发生在教师与学生之间。

"教育研究概论"课程改革的生活体验研究①

《"教育研究概论"课程改革的生活体验研究》写作背景是在宁虹教授带领下开始探索首师大面向本科生的"教育研究方法"课程改革。在宁虹教授的指导下，本着严格科学的态度，我在自己担任教学的两个班级尝试做一些教学改革工作。在整个过程中，一是受益于宁虹教授的悉心指导，坚守大学课堂的学术导向，我带着学生一起做研究，"即学即练，即练即成"，学生沉浸在学生活动之中，由此体验真实的学术研究；二是得益于学生们的理解与支持，课堂生活是师生共同构成的，正是学生理解我的学术追求，并愿意跟我一起求索，彼此才享有真正的学术生活。

大学生的学习活动应该是其大学生活经历中的一个重要部分，但是大学生的学习生活并非只是听课、读书、考试和拿文凭，更重要的是经历一种严格的学术训练，这种学术活动的生活体验是其学术成长的难忘记忆。本研究选取大学生学术生活体验的视角，试图考察"教育研究概论"课程改革给大学生学术生活带来的深刻影响。② 作为课程设计者，要以严格的科学态度来对待教育研究，并坚持将这一基本态度贯穿课程始终。在这个意义上研究教育，就是要实事求是地尊重教育的实践性质，按"问题是否存在—在何等程度、何等范围存在—是否可以改变"的研究逻辑形成清晰明确的混合研究过程。我们期待本课程所持的严格的科学态度有助于师

---

① 本文以题名《"教育研究概论"课程改革的生活体验研究》刊于《首都师范大学学报（社会科学版）》2008 年第 5 期，文中内容略有改动。

② 在此谨向为本研究提供学习心得的中文系 2005 级和教育系 2005 级的各位同学表示衷心感谢。

范生养成一种研究的态度，培养"做"研究的素养，具有迅速进入和有效完成教育研究的能力。

因为"我们是言说的存在者"①，所以，语言是个体生命感受的一种比较贴切的表达。如果要真实地了解大学生学习"教育研究概论"课程的生活体验，我们就要关注来自学生个人的语言文本。凡是能被称为体验的东西，都是在回忆中建立起来的。② 透过大学生亲笔书写的学习心得，真实呈现大学生个体在其学术生活中成长的心路历程。

一、学术训练的生活体验：三种境界

"教育研究概论"课程的设计思路是尝试以研究过程的序列而不是方法的序列展开教育的研究及学习如何研究教育。因此，我们把学生的学术训练体验也按照过程的序列呈现。生命情境的语言表达了人在世的状态，每种体验都伴随着个体生命情境中的某种遭遇。这些关于大学生学习生活的个体叙事反映了大学生在学习研究过程中痛苦挣扎—坚持不懈—苦尽甘来的生活体验。有的学生会用"刻骨铭心"一词来表达那段难忘的人生记忆。一位大学生在叙述中用王国维在《人间词话》里说的人生必须经历的三种境界来表达她对这门课程的学习体验，这种表达也许恰如其分地反映了相当一部分学生在学术训练过程中的体验。

(一)学术训练的第一种境界：昨夜西风凋碧树，独上高楼，望尽天涯路

尽管本课程的授课对象是大学二年级的师范专业本科生，但是在本课程的起始阶段，学习任务的艰难程度远远超出这些学生以往的经验与心理承受能力。所以，他们内心的反应也是十分强烈的。

"教育研究概论"这门课一开始，老师就说过一定要以科学的态度对研

---

① ［美］帕特里夏·奥坦伯德·约翰逊著，张祥龙、林丹、朱刚译：《海德格尔》，北京：中华书局，2002年，第29页。

② ［德］伽达默尔著，洪汉鼎译：《真理与方法》，上海：上海译文出版社，2004年，第86页。

究问题进行理论界定。我遇到了许多困难，原因是我从来没这么深入地思考一个问题。后来我发现理论界定所遇到的困难只是一个开始。在以后的研究过程中，"拦路虎"一只又一只。严谨的研究过程和繁重的收集—分析资料的工作都让我很累，觉得很压抑。

在研究的初始阶段，确定研究问题需要经历一个摸索、迷惘、推翻建立的漫长的过程。从选题到写研究报告，每一步都会经过很多次的修改，却不能满意。"昨夜西风凋碧树，独上高楼，望尽天涯路"这句词表达了我刚学这门课时的茫然无助。刚开始知道被选为实验班学生，我心里还有些不太高兴，甚至到了写报告的时候还在抱怨：别的班早停课了，也没有作业，怎么我们这么累。

对研究问题进行理论界定，这是一个比较难的过程。① 因为要对自己的研究问题的实质内涵有准确的理解，这是对个人能力和理论知识储备的考验。我对这门课的感情是很复杂的，期待的同时又充满恐惧。之所以期待，是这门课非常有用，对我以后的学习研究会产生很大帮助；之所以恐惧，是因为在研究过程中每一个环节的要求都是非常严格的，每一次都有一种很痛苦的感觉。第一节课上，老师问了大量的让我们不知所措的问题。对于我们这些对学术并不怎么专心的学生来说，真是思想观念上一个极大的冲击。随后布置的大量作业都不同于我们平时的作业。这让我一开始就对老师又敬又怕。之后，我就开始了一学期漫长而又艰难的研究过程。

在课程伊始，我们就强调以严格的科学的态度对待教育研究，即要以严格的科学精神追问教育规律性质问题。正是由于对教育实践性质的基本理解，我们明确反对像研究自然科学一样研究教育问题。研究教育是为了获得对教育问题的有效解释，而不是屈从各种研究方法。作为课程设计

---

① 对于研究问题做理论界定，其难度在于宁虹教授要求"概念的清晰与明白"，因为这是研究过程中的基础性"铺路"工作。根据胡塞尔的观点，只有"概念的清晰与明白"才是"严格理论的事情"。

者，我们也相信这一崭新的课程设计理念势必冲击学生对教育和研究的传统理解。

"经由痛苦而学习"是埃斯库罗斯的名言，其中的寓意远不止吃一堑长一智这种智慧。埃斯库罗斯指向的是我们的有限性。但是，伽达默尔指出，在我们的经验中我们并不终止于什么，我们持续不断地从我们的经验中学习新的东西。在生活世界中经验就是被如此经历着。[①]"怕"在海德格尔的视域中不是个人气质，而是生存论性质，它规定着个体的此在情态。只有在由"怕"展开的世界中，可怕的东西才能接近。

虽然我们的课程在艰难中起步，但这其中正孕育着研究型教师诞生的种子。孔子在《论语·述而》中说："不愤不启，不悱不发。"孔子的经验表明：教师要重视学生的情绪状态。面临初学者的困惑，教师的及时指导与热情鼓励是他们在"学会做研究"路上前行的动力。

（二）学术训练的第二种境界：衣带渐宽终不悔，为伊消得人憔悴

事情在它起始的时候，往往孕育其本意。"研究"一词的本意就是惊奇于某种困惑，渴望获得解释的态度，而当百思不得其解又上下求索而不放弃时，研究也就成为一种锲而不舍的追求。随着本课程的深入展开，学生们被教师引入艰难的求索之路。

这次的研究过程贯穿了整个学期，占据了我学习生活的很大比重。有时候就算自己表面上好像没有做什么，但是内心依然在思考着研究的问题。时间不短，耗费的精力不少。对于以前从未经历过如此训练的我来说是一个极大的挑战。好几次我都想以备考英语六级太忙为借口把它扔一边，但在老师的鼓励下还是一步步坚持下去了，也感到了自己的进步。"衣带渐宽终不悔，为伊消得人憔悴"这句词也许能代表我学习中努力研究进取而不放弃的精神。

---

① ［德］伽达默尔、杜特著，金惠敏译：《解释学·美学·实践哲学——伽达默尔与杜特对谈录》，北京：商务印书馆，2005年，第26—27页。

有条不紊的研究给我打下了一个很好的研究基础，为以后能够进一步做教育研究打下了扎实的基础。一步步地走下来，发现我把研究的每个过程都熟记于心，这中间的每个步骤、一字一画都是我的心血，真的。所以我才可以如此地享受研究中的学习乐趣。我到职高去探查学生学习的氛围，与职高生的访谈让我了解了他们的思想，回来后再用自己所学整理归纳，这不仅是一个收获的过程，更是一个学习的过程。

虽然在学习的过程中我遇到了很多困难，当时也很烦躁、沮丧，但是经过老师的指点和鼓励，我深受启发和鼓舞。比如在做问卷设计的时候，有的地方我不太明白，找老师问了几次终于明白了。我觉得这种启发教育真的如老师所说的那样"教育就像一棵树摇动另一棵树，是一朵云推动另一朵云"。老师的启发就像夏日里的一滴甘露滋润着我。在对访谈资料进行质性分析的时候，我也深深受到老师的启发。我觉得研究不再是一种负担了，我能从中得到很多感悟和启发。

本课程作为教师教育课程的重要组成部分，其目标之一就是培养师范生研究教育问题的能力，而能力是在教育研究的过程中逐步形成的。本课程尤其重视教育研究的实践环节，形成案例教学—课堂练习—实践作业一体化的教学流程，做到学习与研究同步，即学即练，即练即成。对于这些学生而言，学术训练不同于一般的训练，大学教育的全部内涵也蕴藏其中。就本课程的基本设计思路而言，学术训练的关键在于以研究过程的序列展开学习研究的过程。因此，教师尽可能使学生的"思"与"行"不误入歧路，而是导向教育研究的本源——教育实践。教师以其对教育学的热爱、对学生的热爱把学生引导于教育研究的道路上。对于学习共同体而言，"一切体验不是很快地被忘却，对它们的领会乃是一个漫长的过程。而且它们的真正存在和意义正是存在于这个过程中"①。我们相信，这一严格的

---

① ［德］伽达默尔著，洪汉鼎译：《真理与方法》，上海：上海译文出版社，2004年，第87页。

学术生活体验能够奠定这些职前教师成为一名研究型教师的基本素养。

(三)学术训练的第三种境界：蓦然回首，那人却在灯火阑珊处

历经研究过程的种种艰辛之后，这些大学生们将收获怎样的果实？他们的生活体验叙述真实地呈现出研究过程中的成就感与幸福感。这些真诚的言说当中也可能蕴含着我们理解大学生学术成长的出发点。

一路下来，累，先放一边，最重要的是真正地得到了一些东西，获益匪浅。分析问卷结果的时候，我一开始实在弄不懂什么是 t 检验和 χ^2 检验，在老师的帮助下终于解决了问题。在计算机机房进行数据统计分析的时候，我是全班第一个完成的人，老师说效果不错，我第一次舒心地笑了。当我做完研究报告的时候，内心体验到的是一种幸福的感觉，我当初的畏惧和手足无措已经慢慢地消解了，这段经历是我难以忘怀的。

因为研究的过程做得很扎实，因此写报告只用了一个晚上就搞定了，行云流水，一气呵成。虽然和专业人士的研究报告相比还有差距，但我还是比较满意的，看着五页纸的报告，我很有成就感。经过这次研究，我发现确立主题和收集资料的过程是很辛苦的，但是一旦认真做下来，什么是苦尽甘来，没有谁比我自己更清楚了。自己的努力终于有了一定的成果，这让我增强了解决问题的能力和战胜困难的信心，也磨炼了我的毅力。

"终于做完了！"前几天，这句话我听到了很多很多次。我也是这么说的。"蓦然回首，那人却在灯火阑珊处"代表我做完研究的感受。这一学期的"教育研究概论"上得太有收获了。突然发现自己"赚"了好多，之前的努力没有白费。虽然研究成果并不突出，但在这个过程中我不断成长。面对失败，面对挫折，我勇敢地前进。当看到自己辛苦一学期的成果——研究报告完成时，内心无比欣慰。一学期的课程是忙碌的，许多同学都叫苦叫累，但都不会否认这是大学以来最有价值的一门专业课。我觉得这个过程也是我人生中最宝贵的财富，是什么都无法替代的。

依照现象学"回到事情本身"的态度，关注大学生研究过程中对于研究的体验就是让"此在"充分地展现。此在通过此情此景的切身感受向自己显现自身。陈嘉映用"现身情态"①这个术语来指称这种身处其境而有所感有所知的情形。大学生在研究过程中所呈现的"苦尽甘来"的感受在存在论上并非无所谓的,而是构成了最基本的生存论样式。当我们试图对这些学生的生活体验做出理解的时候,我们就是在朝向职前教师的生活本身或生存本身。

作为课程设计者与实施者,我们清醒地意识到,研究能力的训练固然重要,但是我们更关注这些大学生(职前教师)在学习研究的过程中重新理解研究。这是一种"世界观"的转变。一旦教师自觉意识到研究是其专业发展中不可或缺的一个构成要件,研究型教师才能真正成为一种现实的存在。从这个意义上看,如果说苏格拉底是"接生"人的"思想",那么,本课程的教学也许像苏格拉底的"产婆术",促成研究型教师的"诞生"。

二、大学生重新理解研究

大学生的处境总是他们理解其生活世界的出发点。大学生在体验研究生活的过程中对"研究"又形成了全新的理解。任何理解都离不开情境,因为情境所生的东西是无法替代的。在大学生所叙述的不同情境中显示的活生生的东西正是他们对于研究的本质理解。

(一)大学生面临"研究"本意被遮蔽的现实

不可否认的事实是:在当代一些大学生的视域中,"研究"的本意是被遮蔽的。一方面,在一些大学生的常识性理解中,教育学类的课程归属于大学文科课程。随着近代自然科学的蓬勃兴起,人文科学开始按照自然科学先例构建,而今天大学文科课程里的很多所谓训练也不过是对自然科学方法拙劣的模仿而已,并不是从人文思想本身的形式化要求中生长出来

---

① 陈嘉映:《存在与时间读本》,北京:生活·读书·新知三联书店,1999年,第92页。

的。正是在这样一些背景的影响下，一些大学生对"教育研究概论"课程所要求的学术训练有些不耐烦。另一方面，当前我国学术界不规范的研究很多，一些所谓的"研究成果"不过是作者的感想和议论而已，或者是一些工作经验或总结，还有一些是政策发布等等，缺乏可靠的根据和理论高度。这些现象都在一定程度上影响了大学生对"研究"的理解。

事实上，研究在本源意义上开始于人对未知事物的一种惊奇。在更广泛意义上说，研究活动是对待世界的一种态度。一个进行研究的人永远不可能停止对其他人及现实的好奇。巴西教育家保罗·弗莱雷的话详细表达了研究与训练、研究与实践的关系："研究是一项艰难的任务，它需要一种系统的批判态度和智力训练，而这些只有通过实践才能获得。"①

(二)真实的研究体验敞亮了大学生对"研究"的理解

"理解不是一种单纯的智力活动，理解的首要内涵是'领会'，包含有'会'与'领'：会做某事、胜任某事、能领受某事。"②理解同"现身情态"一样原始地构成于大学生的此在。从根本的生存上说，大学生理解"研究"的意义，他们所要领受的不仅是如何做研究那件事情，而是领受"研究"作为一种态度的生存意义。大学生是在研究过程中生活着与存在着，生存向来包含领会和理解，生存就是有所领会有所理解地存在。

在访谈实施过程中，访谈技巧的运用使我真正体验到了一个严格的、专业的访谈者的艰辛，也为我的研究收集到了宝贵的资料。这次研究过程中，我第一次领略到了什么是真正的研究，同时也真正意识到自己以前的所谓研究报告有多么肤浅。在用 SPSS 软件对问卷调查结果进行分析的时候，我深刻体会到作为研究者就应该具有一种严谨的、实事求是的科学精神。这门课的学习对我们写学年论文和毕业论文都有很好的指导作用。我

---

① ［美］亨利·吉鲁著，朱红文译：《教师作为知识分子》，北京：教育科学出版社，2008 年，第106 页。

② 陈嘉映：《存在与时间读本》，北京：生活·读书·新知三联书店，1999 年，第 99 页。

会带着这种严谨的、科学的研究态度进行我的每一次研究。这可能也是我三年来第一次了解并认识到什么是科学,什么是严谨的态度。

方法不足以导出真理。方法对于研究而言,熟练掌握和灵活运用能够提高研究的效率。但是,一味地注重方法、迷信方法也是不正确的。我们只能"运用"方法,根据研究的目的,方法是可以调整的。我在研究过程中就对弗兰德互动分析的编码系统进行了改进。研究始终要在研究目的的引导下逻辑地展开。撇开研究目的,只会使研究盲目,偏离原来的轨道,做无用功;而始终对研究目的有清醒的认识,则会事半功倍。研究也是一种逻辑的展开,体现研究者的逻辑能力与思维水平,无逻辑的研究往往会陷入混乱。

由于我刚开始对待这门课的态度就不是很端正,而且对于"严谨"缺乏理解,导致我在选题研究过程中遇到了很大的困难,但是困难也让我明白和清醒了很多。以前我对专业都是漫不经心的,无外乎就是平时听课,课下写作业、查书或查网上的资料,期末背背就行了。现在看来,在研究过程中各个环节是紧密联系、缺一不可的,从而形成一个紧密的链条,其中任何一环的失误与偏差都会影响研究的成果,科学来不得半点轻率和虚假,必须踏实、严谨地实践研究过程的每一步。回过头来看这学期的课,过程和结果倒不是最重要的了,我最深刻的体会就是对于研究学术的态度的理解。

由于研究方法领域长期以来受到自然科学研究范式的支配,所以,有关教育研究方法的同类课程都把研究当作了对方法的依循。课程设计者针对这一学术传统进行了深刻的反思与批判。我们认为,如果以严格科学的态度对待教育研究,就是要摆脱对方法的依恋,回到教育事件的源头,探问教育是如何发生的。"做"研究就是让学生带着明确的研究问题,依照严谨的研究设计,深入教育现场。与清醒的研究行动相伴的是研究目的的逻辑展开,严密的理论思考是整个研究过程中须臾不可缺乏的活动。事实表明,"做研究"的意境在大学生从事研究的过程中充分显现,也改变了他们当初对本课程的一些误解。

根据伽达默尔的观点，"我们要对任何文本有正确的理解，就一定要在某个特定的时刻和某个具体的境况里对它进行理解，理解在任何时候都包含一种旨在过去和现在进行沟通的具体应用"[①]。大学生对于"研究"的理解既不是附加在研究过程之外的东西，也不是教师单纯地灌输与注入的结果，理解的力量正蕴藏于他们所从事的研究过程之中。研究的价值与意义在研究展开的过程中变得无限丰富，真正体验研究旨趣的大学生，他们的眼睛也由此变得明亮了，发现"这边风景独好"！

三、学术生活的召唤

大学生并不独立于其所遭遇的研究体验而生存，他们在理解研究本质的同时，也在理解其自身的处境。因为课程的学习与研究的实践本是他们思考其当下生活的一部分。他们在学会研究的过程中发现一种实现"生命过程"的通路，他们在寻找对研究问题的解释过程中也逐渐培养了自己从事学术研究的能力。正是研究实践的成就感使他们听到了学术生活的召唤。

通过一学期的学习，我知道如何给自己的论文选题。以前是逮着什么就写什么，现在才知道研究问题是要不断筛选的，最后要把研究的问题定在可以较深入地研究的一个点上。生活中不是缺乏研究问题，而是缺少发现问题的眼光。这次同学们所研究的问题都存在于我们的身边，我们经历其中却从未深入思考。这次研究过程也让我注意对身边问题的思考和追问。

我在这学期的研究过程中有一段时间与老师要求的进程相脱节，并没有很好地完成研究，留有遗憾。但是，这一过程也确实收获了许多以前没有学习的理论和知识，使我更系统地了解了教育研究的过程，同时也认识到自己还有许多不足。通过研究实践，我有了一个应用理论、弥补学习上的不足的

---

① ［德］伽达默尔著，洪汉鼎译：《真理与方法》，上海：上海译文出版社，2004年，第9页。

机会。我想以后的研究道路会因为这次经历而变得得心应手起来。

这学期让我刻骨铭心地记住了这一次艰辛的"研究"历程，更让我知道了在以后学术和专业的路上要怎么走。感谢老师的用心良苦，感谢老师让我从麻木而盲目的大学生活中清醒！

本课程的目标定位就是为 21 世纪培养研究型教师。而目前在认识论框架下支配的教育学课程体系使师范生掌握的多是关于教育研究的知识与方法，这些恰恰都不是教育研究本身。作为课程设计者与教学组织者，我们期望让这些大学生经历和体验真正的教育研究。这些职前教师的研究意识、研究能力都应该在研究过程中形成与发展，这也正是教育的实践性质所决定的。因此，本课程坚持以研究过程的序列展开教学，并强调逻辑严谨的研究实践环节，环环相扣，即选题—设计—资料形成与分析—结果与结论，这正是一个研究过程序列的完整展开。经历这一严格研究过程洗礼的学生们不仅重新学会了做教育研究，更理解了自己作为未来教师的专业志向。

作为课程设计者与实施者，看到学生们的学术成长过程，我们有理由相信如果一个师范大学的学生能够以学术生活为志业，他就可能尝试着寻找一个和自己"趣味相投"的学科、专业或课题。但是，学术生活的乐趣和喝茶闲谈的乐趣不同。从事学术工作的过程中，需要做大量的技术性工作，学术工作的规范也蕴含其中。对此，陈嘉映先生以下棋为例来说明学术工作的规范训练是必不可少的。外行是凭感觉下棋，最多算个两三步，这样做很难培养出正确的下棋感觉。棋手那超人一等的感觉是随着训练一道培养起来的。[1]

鉴于上述学生的研究心得，我们有理由相信经历了一番严格学术训练的洗礼，一个新的天地会展现在学生眼前。

---

[1]　陈嘉映：《从感觉开始》，北京：华夏出版社，2005 年，第 3—4 页。

思·学·行："教育哲学"教学新探①

《思·学·行："教育哲学"教学新探》写作缘起于"教育哲学"课堂教学改革。当时，我正在给本科师范生和全日制教育专业硕士生开设与教育哲学相关的课程。一方面，学生们对于课程设置本身存在疑惑，即教育哲学课程对于他们学会当教师有什么用？另一方面，他们习惯于记忆知识点的学习方式也引发我的困惑。如果回归哲学原初意义，或许能够发现解决师生双方困惑的路径。现象学"回到事情本身"的原则给予我课堂教学的方法论启示。哲学自其发端之时对思的引发，从发生视域观照，可以看到人类文明早期思想家与教育家本然一体的存在。以此对照师范大学为职前教师开设的教育哲学类课程，以内在诉求召唤"思"。人之为人的存在，我思我在，思牵引着行；教师之为教师，思、学、行一体，即知行合一的实现方式。

教育哲学就其内涵实质而言是对教育问题的哲学研究，关注教育领域的根本问题，研究方法是哲学的。我国教育哲学界的前辈黄济先生对于教育哲学曾有精辟阐述："教育哲学，顾名思义是教育与哲学的合金，它以一定的哲学观为指导，来回答教育理论与实践中的根本问题。因而在哲学家的眼中，它是哲学中的分支学科；在教育家的眼中，它却是教育学科中

① 本文以题名《思·学·行："教育哲学"教学新探》刊于《教育学报》2017年第4期，文中内容略有改动。本文系北京市社会科学基金课题"基础教育课程与儿童价值观养成研究"（课题批准号：14JDJYB001）阶段研究成果。

的基础学科。"①自古希腊以来，"哲学"的原意即"爱智慧"，而古希腊哲人崇尚的智慧是对思想进行思想。"教育哲学"作为与哲学有着本然联系的一门教育学专业基础课程，理应以唤醒学生的"智慧之爱"作为教的起点，以体验"思"的活动构成其日常教学生活的基调，以"做哲学"的行动过一种理论生活。近些年来，笔者在首都师范大学先后任教两门"教育哲学"方面的课程，一是面向全校师范生（本科生）开设的教师教育选修课程"教的哲学与艺术"②，二是面向教育学原理专业研究生开设的专业必修课程"教育哲学"。这类课程的要旨即引导职前教师和教育学研究者用哲学的方式去思考教育问题，换言之，对于即将成为教师的本科师范生和从事教育学研究的研究生而言，这类课可开启其思考教育问题的哲学视域，养成其拥有哲学思考特质的专业生活样式。

一、"爱智慧"：教的起点

教育哲学作为一门学科，自其产生之日起就成为教育学科群中的重点学科。但是，对于师范大学的本科师范生而言，他们当中的多数人对于哲学的理解基本上停留在高中哲学常识的水平；对于研究生来说，他们多是跨专业甚至跨学科考入教育学原理方向，在本科期间对"哲学导论"和"教育哲学"等课程鲜有接触。因此，他们对于哲学的直觉是"疏远"的，甚至是"恐惧"的。在他们的眼中，"教育哲学"似乎成了一门难以捉摸的课程。诚然，在现代技术理性侵蚀之下，哲学已经远离故乡，哲学原义也渐渐被人遗忘。无论是本科生还是研究生，他们学哲学、用哲学的意识几乎空白。总之，在这些学生的观念中，对于哲学的误解束缚着他们对于哲学的

---

① ［美］内尔·诺丁斯著，徐立新译：《教育哲学》，北京：北京师范大学出版社，2008年，第2页。

② "教的哲学与艺术"是首都师范大学为师范专业本科生开设的教师教育通识性选修课，课程重视引导学生理解教的原理，又基于此理进行教学模拟训练。

理解，仿佛生活于柏拉图所说的"洞穴"之中。这是我们必须正视的教学现实，"教育哲学"的教学必须帮助他们实现一种观念的"转向"。

历届学生在导论课上经常提出的问题是：当教师为什么要学哲学？研究教育为什么要学哲学？事实上，这类问题的本义即哲学与教育的内在关系或本质联系。这不仅是学生面对的前提性问题，也是"教育哲学"课程的逻辑起点。① 换言之，哲学与教育有无本质关联，这是"教育哲学"能否存在的先决条件。

基于哲学史与教育史的考察，可以发现一个有意义的事实——哲学起于教育实践的诉求。杜威在《民主主义与教育》中明确阐述哲学与教育的最初结缘："欧洲哲学是在教育问题的直接压力下（在雅典人中）起源的。"他还指出，真正的哲学研究正是由于欧洲第一批职业教师（古希腊的智者）把早期哲学家的研究结果和方法运用于人的行为。② 可见，"哲学的发生出于教育的需要"③。

在古希腊语境中，哲学是"爱智慧"，是对"最高的善""心向往之"，即衷心向往人生最高之善，并倾心所愿去付诸实践。如果我们把古希腊人眼中的"爱智慧"视为"哲学"学习的永恒追求，那么，"教育哲学"教学设计有必要以此为起点，并始终朝向"哲学"的原意，即"向往最高善"之实践智慧之学。

在课程展开过程中，我们的"教"也不再是传授概念性知识，而是寻求超越概念性的知识，尝试回到原点，即回到哲学与教育最初相遇之时的思想原发处，邀请学生加入人类早期教师关于教育问题的"不朽对话"，尝试以苏格拉底的思考方式接近问题，而非静态地掌握所谓的哲学概念或教育

---

① 哲学与教育，在石中英教授所著《教育哲学》（北京师范大学出版社 2007 年版）中是导言部分的标题；在吴俊升先生所著的《教育哲学大纲》（福建教育出版社 2011 年版）中是绪论部分第二章的标题。

② ［美］杜威著，王承绪译：《民主主义与教育》，北京：人民教育出版社，2001 年，第 348—349 页。

③ 吴俊升：《教育哲学大纲》，福州：福建教育出版社，2011 年，第 16 页。

学概念。追随苏格拉底的思考轨迹，以哲学的方式审视教育问题。

当然，在雅斯贝尔斯所说的人类文明轴心时代，中国古代圣贤先师已经以不同于古希腊哲人的方式关注教育问题。孔子的核心思想是"仁"，尽管孔子不像苏格拉底那样发问——"仁是什么"？但是，孔子针对不同学生的特点，给出不同的回应。如针对颜回的问"仁"，孔子说："克己复礼为仁。"尽管中国古汉语的表达方式及其所呈现的思维方式不同于西方哲学语境及其思维方式，但是孔子对其为师之道始终有"一以贯之"的追求。

因此，苏格拉底、孔子等历代圣贤大师的生活世界成为"教育哲学"的主要教学内容。在柏拉图的《对话集》中，学生细细品味苏格拉底的思考范式；在《论语》中，孔子对弟子们的日常谈话无时不在显现其"君子不器"的教育理想。总之，"教育哲学"课堂只有回到苏格拉底和孔子的生活世界，才能引导学生直观质感地理解伟大教师对于教育问题的终极追问，并从中感受其教育实践与哲学思考的鲜活魅力。体验苏格拉底的审视，体验孔子的因材施教，就是切身感受"教育哲学"课程中的"爱智慧"了。

二、学：体验"思"的活动

从根本上说，哲学首先是一种"思"的活动，有问题即有发问者存在，正如笛卡尔所说的"我思，故我在"。

依循古希腊的哲学语境，智慧是人的本质属性，智慧的一个重要特征是对思想进行思想。换言之，对思想的反思就是在进行哲学的思考。纵观西方哲学史，苏格拉底的发问方式经由柏拉图、亚里士多德及其后继者不断发展，成为一种哲学方式。康德说，我们可以学习的是"哲学史"，而不能学习哲学。① 由此可见，理解哲学史里的那些关于教育问题的"不朽对话"，就是体验"思"的活动。

---

① ［德］康德著，蓝公武译：《纯粹理性批判》，北京：商务印书馆，1997年，第573页。

　　苏格拉底问：美德是什么？美德可教吗？学生初读《普罗塔戈拉篇》时，迷失于问题之中，并因无法从中找到问题的答案而沮丧。事实上，柏拉图的表达方式着实挑战了学生原有的阅读习惯——从书中寻找明确答案。对于这些本科生和研究生而言，从他们当小学生的那一天起，阅读一本书总是指向明确的结论。他们以拥有寻找明确答案的能力去应对不同水平的考试，直至考进某所大学本科院系或研究生院。但是，在苏格拉底那里，找寻真理不是一件急于求成的事情，关键是提出"美德是什么"这样的问题。不理解这样的发问方式，就不能理解古希腊哲人们开启的西方哲学范式，进而也无从理解西方语境下的教育哲学问题。

　　对于这些本科生和研究生来说，他们在通常意义上把读哲学著作视为掌握前人理论活动的固化结果或产物，忘记了哲学著作中鲜活的"思"的活动，就像只知道吃李子干，却不能体验鲜活的李子。因此，"教育哲学"课堂教学活动的重心是唤醒学生强烈的问题意识，引导学生通过阅读经典文献，明晰和澄清其中的基本问题。问题意识是哲学发生与发展的始因，也是"思"之开端与动力。

　　"教育哲学"教学活动正是由对人类永恒问题的思考展开，引导学生体验"思"的活动。阅读哲学家著作的过程中，即走进哲学家的思考视域，直观质感地理解他们审视问题的方式，或者说，通过其著作中的文字触摸其思想与情感的痕迹，体验其"思"的力量。教学活动也由此展开，平日里艰涩的文字也变得生动而鲜活，字字句句洗濯着学生的心灵。

　　下面的文字来自一些学生的课堂学习随笔①，从中可见其"思"的体验。

　　哲学是什么？我认为哲学史呈现人类思辨的线索，是引发人类积极思

---

　　①　本课程学习要求：每个学生必须在当天课后及时提交课堂学习随笔一篇，记录自己当天学习的所思所感。学期末将每周一次的随笔整理成集，全班同学集体分享。在这个过程中，每位同学都真实地体验到自己思维的改变，并由此坚定通过学习哲学提升理论思维品质的信心。这里的随笔摘自2014级教育学硕士随笔集。

考的钥匙。如果把哲学比喻成一棵大树，那么哲学史就是它的枝叶。初学哲学时，我的困惑有很多，经过一段时间的学习，发现哲学不是那么苦涩，是可以慢慢接受并且能够训练我们的思维方式。哲学唤起了我早已丢掉的好奇心。我现在也期待对自己喜欢的哲学家有更多的了解，希望通过理解他们的著作帮助我形成自己的哲学思维方式，能够使自己的思想更有哲学基底。

老师首先要求我们阅读《哲学史》，初读的感觉很神圣、很晦涩、很遥远，但是通过自己课前阅读和老师课堂讲解，我开始渐渐喜欢读了，喜欢里面的所谓的"术语"。尤其喜欢苏格拉底与他人的对话，仿佛我就置身于苏格拉底和他的朋友们中间，感受苏格拉底提问的力量。我在老师的指导下第一次进入《论语》的语境之中，豁然发现孔子是那么可爱的老先生啊！

回顾一学期的教育哲学课程，有太多的困难与挫折。刚上课时听不懂、跟不上老师的教学进度，之后是随之而来的大量阅读，读哲学书让我感觉比读数学专业书还费劲，费劲在文字过于枯燥、逻辑过于严谨，真如山路一样曲折迂回啊！但是经过一段时间的哲学史阅读，感觉什么都不是固定的、一成不变的，我们过去太过于安于现状，过于懒散。如今我们需要用辩证的思维去思考教育问题，真正拥有研究生水准的教育学视野，我们只有学会换角度思考、追问，才会有新的发现。哲学史的学习锻炼我们的思维，锻炼我们的发现力。

之前就一直听说哲学是所有学科的基础，现在越来越发现哲学素养是那么重要。哲学素养可以使我们的研究具有理论源泉，可以使我们看问题的角度更加新颖，可以使我们从哲学的层面来考虑更加根本的问题。哲学的分析、逻辑、思辨是做好研究的前提准备。要想写出好的文章就必须有好的逻辑思维，就必须学会用专业术语，专业术语即概念总是指向特定的内涵与外延。

回首一学期的课程，学习教育哲学从读哲学史进入，这真是一个痛苦的过程。正如一个婴儿学走路时用的小推车，我们刚学会走路时，小推车可以去掉了，我们会有很多的磕磕碰碰，但是我们必须前行，必须尝试。哲学的学习开始了，哲学的思维开始了，哲学的路才刚刚启程，我会风雨无阻、一路高歌，我会把哲学的学习之路走好、走远。最后愿我的哲学之门永远敞开，哲学之心永远跳动。

这些学生的"教育哲学"课堂学习随笔真实地呈现出哲学经典给予其心灵的冲击与思想的震荡。学习哲学史，追溯其中教育问题的哲学根源，能够从哲学的高度与历史的深度去把握这些问题的内涵实质。从学生们的学习生活体验中，我们也看到经典文献的理论感召力。一旦学生与经典直接相遇，进入哲人对话的语境，理论的力量、学术的力量就会实实在在地滋润他们的意识，改变他们的思维，也消除他们对于哲学的"恐惧"。

三、"做哲学"的行动：过一种理论生活

在阅读经典哲学文献的过程中，学生与先哲圣贤相遇，从那些永恒的问题中把握先哲的发问方式。他们在学习过程中自问：永恒问题提出的依据是什么？古老问题是如何消退的？哲学史上相似问题的思想遗产是什么？新问题是如何产生的？这就是用行动来"做哲学""做哲学思考"。由此，学生一步一步地体验成为"哲思"者，像哲学家那样思考也构成其存在方式。

在苏格拉底与其弟子及他人的对话中，在孔子的语录中，我们看到具有实践性质的哲学思维与人的具体生活息息相关，并对人的实践行为做出理性反思，提供行动的指南。这种哲学思维就是"实践智慧"。这种智慧当然不同于日常理解的经验之知、技术之知，而是实践之知，它是一种随机应变的动态觉知，即完全内在于人自身的理性反思判断力。这种理性能力与人的存在紧密相关，它直接以对善本身的反思为目的来考察人类实践生活的状态与形式，以及目的和意义。学生在理解苏格拉底提问方式、把握

孔子回应方式的同时，也进一步思考现实境遇中的教育问题，并从中体验"思"的鲜活样态。

我们作为一个生命主体，"做哲学"的行动就是作为一种"思"的存在。事实上，一些觉悟的学生已经开始尝试用"做哲学"的方式去展开其日常学习行动。在"教的哲学与艺术"①课程实施过程中，我们有意识地引导职前教师(全日制教育专业研究生)在教学模拟练习中尝试对于每一节课的教学设计进行前提性追问。在此过程中，一些学生的课堂随笔②直观而具体地呈现其"做哲学"的行动。

在"教育哲学"的课堂上，老师总是强调我们要对一切习以为常的问题进行前提性思考。起初我并不太理解老师说的意思。我仔细地阅读了《美诺篇》，体会到了苏格拉底的思维模式：必须先知道一个事物是什么，然后才能讨论它是否具有某种性质。于是，我也试着去追问在中学见习期间所看到的中学思想政治学科的课堂教学问题。中学教师在课堂上给学生呈现了生动的经济生活案例，但是从教学效果看，学生对于案例中的故事情节印象深刻，而对蕴含其中的经济学原理则知之甚少。因此，我们有必要追问案例教学的实质是什么。如果弄不清这个问题，那么案例教学设计的效果就值得质疑。

随笔中提到的案例教学效果问题，在课堂上引发了其他研究生的热烈讨论。本着追问内涵实质的思考范式，研究生聚焦的主要问题为："案例教学"之"案例"是什么？"案例教学"之"教"是什么？

在深度研讨之后，他们对于上述问题达成基本共识。一是"案例教学"的"案例"不同于日常的新闻事件，必须用特定学科相关原理来全面考察日

---

① 首都师范大学全日制教育专业硕士生试点班旨在探索教育理论与教育实践一体化的教师教育课程体系，由此开启大学教师教育理论道路。例如"教的哲学与艺术"课程旨在融合教的理论与教的行为，既通过"案例教学反思"让职前教师拥有教师之教的前提性之思，又通过模拟教学形式培养其从事课堂教学的行动力。

② 摘自 2015 级全日制教育专业硕士学生的随笔集。

常生活事件，研制"案例"的专业功夫，即用特定理论梳理日常事实。二是"案例教学"的"教"，即引导学生运用所学原理透过现象看本质。

事实上，这样的课堂讨论引发了研究生的强烈反响。一些研究生惊叹从未这样考虑过中学的案例教学，没想到看似平常的教学事件背后蕴含着如此深意。而且上述课堂讨论的后续成果更加令人欣喜。那位追问案例教学实质的研究生经过谨慎的理论论证与文献研究之后，决定以《高中思政学科案例教学设计研究》作为其学位论文选题。

现实地看，对于一些以教师为志向的师范生来说，如何成为一名好教师，是他们从进入师范大学那一天起内心就拥有的一种向往。但是在现行的教师教育课程中，概念化的教学方式遮蔽了其成为教师的专业视域，转而偏好教学方法或教学技术的拥有，在教学模拟训练和学位论文选题等方面也比较多地关注所谓的教学策略与方法的改进。上述学生的反馈表明，一旦在"教育哲学"课堂上对于"案例教学"这些习以为常的"教学方法"进行实质性追问，师范生们就开始领悟其中的真正道理，即在教育实践中不再是方法或技术，而是哲学之思在起作用。

由此可见，一旦这些研究生尝试追求根本性问题，就在真实地体验一种哲学的思考方式。思、学、行——如此真实地融入其日常学习生活之中，这正是一种理论的生活样式。在伽达默尔看来，"理论一词的最初意义就是真正地参与一个事件，真正地出席现场"①。

历史地看，理论的生活本是古希腊赞颂的对象之一。在古希腊人那里，理论与爱智，爱真的知识，爱真理的知识等，本是相通的。柏拉图就把献身于这种理论的生活作为其生活理想，由此，柏拉图就将他家乡雅典和当时社会的通常意识作为挑战。② 亚里士多德继承了柏拉图给予理论生

---

① ［德］伽达默尔著，薛华等译：《科学时代的理性》，北京：国际文化出版公司，1988 年，第15 页。

② ［德］伽达默尔著，夏镇平译：《赞美理论》，上海：三联书店，1988 年，第 21 页。

活优先地位的遗产，努力寻求理论与实践两者兼而得之。在亚里士多德看来，人求知是出自好奇之本性，但是人的自我意识并不仅仅满足于知识的欢乐、理智、对事物和人的理解，以及对数目、世界和神圣东西的了解。人同样关注着人的生活实践这种特殊性，这种特殊性使人将自己从其他与自然界紧紧相连的生物中提升出来。人既能从事社会实践，又能投向于纯粹性知识，能致力于纯粹的看和思，这两种活动如此具身化地融为一体。出于最深刻的理由，可以说，人是一种"理论的生物"。在这个意义上看，"教育哲学"课堂引导本科生和研究生走进理论生活，正是人之为人的意蕴所在。

由此可见，"教育哲学"课程的教学生活为师范生的"思、学、行"开启了过一种理论生活的朝向。对于一个人而言，一旦真实地体验着一种理论生活，就意味着走出柏拉图所喻之"洞穴"。

第三部分

师者示范：大学教师专业形象

在理想中，最好的科研人员也是最优秀的教师。他能够独立地引导学生接触到真实的求知过程，接触到科学的精神。他自身便是活灵活现的科学，在与他的沟通中，可以看到科学存在的原初形态；他在学生心中唤起了同样的激情。只有那些亲身从事科研工作的人，才能够真正地传授知识，而其他人不过是传递一套教条地组织起来的事实而已。

——雅斯贝尔斯：《什么是教育》

本部分主题为"师者示范：大学教师专业形象"，收录文章6篇，聚焦大学教师的专业形象。作为师范大学的教育学研究者，尤其是从事教师教育研究与教学的教授，相对于其他学科的教授来说，我们不仅研究教育学，更应在课堂上真实地呈现教育学鲜活的样态，即让教育学真正成为职前教师专业成长的支持力量。基于教育学人的专业责任与使命担当，一是向给予我直接专业示范的教育学大师致敬；二是以诸位先生为榜样检讨自己的大学课堂教学活动；三是从师生交往视域重新理解大学教师的为师之道，以此形成反思大学课堂的教育学专业视域。

大爱之楷模　为师之典范

——追忆先生，遥寄哀思①

《大爱之楷模　为师之典范——追忆先生，遥寄哀思》的写作缘起于追忆黄济先生。黄济先生2015年1月8日去世之时，我正在英国伦敦大学教育学院访学。在安徽师范大学教育系读本科的时候我就读黄济先生的《教育哲学》，后来在华东师范大学跟随陆有铨教授专门攻读教育哲学方向博士生课程的时候，系统学习了黄先生的著作与文章，在博士生期间也专程到北京师范大学拜访先生。来首都师范大学工作之后，凡与先生交往之时，先生为人、为学、为事无不给予我深刻影响，激励我在先生开启的道路上前行。

2015年1月8日下午4点多(伦敦时间)，我刚从伦敦大学教育学院的图书馆回到住处，iPad显示有两条未读微信。点击微信查看，一则是范文霞老师告知："黄先生今晚8:00医治无效，走了。"一则是朱珊老师转发的黄济先生治丧委员会讣告。顿时，我的大脑一片茫然，悲伤随即包围着我。但是，那时的北京时间已是2015年1月9日凌晨2点多，不便与国内的范老师和朱老师通话，只能期盼着北京那边早点天亮。

一夜无眠，窗外的狂风吹起心中万千思念。回想近年来与先生的交往，其音容笑貌犹在眼前，撷取片断记忆，以示缅怀。

---

① 本文以题名《大爱之楷模　为师之典范——追忆先生，遥寄哀思》刊于《中国教师》2015年第2期，文中内容略有改动。

一、因字结缘："学而不厌，诲人不倦"

众所周知，在国内教育哲学领域，黄先生与陆有铨教授有着深厚的情谊。我在华东师范大学读博师从陆教授，多次聆听导师讲述黄先生的人品和学品。毕业后来首都师范大学工作，逢陆老师来北京师范大学讲学，我有幸陪同导师与黄先生见过几面。

早就听导师陆先生说黄先生不仅学问好，还写得一手好字，陆先生就藏有黄先生亲赠的书法作品。那时，我就向往着有福获得黄先生的题名赠字。一次，我有幸陪同陆先生与黄先生等北师大诸位老师共进晚餐。席间，几位老师自然地谈及先生的书法，我借此壮着胆子向先生提出求字的心愿。因是晚辈，在当时提出如此要求略显唐突，话一出口即感欠妥。黄先生却爽快地答应了，操着他那特有的山东即墨口音说："朱晓宏同志（'同志'也是先生标志性的日常用语），你希望我写什么啊？现在可以写下来给我，我回家后写了给你。"啊?! 早就闻及先生为人谦和，真是如此啊！我真有点不相信自己的耳朵，一时无语。宁虹教授当时也在现场，他提醒我写字给黄先生，我这才缓过神来，写出"学而不厌，诲人不倦"一句。心想，唯有《论语》名句才能配享先生的书法。黄先生认真地收起我写的纸条，并再三说写好后联系我。我连忙说："怎能劳您费心，您直接给石（中英）老师吧，我自己来取。"

一天，我在首师大教育学院的办公区偶遇一位同事，她说这几天都在找我，因为黄济先生有一幅字托她转交给我。打开一看，正是我期待的"学而不厌，诲人不倦，录孔子语录二句与晓宏同志共勉，黄济题，二〇一〇年五四青年节"。据那位同事说，她正在帮先生做整理口述史的工作，先生得知她在首师大教育学院工作，特意嘱她把这幅字转交给我。

我双手捧着先生的字，看到苍劲有力的行书在宣纸上渗透的墨迹，仿佛看到先生凝神运笔的身影，敬重感油然而生。黄先生是学界大家，对于晚辈的小事竟如此牵挂。我把先生的字精心装裱后挂在书房里，以此勉励自己做先生那样的人。

至此，也与先生结缘，有机会就去先生家里坐坐。告别时，先生有时也会拿出自己事先写好的字送我。先生看出我不好意思拿，就真诚地说："练字是我的日常活动。"一边说一边自豪地活动着那灵活的双手："你看，我的手写字一点儿也不抖，而且，有一次右手受伤了，我用左手也能写字！"这样，我有幸收藏了先生的三幅不同字体的书法小品，此次来英国访学还特意带来一幅已装裱的先生的书法作品。

睹"字"思人，再也听不到那熟悉的山东即墨口音了。

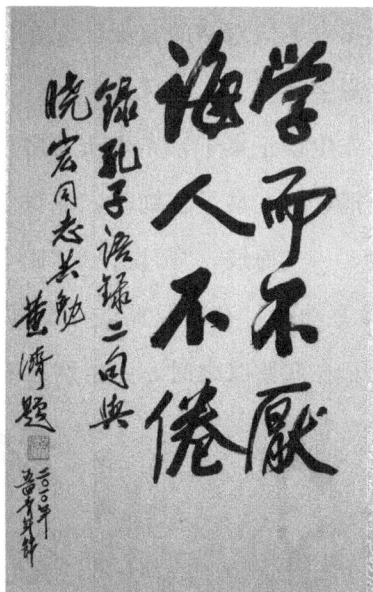

图1　黄先生题字(1)

二、题词"师说论坛"：支持首师大探索教师教育理论道路

说到与先生因字结缘，还有一件事至今依然难以忘怀。

近些年来，首师大教育学院的一项重要工作是探索全日制教育硕士培养模式改革。围绕这一工作，我们拟以"师说论坛"为名举办专题学术研讨活动。为此我们有两个设想，一是请黄济先生题写"师说论坛"；二是请黄济先生与华东师范大学的陈桂生教授一起来首师大出席学术活动，即"我们的老师在说"专题研讨活动。

为此，我通过电话联系了黄先生，他还像以往那样谦和而又爽快地答应了。一天，我陪同宁虹教授专程去先生家求字。宁虹教授详细向先生介绍了我们在教师教育方面的探索，先生充分肯定了我们的工作。考虑到我们的学术活动安排，先生主动提出要把这四个字写在大幅的宣纸上。一听此话，我立即心中自责未随身带来大幅宣纸。先生好像明白我的心思，他说，早已准备好大幅宣纸了。先生的女儿知道父亲爱练字，也知道有人向父亲要字，就经常给他买来不同规格的宣纸。现在，只要我们帮忙把大桌子移动一下，便于先生写字就行。

我和宁虹教授协助先生摆正桌子，先生从书房里取出大号毛笔、大张宣纸、大瓶墨汁。先生把宣纸在桌子上铺开，端详纸张、思量布局，自如地挥动饱含墨汁的毛笔，一气而成，"师说论坛"四个大字跃然纸上。我不由自主地感叹先生书写之功力，有幸目睹先生之书法生成全过程，真是一次难得的学习体验啊！在我感叹之时，先生娴熟地题写落款、盖名章。

图2　黄先生题字(2)

我们在欣赏先生书法之时，针对宁虹教授提及的首师大全日制教育硕士培养试点班的探索，先生又铺开宣纸专门为该试点班题写一幅"师说论坛"以示纪念。

连续书写两幅大字，对近九十高龄的先生来说一定消耗了大量体力。我们急忙劝先生休息。先生却说："平时我一个人移不动这张桌子，今天难得摆大桌子，就给你和宁虹同志再写两幅字吧。你们说，写什么？"宁老师沉思片刻，请先生写"师之所存，道之所存"。

我则按捺不住欣喜地说："以前曾劳您给写过一幅字，怎好再要啊！"先生说："没关系，再给你写一幅。"我感动地说："那就请先生定吧。"先生略加思考，行云如水般地写下"春风催桃李，化雨育新苗。晓宏同志雅正，黄济题，二○一○年十月于新风居"。

春风化雨乃为师之境界，可见先生对我等晚辈为师之期嘱啊！这幅字一直被我挂在办公室。

记得初获先生赠字之后我跟朋友提起此事，言语间还流露出些许得意。这几年跟黄先生交往多了，每次与先生见面，无时不被先生的无言之教润化着……

现在，偶有同事和朋友来我办公室见到先生的字，羡慕我能获黄先生赠名之书法，我完全能够以平常心待之了。先生的字时刻提醒着我要像先生那样做事、做人、做学问。

当然，因"师说论坛"引起的叙事尚未结束。

熟悉先生的人都知道他和那辆标志性的三轮车。先生一次骑车不慎摔倒，虽说身体无大碍，但是石中英教授考虑到先生的身体状况，不同意我们请先生来首师大参加"师说论坛"，建议去先生家研讨。鉴于此，我们调整学术研讨会议程，拟于 2013 年 4 月陈桂生教授从上海来北京后，再一起去黄先生家里举办小型研讨会。

事也不巧，80 岁高龄的陈桂生教授在 2013 年上海春季流感期间患上感冒，医生不建议陈先生远行。原定的学术研讨会只能搁置。

2013年5月，我带我的研究生于上海拜访陈桂生教授（陈先生是我的硕士生导师）。与陈先生谈话间，我对于"师说论坛"没有如期举行深表惋惜。陈先生说："黄济先生已经专门从北京打来电话跟我长谈了一次，也写些文字，就叫'师说别解'吧。"

事情原本是我等"好事者"惊扰两位前辈，却让先生们如此牵挂啊！

虽然原定的"师说论坛"未能如期举行，但是黄先生"一以贯之"地践行着"师说"，正是一种更高境界的学术论坛。

三、爱的行动：爱亲人、爱事业

2014年国庆假期，我与胡萨老师约定同去看望黄先生。当胡老师电话联系先生时，先生回电话说他正在整理周密老师（黄先生的夫人）的传记，即将出版了，等出版后再邀我们去家里，十一假期就让我们忙自己的事，没必要特意去他家。我们与先生交往多年，已经深知先生的为人——处处替他人着想，恭敬不如从命吧。

十一月初，我与胡萨老师如约来到黄先生家。先生兴奋地拿出《周密小传》，跟先生以往的著作相比，这的确是一本小书，但是先生亲笔题写书名，笔锋洗练，可见，先生很看重这本小书。

先生热情招待我俩落座后，我一边翻阅《周密小传》，一边暗自揣度先生为老伴儿出书的缘由——老年人喜怀旧，这或许是先生打发闲暇时光的结果吧。此时，先生已经开始讲述出版小传的由来，照先生的说法，这可是他今年完成的一件大事啊！

一本小书，先生竟看作"大事"。以往先生也赠书于我，未曾见他激动如此。被先生的情绪感染，我不由得正襟危坐，倾听先生讲述《周密小传》的出版原委。

如烟往事随先生的讲述浮现于眼前……

时光回溯至 1948 年前后，黄先生与周密老师都是向往光明的进步青年。他们自觉投身于中国共产党领导的革命洪流中，结伴奔向华北解放区，由此走上革命道路。经过出生入死的洗礼，黄先生与周密老师也从同学、战友成为志同道合的革命伴侣。北平和平解放后，根据组织上的工作需要，他们一起返回北京参加新中国建设。在当时的历史潮流中，每一个进步青年都渴望成为中国共产党的一员，正在中国人民大学研究生班学习的周密老师积极向党组织递交了入党申请书，并向党组织汇报了自己的家庭和成长过程。但是，由于当时的历史原因（详见《周密小传》《黄济口述史》），周老师的三次入党申请不仅被搁置，而且她也从大学教师的培养对象转为管理图书资料的职员。在新中国成立后的历次政治运动中，黄先生和周老师屡遭不公正待遇。20 世纪 80 年代以后，国家的政治生活回归正轨，同中国大多数知识分子的命运一样，他们的工作和生活也逐步恢复正常，但是出于历史原因，周老师直至退休也未能实现加入中国共产党的心愿。后来，周老师身体状况日渐不佳，最近二十多年，她已经失去言语和运动功能，完全卧床了。尽管家里请来两位保姆照顾，黄先生还是每天守在老伴儿身旁。事实上，熟悉先生的同事和朋友都知道，自从周老师生病之后，先生就不再安排出远门的学术活动了。

先生继续说道："看着床上的老伴儿，她不说，我也知道她的心愿——入党，我得在有生之年帮助她完成愿望。我今年把这件事当作头等大事来做。"先生边说边翻阅《周密小传》，向我们展示周老师先后三次提交的入党申请书，以及周老师所在单位中国人民大学党委书记关于解决周老师入党问题给黄先生的回信。先生激动地一字一字地读着回信的内容。先生说，周老师入党问题解决后，他就着手整理资料，出版这本《周密小传》。

听着先生的讲述，切实体会到先生和周老师那代知识分子虽历经磨难，但仍然保持着对党的忠诚、对共产主义的信仰，我们早已唏嘘不已，潸然泪下。

图3　黄先生题字(3)

看着书中那三份陈旧的入党申请书影印件,先生时而解说,时而朗读。从先生的庄严语调和激动之情中,我们真真切切地感受到先生对党的爱、对爱人的爱!

此时,我发自内心地向先生感叹:这件事确实了不起啊!今天有幸聆听先生讲述难忘往事,真是感动啊,请先生签名赠书吧。先生不仅欣然应允,还提出在书的扉页上写上我和我爱人的名字。先生的一番话再次触动我的心弦。

手捧先生题字的《周密小传》,怀着崇敬之心仔细端详书的封面。周老师青春秀美的面容,弯弯曲曲的石板小路,先生隽永的题字……这就是爱的见证、爱的典范啊!

当我们在客厅里与先生交谈的时候,周老师房间的门一直敞开着,躺在床上的她安静地看着我们。黄先生与周老师彼此非常默契。临行前,先生特意带我们进屋与周老师道别。尽管周老师不能说话,但是她能够用眼神和右手食指的简单动作与我们交流。那天,她用右手食指朝我们指指,又用右手拍拍自己的胸口。我明白她的心意，紧伸出手握住她的手。此时，我看到阳光映衬下周老师安详的脸庞和眼神中流露出的喜悦。

六十多年的夙愿！真是一件人生大事啊！

初闻黄先生住院之讯，我的导师陆有铨教授和陆师母曾专门从上海打电话嘱我去医院代为探望。当晚，我立即联系黄先生的弟子石中英教授，因为老人家那时在重症监护病房，不便探视，只能通过中英教授转达了陆先生及陆师母的问候。后来，因我出国访学前忙于处理大量俗务，也错过了去医院探视先生的机会，但心中一直惦记着老人家的病情，也多次通过中英教授的学生了解先生的病情。那时得到的反馈是先生病情稳定，正在康复中。其间，我跟上海的陆师母通电话时谈及先生的年纪九十有四，也曾担心先生能否闯过这一关，但是转念记起先生曾常说的话："我身体很好，我得照顾周老师啊！"因此，我还执拗地跟陆师母说："黄先生会康复的，多年来，照顾老伴儿是先生健康长寿的信念。"

2015年元旦，我已到伦敦。在我与文霞老师微信问候新年之际，还请她转达对先生的新年祝福。世事无常，如今，我翻阅与文霞老师的微信记录，2015年1月1日的微信是请她转达对黄先生的新年问候，2015年1月8日的微信是"黄先生今晚8：00医治无效，走了"。

身在异国，无法及时赶回北京送先生最后一程，甚感遗憾。但是，今生有缘聆听先生教诲，感受先生仁爱，实乃幸事。

我愿以先生为范，怀仁爱之心，谦逊做人，认真教书。

2015年1月11日于伦敦

"师说别解"与"师道实话"：为教师"正名"

——陈桂生先生的教师研究视域与实践关怀①

《"师说别解"与"师道实话"：为教师"正名"——陈桂生先生的教师研究视域与实践关怀》的写作背景是筹办庆祝导师陈桂生先生90岁寿诞的活动。鉴于先生的秉性——不愿被俗礼约束，师门共识即每位弟子结合自己的专业领域对先生的相关学术成果进行专题研究，并撰写一篇论文，再结编成书《教育学的信仰》。其间，恰逢《教师发展研究》编辑许丽艳老师约稿，文章在编辑过程中受惠于许老师的指正。在此过程中我不仅重温跟随陈先生学习的过程，更深刻领会先生的治教师教育之学的研究道路。

陈桂生先生是我国当代教育学家，在教育基本理论研究领域有诸多建树。他的"师说别解"系列论文和《师道实话》文集拓展了人们理解教师相关问题的新思路。陈先生的教师研究与实践主要表现在三个方面：一是基于教育史的研究与理解，重新解读孔子授业活动，还原师生"问对"艺术的原初意义；二是从元教育学视角出发，解析赫尔巴特《普通教育学》的理论建构，解析"教师之教"的基本原理；三是厘清中小学教师的职业特质，躬身实践，探索 U—S 教师合作开展行动研究之路。陈先生在教师研究领域的理论探索与实践示范之举，为我国教师教育基本理论研究提供方向与导引，也为中小学教师专业自主发展提供重要理论借鉴。

① 本文以题名《"师说别解"与"师道实话"：为教师"正名"——陈桂生先生的教师研究视域与实践关怀》刊于《教师发展研究》2023 年第 1 期，文中内容略有改动。本文获国家社科基金"十三五"规划教育学一般课题"教师专业伦理形象构成性研究"（课题编号：BEA200110）资助。

一、"师说论坛"开启"师说"与"师道"研究之缘

陈桂生先生是我国当代教育学家。笔者作为先生的弟子，有幸跟随先生在华东师范大学教育学系学习三年，耳濡目染先生的严谨治学精神与师者风范，我的向学之心与研究之志被逐步唤醒。硕士毕业后，蒙先生的鼓励与推荐，得以跟随陆有铨教授攻读博士学位研究生。博士毕业后，机缘巧合之下来到首都师范大学教育学院任职。

2009 年，首都师范大学成为我国首批全日制教育专业硕士生（两年制）培养单位，教育学院全面负责这项工作，宁虹教授率导师团队以试点班形式探索大学文理学士起点的教师教育改革之路。在此过程中，我们拟创办教师教育高水平学术论坛——"师说论坛"，邀请国内外教育名家分享教师教育理论洞见。北京师范大学教育学家黄济先生知晓此事后给予高度支持，欣然题字"师说论坛"。笔者由此萌生开办第一场论坛的计划，即邀请黄济先生与陈桂生先生两位教育学界的大师级学者齐聚首都师范大学开启"师说论坛"首场学术对话。然而，顾虑两位先生均已高龄，不敢舟车劳顿惊扰先生们而最终作罢。

后续，在每一届试点班专业硕士生"教育原理"课程中，我都会推荐陈先生的《普通教育学纲要》和《师道实话》两本书。据学生们反馈，他们习惯于教科书式的表达，起初不太适应陈先生的文字呈现方式，但是一旦"悬置"原有阅读方式，透过书中文字就能够直观感受到陈先生学术思维的震撼力。于是就有了 2013 年 6 月 29 日在华东师范大学文科大楼 1616 室那个难忘的学术之夜——首都师范大学的部分研究生与华东师范大学胡惠闵、黄向阳、王建军三位老师的研究生一起聆听了陈先生的"师说"讲座。[①] 对于首都师范大学学子们来说，能够现场面对面地受教于陈先生，内心不胜

---

① 讲座内容以《"师说"别解》和《"师说"续解》为题分别发表在《中国教育科学》2013 年第 4 辑和 2014 年第 3 辑。

欢喜。

2014 年 7 月 4—6 日，我陪同宁虹教授率试点班部分研究生一起到华东师范大学教育学系与杨小微教授团队合办"京沪圆桌会议"。杨老师知晓"师说论坛"的创意之后专程安排了一个活动，让我们一行人有幸拜见陈先生。宁虹老师特意让研究生带上已经装裱的黄济先生题写的"师说论坛"。陈先生、杨老师、宁老师和我，以及我们的研究生们，以"师说论坛"字幅作背景合影留念，这或许是黄济先生与陈先生共同在场的另一种方式……

2017 年金秋时节，檀传宝教授专程邀请陈先生到北京师范大学给教育学原理方向的博士生们做学术讲座，且由黄向阳兄专程陪同。得知此事后，首都师范大学教育学院蔡春院长嘱我诚邀陈先生来首都师范大学讲学。经过与陈先生、檀老师和向阳兄沟通，确定了先生来首都师范大学的具体时间。临近时日，先生还嘱向阳兄专门给我发来讲稿全文，先生本意是欢迎有兴趣的师生提前阅读并提出问题。我把问题汇总后请向阳兄转呈先生。当时，我心怀忐忑——一些幼稚问题或许让先生见笑。但是在讲座现场的时候，先生连连说研究生们提的问题很不错。想来这也是先生的师者仁心。2017 年 10 月 18 日上午 9 点半，我们一行人陪先生来到会议室时，门口已围满了无座位的师生。记得我跟随先生在华东师范大学读书期间，凡先生的讲座，再大的教室也容不下所有听众。这反映了先生的学术影响力与精神感召力，也表明学子们向学之心的力量。讲座活动结束后，我将先生的讲稿《教育学究竟是怎么一回事》、黄向阳兄的讲座实录《基于构成善举之关键能力的教育思考》，以及我院何颖博士陪同先生拜访其老同学倪碧华老师的随笔《别样师说》等文章编辑成小册子《梦圆"师说"》，以示纪念。

我自进师门起就看到先生笔耕不辍，即使先生退休之后也从未放缓理论思考的节奏，且迸发出磅礴的学术创造力。自 2017 年秋北京之行后，陈先生似乎开启了自我学术反思的另一种节奏，不断产出新文章。我近些年来的工作与研究重点在教师教育领域，复又重点研读了陈先生关于教师研究的相关论文和著作。先生的"师说别解"系列论文和《师道实话》文集着实拓展了我们理解教师教育理论的新思路。此外，先生在探究教师教育理论之时也时刻关注一线中小学教师的职业生存境遇，《到中小学去研究教育——"教育行动研究"的尝试》一书真实再现了陈先生带众弟子与中小学教师一起从事教育行动研究的心路历程与实践情怀。先生似乎偏爱"别解"，以此阐明其独树一帜的研究取向，即坚持"历史—逻辑""历史—具体""历史—比较"的研究原则，努力超越习俗之见，还原"教师之教"的本来面貌。在陈先生看来，我国的"师说"与"师道"大致相当于我国传统的"教育学"①。先生曾多次坦言其治学之路深受西学东渐之影响。从西方教育学起源来看，赫尔巴特的《普通教育学》和《教育学讲授纲要》也是直接针对"教师之教"的。由此可见，教育学在发端之处即关乎"教师之教"的。因此，追随陈先生的教师理论研究朝向来理解为师之道，可以尝试从三个方面展开：一是还原孔子之教的原初意蕴；二是探寻赫尔巴特建构"教师之教"的理论意图；三是关注教师专业本质内涵，尤其通过教育行动研究尝试突破教育理论与教育实践之间的传统藩篱。

值此喜迎陈先生九十岁寿诞之际，作为先生的弟子，以恭敬之心专门整理近些年来系统学习陈先生关于教师研究的相关理论成果，或许是弟子以另一种形式交给先生的作业。我们愿意以此方式向各位学界同人与同道呈现陈先生在教师教育领域独具学术创新魅力的理论眼光与实践情怀。

二、重新解读孔子的授业活动，回溯师生"问对"艺术的原初意义

《孔子授业研究》一书集中反映了陈先生对于孔子时代个别化教学情境

---

① 　西方教育学和我国的"师说""师道"都以教育为话题，以教师为指导的对象，如果把教育学视为西方的"师资文化"，那么"师说"及"师道"研究便大致相当于我国传统的"教育学"。它们之间的区别植根于中西文化传统的差异。参见陈桂生：《萧承慎中国师资文化研究的学术价值》，《基础教育》2018 年第 5 期。

的还原，有助于当下中小学教师准确理解孔子"教—学"活动原义，尤其对在"双减"政策下获取课堂教学改革新思路具有重要的理论启迪价值。从教育史视域看，孔子是超越国界的伟大思想家和教育家。德国学者雅斯贝尔斯在系统考察人类思想史之后提出人类文明"轴心时代"的概念①，并且明确指出中国的孔子是影响人类思想范式的思想家。在中国教育史中，孔子是率先开启私学探索的教育家，享有"万世师表"的地位。记载孔子与弟子对话的《论语》也成为后人理解孔子教学活动的基础文献。陈先生的学术贡献在于对孔子授业活动进行深度理论探析，同时他尤其反对一些教育研究者或中小学教师对孔子教学活动"以今度古"的错误理解。

(一)还原孔子"启发式"教学的原初意义

《论语》作为我国传统文化的经典著作，其影响力已经渗透到国人的日常教育观念之中。在国人的习惯理解中，"不愤不启，不悱不发，举一隅不以三隅反，则不复也"(《论语·述而》)被视为孔子的施教纲领。对此，陈先生表示认同并认为"孔夫子的头脑倒比许多现代人清醒"②。这体现在《论语》里显示孔子"问对"艺术的具体事例：

子夏："巧笑倩兮！美目盼兮！以为绚兮。"何谓也？

孔子：绘事后素。

子夏：礼后乎？

孔子：起予者商也，始可与言《诗》已矣！

(《论语·八佾》)

在孔子与弟子的师生"问对"叙事中，由弟子们提问的情况居多，孔子一般不把现成的结论直接告诉学生，而且他还善于从弟子的回答中得到启发，如"起予者商也"。在此，陈先生尤其提醒我们关注孔子重视弟子提问

---

① ［德］雅斯贝尔斯著，李雪涛主译：《大哲学家》，北京：社会科学文献出版社，2005年，序第5页。

② 陈桂生：《孔子授业研究》，北京：教育科学出版社，2012年，第213页。

的内在前提，即孔子对自己无知保持清醒自觉，并且对不知为知的现象异常反感，如"知之为知之，不知为不知，是知也"(《论语·为政》)便是明证。总之，在陈先生看来，孔子的私人讲学虽然不同于后来我国传统农业社会的私塾，但是他至少与一些弟子结成相对稳定的教师—弟子关系。①

就重新理解孔子的授业活动而言，陈先生的研究表现出高度的教育学专业自觉。基于教育学立场，陈先生从"学—教"关系本质出发关注孔子与弟子之间的不同问答形式。在陈先生开启的教育学视域中，我们领略到孔子循循善诱的师者风范，同时也看到其弟子们在提问方面表现出不同的特色：有发问(《论语·宪问》)、设问(《论语·公冶长》《论语·雍也》)、追问与反问(《论语·先进》《论语·阳货》)等形式。孔子对弟子的解答或因势利导(《论语·为政》《论语·先进》)，或借题发挥(《论语·八佾》《论语·学而》)。《论语》中的相关叙事均反映了孔子与弟子对话氛围的生动鲜活的一面。

事实上，陈先生不仅重新梳理了《论语》中的师生"问对"叙事方式，还进一步引导我们关注师生"问对"艺术在儒家经典著作《学记》中的传承。例如，在《学记》中"善待问者如撞钟，叩之以小者则小鸣，叩之以大者则大鸣，待其从容，然后尽其声"②。众所周知，《学记》被视为我国最早的一本教育学著作，关于学生提问的阐述，陈先生指出《学记》深得孔子"启发"艺术之精义。

(二)孔子"启发式"教学的历史回响：重视"消极教育"的价值

陈先生一向主张以"历史—具体"的方法论态度来对待研究问题。考虑到孔子所处的特定历史环境，比如那时造纸术和印刷术尚未出现，书写工具受限，同时制度化教育的历史条件也不具备，私人设学授徒，也只能采取个别施教的形式，"学"在先，"教"在后，师生之间口耳相传。尽管如

① 同上书，第215页。
② 傅任敢：《〈学记〉译述》，上海：上海教育出版社，2021年，第30页。

此，孔子的"启发式"教学艺术作为人类教育史早期成果之一，其中闪耀的教育智慧之光芒至今依然照亮教师前行的道路。

《论语》首篇即讲"学而时习之，不亦乐乎？"直接呈现当时普通人的学习状况——以学为主，而非以教为主。我国一些教育学教科书多把孔子的师生问对称为"启发式"教学法，但是还原孔子时代的学与教的真实面貌，似乎不存在所谓的"启发式"教学方法，因为"学—习"或许是每一个人求生存的第一要务。无论是孔子本人的求学体验，还是其弟子们的求学经历，无不真实地表明：求学是每个人自己的事情。这不仅是孔子与弟子们的共同心得，也是那个时代人们对于"学—教"关系的常识理解，即学在先，教在后，学无常师。因此，孔子才会说"三人行，必有我师焉"（《论语·述而》），"温故而知新，可以为师矣"（《论语·为政》）。事实上，《论语》中保留的"学—习"生活的描述表明孔子作为众多弟子的"业师"，也算得上是对当时"学无常师"状况做出的历史性突破，开启我国古代私学之先河。

孔子作为春秋时期私学的重要创立者之一，他的为师意向十分清楚，但是孔子更意识到"学"的主体在弟子自身，所以他在师生"问对"过程中总是针对每位弟子的特殊情况给予不同的解答，而非给出一个普适性答案，并且关注弟子的学习状态，趁其"愤""悱"之时加以引导。孔子还认为并非在任何情况下对任何弟子都可以言《诗》，只有对具备一定理解力的弟子（如子夏、子贡）他才明确表示"始可与言《诗》已矣"。

陈先生提醒我们注意当今制度化教育与孔子时代非制度化教育的不同。基于孔子的上述教学特色，陈先生更倾向于用"消极教育"而非传统的"启发式"教学法来理解孔子的教育思想。这也为重新理解孔子提供了一个新角度，即超越原来教学方法的逻辑思路，从"学"的本质及"学与教"的关系层面出发，凸显学习者的主体地位。陈先生以此为我们提供了一种反思制度化学校教育的新方法。

近代学校教育普及以来，在以班级授课制为主的环境中，一位教师面对众多的学生，为了完成既定的教学任务，教师只能以"教"或"讲授"为主，难以实现"不愤不启，不悱不发"。即便如此，学的本义依旧是学生自己的事，立足于学生自己求学，应该成为当下教师正视的问题，而不是纠结于如何运用"启发式"的教学方法。在此，陈先生用"消极教育"来解读孔子的教育思想，其教育学含义在于尊重并唤醒学生本身的求学意向，而不是强迫学生必须听课或完成作业。"学—教"的内在逻辑秩序是"学"在"教"之先，用海德格尔的话说，"教意味让人去学""真正的教师让人学习的东西只是学习"，或者说"教师比弟子更能受教"①。尤其是在义务教育阶段，如果教师没有唤醒学生的向学之心，课业可能沦为被迫之事，又何以落实学生"减负"之事呢？

三、解析赫尔巴特的《普通教育学》，重视教师之教的基本原理

20世纪90年代陈先生是国内率先开展元教育学研究的学者之一，其代表性著作之一是《历史的"教育学现象"透视——近代教育学史探索》。在教育学史上，学界同人公认德国哲学家赫尔巴特的《普通教育学》是近代科学教育学的开山之作。通过陈先生对《普通教育学》的解析，我们发现赫尔巴特其实既强调"教育性教学"，也强调"教学性教育"②，这或许能够让学界从"教育—教学"双向互动维度重新审视赫尔巴特教育学的现代价值。另外，据陈先生考证，赫尔巴特在创作《普通教育学》之时便考虑一般教师的阅读习惯，即偏爱对教育手段与方法作总结提炼，所以书中各章节标题凸显操作性表述，如"教学的步骤""教学的材料""教学的形式"等，但赫尔巴特也提醒读者不要止于对各章标题所列教育概念的了解，而要进一步深入

---

① ［德］海德格尔著，孙周兴译：《海德格尔选集：下卷》，上海：上海三联书店，1996年，第1217页。

② 陈桂生：《历史的"教育学现象"透视——近代教育学史探索》，北京：人民教育出版社，1998年，第95页。

挖掘，掌握背后的基本原理。① 陈先生对于《普通教育学》的理论研究使这部教育学经典焕发新的理论活力，为我们从教育原理层面理解"教师之教"提供重要的参考。

(一)赫尔巴特的《普通教育学》："教育性教学"与"教学性教育"

跟随陈先生的元教育学研究历程，人们可以重新认识赫尔巴特建构《普通教育学》的理论原貌，克服教育学界长期以来对"教育性教学"的片面理解。基于"教育—教学"的互动关系，陈先生引导我们关注赫尔巴特界定"教学"概念的双重维度。赫尔巴特从"多方面兴趣"的对象认识与同情等相关概念入手，推论出教学的性质：作为经验（认识）与交际（同情）的补充，确定教学与经验、交际的联系与区别，并由此重新界定"教学"的概念：培养学生"多方面兴趣"的教学是兼顾经验（认识）与交际（同情）的教学。同时，赫尔巴特又把这个独特视角作为推论教学步骤、教学材料、教学方式的逻辑前提。由此可见，教学只有兼顾经验（认识）与交际（同情），才能算得上是"教育性教学"与"教学性教育"，而非仅强调"教育性教学"这一维度。

在赫尔巴特看来，"认识是在观念中摹写在它面前的东西，同情是把自身置于别个的情感之中。"②赫尔巴特将"认识"与"同情"同时置于教学过程之中，有着深刻的教育学意蕴。他认为在具体教学过程中，有关知识的教学即是对经验（认识）的补充，或者用后来学者杜威在其论文《儿童与课程》中的术语来理解，即拓展儿童的直接经验。换言之，以知识教学补充学生直接经验的不足。同时，同情是人的社会性情感，是人类特有的属性。因此，赫尔巴特认为，着眼于培养学生多方面兴趣的教学目标，有必要通过教学过程同时给予学生经验和交际两方面的补充，这与杜威所说的

① 陈桂生：《历史的"教育学现象"透视——近代教育学史探索》，北京：人民教育出版社，1998年，第91页。

② ［德］赫尔巴特著，李其龙译：《普通教育学》，北京：人民教育出版社，2015年，第50页。

关于课程的社会价值观点具有内在的一致性。当然，赫尔巴特如此重视把"认识"与"同情"在教学过程中置于同等的地位，也取决于他的人性观——"没有理智，没有理论修养，那么脆弱的同情也沉没于愚昧之中。"①

在陈先生看来，多数中小学教师不读赫尔巴特的原著，一些教师教育研究者在一定程度上也存在对《普通教育学》的误读。借鉴陈先生提出的理解赫尔巴特教育学的新论点，对照现实的中小学课堂教学情况，可以发现教师在教学过程中比较重视知识讲授，即赫尔巴特所说的经验（认识）的补充，似乎较少关注交际（同情）的补充，或者说中小学的学科教师较多关注学生掌握知识的程度，较少关注学生的情感之维，进而造成"教书"与"育人"的割裂。当今，我们提倡"五育融合"或"五育并举"，宗旨就是一种强调"教书"与"育人"一体化的思路，而其中的教育学原理赫尔巴特早在200多年前已经论证了。

（二）倾听赫尔巴特的理论回声：重新理解教师之教的原理

陈先生从元教育学视域解析赫尔巴特的理论构建意图，明确"教师之教"的原理，即赫尔巴特所说的"教育性教学"与"教学性教育"同在，在《普通教育学》中也将其表述为教育目的与教育手段的关系。由此引导我们从基本原理的视域看"教书"与"育人"的关系，两者之间的关系直接构成"教师之教"原理的展开逻辑。

陈先生秉持的治学方法论原则之一即"历史—逻辑"的原则，所以他总是在教育史的视域中梳理《普通教育学》的理论构成路径。陈先生认为，在赫尔巴特所处的时代，学校教育尚未普及，但是赫尔巴特十分关注"师—生"双边"教育过程之学"，他对"教育过程"的系统研究较之当时流行的"教育之学""教之学"跨出了一大步。即使从现代学校"教育之学"的立场看，"教育过程之学"依然是教师教育学的重要理论构成，或者更准确地说，基

---

① ［德］赫尔巴特著，李其龙译：《普通教育学》，北京：人民教育出版社，2015年，第51页。

于"师—生"双方互动构成的"教育过程之学"是教师教育理论之核心。

陈先生对于赫尔巴特在"教育—教学"理论建构方面的深度挖掘，开启了建构当代教师教育原理的新视野。从建构"教师之教"的原理角度看，赫尔巴特在《普通教育学》中致力于形成"教育—教学"工作的一般原理，尤其从实践哲学与心理学两个方面确立理论基础。在赫尔巴特看来，教育目的是把未成年人培养成道德上成熟的人，而"正确的道德原则不是能从经验中得到的，正相反，对经验的领会是受每个人在这方面一起发生作用的信念限制的"①。同时，赫尔巴特运用心理学原理来阐明教学方法上的各种问题，如教学方法必须注意提示新教材的方法和顺序，保证新教材和旧教材恰当的相互作用。总之，赫尔巴特《普通教育学》使得教师的教学工作摆脱了陈规陋习和全凭偶然的随意性。②

陈先生对赫尔巴特《普通教育学》的元教育学研究对于建构"教师之教"的原理有重要方法论意义，具体表现为两个方面：一是还原近代教育学科创立者赫尔巴特建构"教育—教学"原理的意识和思想基础；二是引发教育研究者与中小学教师从实践哲学角度和心理科学角度对"教师之教"进行理论审视。尽管赫尔巴特的实践哲学是德国古典哲学意义的实践哲学，但是其对于我们今天理解实践哲学与教育学的内在逻辑关系具有方法论意义。教育作为人类社会重要实践活动之一，基于实践哲学立场重构教育基本理论已成为学界共识。另外，在我国特定文化背景之下，我们在尝试建构教师教育学理论基础之时，也有必要从马克思实践哲学汲取理论滋养，并从"教师之教"的原理层面阐释我国新时代立德树人的根本任务，以及培养社会主义建设者和接班人的教育目标与具体课堂教学手段之间的逻辑联系。

---

① [德]赫尔巴特著，李其龙译：《普通教育学》，北京：人民教育出版社，2015年，第168页。

② [美]杜威著，王承绪译：《民主主义与教育》，北京：人民教育出版社，2001年，第80—81页。

四、厘清中小学教师职业特质，探索 U−S 教师合作研究之路

在教师专业化运动风起云涌之时，相当多的中小学教师对"教师专业发展"存疑，原因是他们整天忙于教学、应试及学校的各类工作，如果是班主任，教学之外再加上班级管理工作，实在没有更多精力追求专业发展。类似问题困扰中小学教师已久，陈先生的《师道实话》出版后，在中小学教师群体获得了广泛认同。深究其理，陈先生以严谨治学的方式分析中小学教师的职业特质，明确提出教师的工作一半是专业，一半是事务管理。此语一出，对于中小学教师来说便在一定程度上起到"减负"之功效。一方面，陈先生提醒广大教师不要被"教师专业发展"的口号所困扰；另一方面，先生身体力行，到中小学去研究教育，探索大学教师与中小学教师合作之道。

(一)"学者型教师"与"教书匠"：岂能简单对立

近些年来，"教师专业发展"似乎成为提升中小学教师专业地位与社会声誉的代名词，许多光鲜的词语被赋予教师，如"学者型教师""专家型教师"等。陈先生秉承其一贯严谨治学的态度，认真审视教师概念。在他看来，"要一般地论定教师属于什么类型，宜从什么类型转向什么类型，不能不以教师职能活动所依托的教育结构为依据"[①]。

陈先生引导我们从教育史视角进入研究主题。现代学校教育通行的"教—学"制度是班级授课制，教与学又依托于学科课程。由此形成的常态化教学活动的场景是：一位教师通常面对一个班级的学生，作为群体的学生在教师眼中则是"批量存在"的；"教—学"的主要内容是学科知识，教师在课堂上往往对知识进行"批量传授"，鲜少能顾及对个别学生的指导。如此"教—学"制度环境中，教师的职能更多地表现为知识传授。或许有些教

---

① 陈桂生：《师道实话》，上海：华东师范大学出版社，2004年，第22页。

师在教学活动中能发挥其智慧，但充其量是"教学机智"。鉴于当前学校通行班级授课为主的教育结构及由此形成的教师职业惯习，在陈先生看来，"知识传授型"教师要转化为"专家型教师""学者型教师"，谈何容易！

与此同时，陈先生还提醒我们重温马克斯·韦伯关于学者也不一定是好教师的观点，对于中小学教师评价来说似乎也有借鉴价值。在韦伯看来，有资格的学者与合格的教师，两者并不完全等同。一名杰出的学者，同时却可能是个"糟糕透顶的老师"[①]。由此可见，教师中的"学者"如果不从课程与学生的需要出发，只把精力放在学术研究领域，而不去关注学生的思维改善，确实有可能成为"糟糕透顶的老师"，这样的老师也非学生心目中的称职老师。因此，从学者与教师的内涵和相关性看，对于中小学教师来说，两者之间的关联度似乎不算密切。

从教师职业特点来看，当一个普普通通的教师并不容易。陈先生对于教师的境况饱含同情，他在文中曾描述一位小学老师的日常工作：每周16节课，备课，上课，批改学生作业，参与学校内部测验和上级教育管理部门组织的统测，参加学校和上级教研部门的教研活动……教师似乎"成了一架无法停止的机器"[②]。明乎此，我们才会知晓关于教师专业发展的高头讲章和一系列"称谓"离教师真实职业境遇有多远。基于对教师日常工作的详尽理解，在陈先生的眼中，做一名合格的、尽职的教师实属不易，何必再用那些高大上的名号干扰教师的日常教学呢？

与此同时，陈先生对"教书匠"的说法也保留一份基于教育史视域的专业同情感。[③] 他认为，一方面，"教书匠"是学校现行课程机制的产物；另一方面，类似于手工艺人，教师的教学艺术也常常呈现独具匠心的创造性

---

① ［德］马克斯·韦伯著，冯克利译：《学术与政治》，北京：生活·读书·新知三联书店，1998年，第21页。

② 陈桂生：《师道实话》，上海：华东师范大学出版社，2004年，第29页。

③ 同上书，第40—41页。

意蕴。但是，手工艺人的作品是人造的物化产品，其匠心凝结在物化产品之中，显现出特殊价值；而教师的劳动不是生产具体的物化产品，而是影响学生的身心状态，其中包含学生本人及相关教师和家长的共同作用力，或者说学生身心成长是内外多种因素共同作用的结果，是个体精神成长的社会化过程，也可以视为社会化产品。综观学生个体成长的整个社会化过程，教师作为"教书匠"其实付出了诸多创造性努力。

(二)学会做行动研究：中小学教师摆脱"教书匠"境遇的可行道路

20 世纪 90 年代以来，在"教师成为研究者"和"教师专业发展"等教育思潮影响之下，中小学教师参与课题研究的热情不断高涨，加之 U－S 合作的助力，相关研究成果似乎层出不穷。在此背景下，教育理论与教育实践之间的逻辑距离是否得以跨越？教育学界的这个经典问题再一次扰动陈先生的思绪。先生在教育基本理论研究领域深耕数十载，从教育理论工作者的体验来看，内心似乎一向背负着"理论脱离实际"的包袱，苦于同中小学教育实践格格不入。[①] 恰逢此时，先生通过元教育学研究，明晰"教育科学研究""实践教育理论""教育基础理论"之别。于是，从 1995 年起先生亲率胡惠闵、黄向阳、王建军、曾令奇等几位弟子着手同中小学教师开展合作研究的尝试。经过近五年的探索性研究工作，先生以教育学家的专业态度从"教育行动研究"的要义、"教育研究自愿者组合"的建构等方面勾勒出大学教师与中小学教师合作研究的可行性道路，成为我国教育学领域开展 U－S 合作的经典范例，也为中小学教师进行教育行动研究提供了学术规范导引。

陈先生基于我国学校教育文化语境重新界定"教育行动研究"，实现这个概念的中国本土化转型。细品先生的研究风范，既不跟风，也不去蹭所谓的"热点"。他十分清楚"教育行动研究"是一个国外教育学术语，移入中

---

① 陈桂生：《到中小学去研究教育——"教育行动研究"的尝试（修订版）》，上海：华东师范大学出版社，2003 年，序第 2 页。

国文化土壤之后，似乎难以避免变样的命运。先生在梳理"行动研究"和"教育行动研究"发展史，比较国外诸多相关概念的基础上，明确了"教育行动研究"与"教育行动"的区别，并指出"教育行动研究旨在提高教育行动者的自觉程度，使行为者从被动地应付工作，或单凭热情与善意工作，到自主、自觉地工作，直到获得教育行动的自由"①。同时，陈先生也对"教育行动"重新进行了定义：它是"教育行为""教育环境"与"教育行为主体"构成的"三位一体"的行动；教师是"教育行动"的主体；"计划""执行""检查"与"总结"构成的"教育行动过程"本身是教育行为主体（教师）不断反思的过程。②

陈先生也敏锐地觉察到中小学教师参与教育行动研究面临的困境。一方面，当今学校教育越来越"制度化"，教师工作类似工厂工人"批量生产"产品，教师也愈发成为现代"教育机器"的螺丝钉，其常规教育行动已经被规定了，能有多少"自由"？另一方面，教育研究本身也越来越"科学化""技术化"或"程序化"，从事"教育研究"的专业人员本身多是置身于学校直接教育过程之外的"研究者"，如大学和教育科研机构的研究者们，其研究成果的复杂程度远非中小学教师依赖经验思维能够解读，并直接导致大学教师与中小学教师在分享研究成果上的不平等境遇。在"专家指导"或"教育培训"的名目下，现实中的中小学教师的主体意识相当薄弱，或许比传统手工业时代的教师更像"教书匠"。

为了让中小学教师实现从"教书匠"到"研究型教师"的转变，在与中小学教师合作研究的过程中，陈先生提出"教育研究自愿者组合"的建构性理念，并亲力亲为，直接参与起草《"教育研究自愿者组合"章程》。在目标方面，一是学做"现代人师"，二是学做"作为研究者的教师"；在原则上，尤

① 陈桂生：《到中小学去研究教育——"教育行动研究"的尝试（修订版）》，上海：华东师范大学出版社，2003年，第5页。
② 同上书，第6页。

其强调自愿；在组织上，由有研究能力的教师、学校领导、大学教师联合发起，并为第一批成员；在研究活动方式上，强调研究教师自己遇到的实际问题，以解决问题为目的，力求按研究规范操作，逐步推进。① 由此可见，这里的"教育研究自愿者组合"不只是一个组织名称，更表达出陈先生主张的教育行动研究理念——大学教师与中小学教师共同参与的"合作的教育行动研究"，从学校已有的问题入手，谋求教育行动的改善，这是一种"反思的教育行动研究"②。

在合作研究过程中，陈先生反对草率地择定课题，他认为总体上应侧重以下三类课题：一是经验总结型，如"超越规范的学校管理"；二是问题研究型，如"学会关心学生"；三是试验研究型，如"教育性评语"。陈先生真诚地表示这样的合作研究是"摸着石头过河"，希望教师从研究中"学会研究"，同时力图使研究带有反思的特征，因此在合作研究过程中要不断激发鲜活的灵感和思想的火花。

综观陈桂生先生在教师研究领域的理论探索与实践行动，可以感受到一方面，先生坚持"历史—逻辑""历史—具体"的方法论立场对待教师问题，独辟蹊径，既还原"教师之教"的历史事实、理论研究路径，又深刻观照现实学校教育制度下教师被规定的职业特点；另一方面，先生坚持实话实说，不喊"教师专业化"的空洞口号，而是身体力行地与中小学教师一起做教育行动研究，以扎实的研究行动跨越理论与实践之间的传统屏障，让大学教师与中小学教师共同体验理论与实践统一后开启的新的教育研究生态与中小学教师专业发展的现实道路。从这个意义上说，陈先生在教师研究领域的理论探索与实践示范无疑能够为我国教师教育基本理论的研究提供方向与导引，也为中小学教师专业自主发展提供重要的理论借鉴。其中

---

① 陈桂生：《到中小学去研究教育——"教育行动研究"的尝试(修订版)》，上海：华东师范大学出版社，2003年，第23—24页。

② 同上书，第23—25页。

尤为可贵之处是陈先生以其深厚之学养与仁爱之心在为教师"正名"，旨在让"教师"之名回归本有之义。他既从学理角度深刻论证教师劳动的教育专业性的一面，也真实地呈现教师日常工作的事务性的一面。实质上，这能够帮助广大教师清醒地认识到职业的崇高感与平凡感同在。先生以其敏锐的学术洞察力和实实在在的研究行动，既在一定程度上确立了教师原理研究的理论范式，也躬身示范了大学与中小学教师合作的新路径，是我后辈教育学人的榜样。

师者示范：陆有铨先生的教学生活叙事

《师者示范：陆有铨先生的教育生活叙事》写作缘起于对导师陆有铨先生的缅怀。事实上，从学生视角来看，跟随陆老师学习的三年时间里，无时不被陆老师的思考力量所感染。时到今日，我也忝列研究生导师之中，从大学教师的视角重温陆老师给予我的影响，以此为镜，不仅反省自己的为师之路，更警醒自己肩负的责任与使命。

2021 年 10 月 17 日，时逢中国教育学会教育哲学研究分会第一届理事会成立大会暨学术研讨会在宁波大学召开，与会学者们重温我国教育哲学的学科发展历史，尤其缅怀已经故去的黄济先生、陆有铨先生两位前辈学者的杰出贡献，两位先生已然进入学术共同体的集体记忆。作为陆先生指导的博士生，我们对先生共同的"记"发端于华东师大校园三年朝夕相处的学术生活，而萦绕心中对先生那挥之不去的"忆"却是源于师生关系的同道交往。毕业之后我们在各自岗位从事教育哲学研究与教学工作，常有机缘陪伴先生左右，听先生论治学之道与教学之法。尽管先生的生命终止于2019 年 11 月 12 日的凌晨，但是在课堂上、在学术研讨会中、在先生留下的文字里依然回响着先生振聋发聩的发问……不知不觉间，先生去世已近两年，唏嘘之余总感到应该说点什么，又在彷徨与犹豫中纠结，担心先生所彰显的为人为学之道一旦诉诸语言就破坏了它的灵动、幽深、玄妙。也许叙事的方式，能够帮助我们接近原初经验，接近"道"本身。近日，我们与先生故友朱珊老师一起探望陆师母，触发并坚定了我们共同完成这篇叙事的心愿，以此方式分享跟随先生多年的学习生活体验，既作为一个纪念，也以先生为示范，学为人师，反观自身的教学生活，更好地承续先生耕耘一生的教育事业。

一、指导我们做教育哲学：发现问题比解决问题更重要

我们的博士生研究方向是"教育哲学"，当初报考华东师大教育学原理博士生的时候，选择这个方向的理由既模糊又明确，首先是被先生在学界的口碑所感染，进而仰慕先生之学问，希望跟随先生去探究教育中最深刻的道理——塑造灵魂的学问。随着求学之路的延展，现在更加明白——这也是人世间最切己的道理——育人育己、不断追问求索之道。进入师门之后，先生开设了一学年的"教育热点问题研究"专业课程，通过让我们亲自做研究来指导我们做教育哲学，让我们切身体验问题意识与反思意识的生长。

当年，我们那一级有 4 位同门①在先生的指导下学习这门课。具体要求：每次课由一位同学进行主题报告，必须结合博士学位论文的研究领域，逐步聚焦特定领域的教育热点问题，尝试运用相关理论进行深入思考，形成一份规范的主题研究报告。表面看来，每周一次课，4 位同学，每个人一个月才轮到一次课堂报告的机会，似乎有比较充裕的准备时间。但是，落实到具体的实施过程要克服重重困难，从选题到查文献，从文献综述到提炼出精准问题，从建立理论分析框架到有逻辑地展开论证，绝非易事。尽管每个人用一个月时间努力撰写研究报告，但是在先生步步"诘问"之下，所谓的研究报告被批驳得"体无完肤"。

起初，这样的课堂学习生活让我们很有挫败感，仿佛十几年学习白费功夫啊！每次课都异常艰难，能够坚持下来还得益于先生对于课堂节奏的

———————————

① 陆有铨教授 2000 级指导的教育哲学方向 4 位博士生：马和民、姚远峰、鞠玉翠、朱晓宏。

精准把控。先生的教学风格时而以雷霆万钧之势发问："你说这些话，依据何在？逻辑何在？说有或说无，都不能想当然。"直接击碎我们教科书式的思维窠臼；时而春风化雨般地叮嘱："教育学博士生，你将来的学位是Ph. D，你有责任对于教育现象进行哲学反思。"先生时常提醒我们以哲学态度审视教育现实世界里动听的口号，如"培养学生创新思维"。在先生看来，"思"或者说"奇思妙想"是人的自然禀赋，对于儿童的创新思维来说，与其谈培养，不如说要防止禁锢或破坏儿童与生俱来的思维能力。先生不仅在课堂上示范并训练我们发现问题、分析问题的理论反思的能力，而且践行着教育学者的专业责任，他自觉对教育理论问题与实践问题进行检视与反思，形成一系列发人深省的文章：《"适合"是最好的教育》《学校教育的作用是有限的》《"不做"也是一种教育方法》，等等。[1]

仿效先生的理论思考进路，我们逐步体验以学理眼光探寻问题确立的依据及问题的恰当表述，批判同门的发言，尤其审视自己的思考方式。在先生的反诘与循循善诱之下，我们的理论学习生活也渐至佳境。通过这门课程的学术洗礼，我们的理论思考方式得到彻底淬炼，真实体验超越常识思维的喜悦，也似乎明白孔子名言的思想意蕴："学而时习之，不亦说乎？"

问题意识取决于研究者的理论反思或者哲学反思水平，没有学术高度则无法看到真问题。先生一贯主张："研究者的问题意识是否强烈，是制约学位论文水平高低的一个极其重要的因素。"[2]先生坚持以规范的专业课程训练来陶冶我们的理论之思，让我们的意识中萌发审视教育现实的专业眼光。功夫不负有心人，在准备博士学位论文开题报告的时候，受益于先生的严格训练，我们内心似乎少了些许迷茫，至少能说明白想要解决的问

---

① 陆有铨：《教育是合作的艺术》，北京：北京大学出版社，2012年，第5、7、112页。
② 陆有铨：《从学位论文看基础教育研究中的若干问题》，《教育学报》，2008年第4期，第4页。

题是什么，以及研究问题的研究思路、内容与方法。我们在撰写开题报告的时候，每一个意识萌动之时，先生的诘问也随之回响，思与反思由此交响，推动着思的深化与拓展，多么美好的理论思维体验啊！

时隔数年，作为一名教育研究者，同时也作为一名研究生导师，现在我们也在各自岗位承续先生的学术文脉。在研讨会上，每每与同事们研讨专业问题的时候；在课堂上，每每与研究生一起讨论学位论文选题的时候，先生仿佛就置身于我们中间，一边踱步一边感慨："你要自己设想一个'假想敌'，问问自己说的能否站住脚。""说有易，说无难！"

二、课堂讲授：彰显治学之道

我们经过了一个学期的"试水"，第二学期一边继续进行"教育热点问题研究"的讨论，一边系统地学习先生为教育学原理专业博士生开设的专业基础课"教育哲学"。尽管在准备博士生入学考试期间已经反复研读先生的代表作《躁动的百年——20世纪教育历程》（山东教育出版社，1997年版）和《现代西方教育哲学》（河南人民出版社，1993年版），但仍然期待着先生系统讲述中的侃侃而谈和妙语连珠……

据学长们说这门课的听课人数比较多。开课当天（周五下午），我们相约早早地来到教室，那是位于教育学系二楼朝南的一间教室，宽敞明亮。我们选了合适的座位，环顾四周，一些熟悉的同学们也陆续进来，还看到一些陌生的面孔，从他们的言谈中得知他们多是慕名而来的教育学相关专业博士生，如课程论、比较教育学、教育管理学、教育技术学、心理学等。上课时间未到，教室里已经有一些站着的同学们了，只好请系办公室老师协调教室，我们被安排到系里一楼容纳人数最多的学术报告厅上课。

待同学们安稳落座之后，陆先生精神饱满地走进教室，看到同学们期待的眼神，他鲜明地表达立场"来者不拒，去者不迫"，因为大学是思想自由交流的场所，来去自由。然后，以高亢的声音进入课程内容的讲授：

学习"教育哲学"这门课，越学麻烦的问题越多，所以，这门课的价值不是解决问题，而是发现问题。对于人来说，没有问题之时，往往可能存在最大的问题，也是最危险的时候。人类发展的历史就是解决问题的历史。有问题，发现问题，正是社会有活力的时候。一个人，一个国家，一个民族，不怕有问题，怕的是掩盖问题。

这门课的实质是教育哲学派别，三个层次的学生都讲过了。给本科生只讲了各派的教育主张；给硕士生讲的内容里加强了评论部分；给博士生讲的重点在于背景和来龙去脉。

任何一门学科都有假定前提，例如，经济学假定的前提：人是自私的，要通过经济活动获得自己的利益，以极小的投入获取最大的利益。其实，各个专业都有假定的前提，例如教育史，其假定前提是历史是有规律的。我们这门课恰恰是对人们认定的与教育有关的前提加以探讨或批判，问出的问题往往是有颠覆性的，我们听课要注意三个方面：

一是听课学习，注意教育家们如何思考，而不是思考什么，不是思考的结论是什么，重要的是学会"思想思想"。法国思想家帕斯卡说过："人只不过是一根苇草，是自然界最脆弱的东西；但他是一根能思想的苇草。……一口气、一滴水就足以致他死命了……人却像仍然要比致他于死命的东西更高贵得多……我们的全部尊严就在于思想。"在我心中思想有其独特价值，那就是"独立之人格，自由之思想"，这是陈寅恪为王国维写的墓志铭中所讲的话。我辈充其量是"专业人员""专业技术人员"，所以，最重要的是学习"独立之人格，自由之思想"。

二是注重考察不同教育思想的外部条件与内部条件。现在的博士生论文中都喜欢用"历史和逻辑的统一"，我在答辩时就问：什么叫历史与逻辑的统一？那些博士生没有一个不"投降"的，说不清楚。本来这句话讲得有道理。黑格尔说逻辑的就是历史的，两者是统一的。马克思学说批判黑格尔是"头脚倒立的"。因此，对于任何思想家对于教育的论述必须从两个方面来把握：一方面是历史的、社会的外部条件、客观条件，无论哪种流派教育思想历史（过去）的溯源与社会（当下）的现实考察；另一方面是其思想内涵的演变等。

三是注意评析。对任何一种教育思想都要从当时的历史背景进行考察。所谓评析就是要用历史的眼光审视，也是胡适所说的"祖孙法"，"从来不把一个制度或学说看作一个孤立的东西，总把他看作一个中段：一头是他所以发生的原因，一头是他自己发生的效果；上头有他的祖父，下面有他的子孙。"只有抓住"因"与"果"这两头，才能认清一个事物的真面目。用我的话说"学习教育哲学就要通过历史事实的绝对揭示历史过程中的相对性"。如计划生育政策，一对夫妻只能生育一个孩子，在特定条件下是绝对的，但在历史过程中是相对的。

上述文字选自我们的课堂学习笔记①，其中有一些醒目的省略号"……"，一是课堂笔记速度赶不上先生的语速，二是暴露自己听课或读书的陋习——只在意只言片语，未解其中精髓。当时，只好在课后亡羊补牢，补充了一段备注——帕斯卡名言出处：《思想录》第157～158页。也努力地把课上所学用到研讨课中。如今重温笔记，浮现于眼前的是先生挥斥方遒的激情，回荡于耳畔的是先生振聋发聩的声音，而内心对先生言词中的深意又有了新的体悟。

先生阐明的三条学习原则对于我们这些刚跨入博士生序列不久的"素人"来说有着极其重要的方法论意义。我也曾记起硕士生学习阶段导师的"口头禅"：读书要注意"字里行间"的意思。何为"字里行间"？似乎未解其意，处于懵懂状态。博士阶段先生的话仿佛点醒"梦中人"。课堂上，先生尤其提醒我辈"专业技术人员"："说有易，说无难"。后来，在跟随先生深入学习的日子里，他常以此敲击我们言说中存在的逻辑漏洞。

---

① 关于陆先生教学内容的回顾主要根据我们各自的课堂教学笔记，同时也参考了相关同门的课堂笔记，尤其感谢泰安学院教育学院李群副教授提供的课堂学习笔记，她曾是陆先生的访问学者。

　　我们听课之后深感此课的基础性、系统性、启发性，对研究生快速入门很有帮助，建议此后的培养方案将这门课调到第一学期。第二学年，我们跟着师弟师妹们又重温了一遍先生讲的"教育哲学"。

　　今日，我等也忝列为博士生导师多年，每学期的第一节课开始前内心依然惶恐，脑海中常浮现先生的"教育哲学"课给自己思想带来的强大冲击力与震撼感。先生以自身的研究境遇唤醒我们对学术之道的高度重视，并语重心长地提醒我们把握研究逻辑的必要性。如果熟悉陆先生的代表性著作①及其治学经历②，或许不难理解先生的言说，也是其治学之道与教学之道交相辉映的呈现，发乎于心，显乎于思。以先生为镜，就研究生的专业课来说，第一节课的开宗明义对于学生进入研究生阶段有重要的开启意义。

　　从大学教育角度看，博士生教育是研究型大学培养高层次研究人员的最高阶段，传授治学之道是必修课程的应有之义，但是，如何传道？如何做到开宗明义？似乎不是一个简单的教学技术问题。研究生导师对于以追求真理为己任的学术生活本身要拥有清醒的自觉意识。对于培养博士生来说，导师不再是传授静止的结论性知识，而是指导其形成影响一生的科学思维方式及追求真理的态度。先生反对传授"固定的道"，他在课堂上不仅传授我们做学问的方法，也在潜移默化间树立起研究生导师的专业形象——思想者、研究者、教育者，三位一体。在先生的课堂上，他常常提及"自由之人格，独立之思想"，并且毫不留情地批评我们观念中的常识之见，一步一步引我们进入学术之境，质感地体验大学理念的庄严与神圣。

---

　　①　陆有铨：《现代西方教育哲学》，郑州：河南教育出版社，1993 年；陆有铨：《躁动的百年——20 世纪的教育历程》，济南：山东教育出版社，1997 年；[美]罗伯特·梅逊著，陆有铨译，傅统先校：《西方当代教育理论》，北京：文化教育出版社，1984 年。
　　②　戚万学：《留得岁寒风骨在——记陆有铨先生的学术人生》，《教育研究》，2020 年第 2 期，第 151－159 页。

三、跟先生一起做课题研究：体验原创性学术工作

回忆与先生共处的三年时光，先生带领我们进行国家级课题研究的体验十分深刻，让我们直观感受到原创性学术工作的辛苦与成就。先生2001年申请获得全国教育科学"十五"规划（国家社科基金教育学重点项目）"转型期西方教育哲学的发展及其对我国的启示"（项目编号：AAA010009）。当时，我们正处于博士生2年级的阶段，先生鼓励我们基于各自的学术兴趣自愿参与课题研究。

在先生高瞻远瞩的学术视域中，我们再次体会先生致力于原创性教育研究的鸿鹄之志：

1995年先生曾主编"20世纪教育回顾与前瞻丛书"（山东教育出版社）①主要叙述19世纪末20世纪初至20世纪80年代西方主要国家的教育在若干领域的发展进程，在国内教育理论界产生了一定的专业影响力；其间，先生的研究成果凝聚为专著《躁动的百年——20世纪的教育历程》。本课题是上述研究成果的继续，聚焦于20世纪80年代以来西方主要国家教育理论与实践若干方面的主要进程，预期研究成果也将以丛书形式出版。

先生对于西方教育理论的系统研究起于其研究生学习期间，他于1979—1982年成为山东师范大学与华东师范大学联合招收的硕士研究生，跟随中国著名教育哲学家傅统先、张文郁学习教育哲学，尤其关注西方当代教育理论发展成果。② 1985年9月—1986年10月，先生曾前往美国旧

---

① 陆有铨总主编"20世纪教育回顾与前瞻丛书"（9本），山东教育出版社1995年版。袁振国：《对峙与融合——20世纪的教育改革》；戚万学：《冲突与整合——20世纪西方道德教育理论》；扈中平、刘朝晖：《挑战与应答——20世纪的教育目的观》；张胜勇：《反思与建构——20世纪教育科学研究方法论》；杨启亮：《困惑与抉择——20世纪的新教学论》；张维平：《平衡与制约——20世纪的教育法》；靳希斌：《从滞后到超前——20世纪人力资本学说·教育经济学》；张卿：《学与教的历史轨迹——20世纪的教育心理学》；张诗亚、周谊：《震荡与变革——20世纪的教育技术》。

② 在攻读教育哲学方向的研究生期间，在导师傅统先先生的指导下，陆先生翻译出版《西方当代教育理论》（文化教育出版社，1984年）。

金山州立大学访学，重点研究美国当代教育思潮，并于 1993 年出版《现代西方教育哲学》[①]，由此奠定我国教育学界研究当代西方教育哲学的基本范式。

在先生的悉心指导下，我们几位博士生结合博士学位论文研究选题与本课题的结合点，分别选择相关研究领域展开子课题的研究。随着研究工作的逐步展开，困难也日益凸显，主要表现为两个方面：一是客观方面，第一手文献比较缺乏，当时国内图书馆的英语专业文献难以满足课题研究需求，导致研究进展缓慢；二是主观方面，评价文献的理论功力比较薄弱。先生为此举办专题研究讨论，针对我们提交的专著写作计划（含三级标题）及其中一个样章，逐一帮助我们厘清思路、聚焦问题。针对一手文献不足的问题，先生建议与国外相关领域学者加强学术联系，不能急于求成。随着时间的推移，我们博士毕业后分别进入新的工作环境，存在一个适应期，也在一定程度上影响了课题的推进速度，诸多因素叠加，严重地妨碍总课题如期结题，导致先生作为负责人被课题管理部门纳入未按期结题名单。

闻此信息，我们心中无比愧疚，先生则以豁达心态鼓励我们：

这个课题在国内教育理论界具有前沿性，当然也会遇到前所未有的困难与挑战。务必以实事求是的态度坚持研究，不要为了课题的结题而做研究，一定要做出高水准的研究成果，实现课题立项之初的学术承诺。

先生既坚持学术标准，也充分理解我们面临的不同困难，不单纯追求原定的结题进度表，让我们放弃思想包袱，全身心投入课题研究。经过近 8 年的不懈努力，终于水到渠成，在山东教育出版社的支持下，2010—2011 年完成系列丛书（8 本专著）的出版任务：

问题与情境——西方教育理论的发展

[①]　陆有铨：《现代西方教育哲学》，郑州：河南教育出版社，1993 年。

反思与超越——走向复杂的西方教育变革

国家观念、市场逻辑与公共教育——转型期西方公共教育改革研究

权力分享与责任分担——转型期西方教育校本化思潮及其启示

有效教学的新思路——20世纪80年代以来西方学校教学变革研究

复归与重构——当代美国道德教育理论与实践变革研究

论争与建构——西方教师教育变革关键词及启示

从超越到世俗——西方高等教育的当代转型

8本专著的作者都是先生指导的博士生。虽然从课题完成时间看，远远超过立项时规定的3年结题时间，但是从课题成果的专业影响看，为国内教育学界把握20世纪80年代以来西方相关教育理论与实践发展进程提供了重要的理论参照系。对于我们个体学术成长而言，基于先生高屋建瓴的课题设计，我们被迅速带到有学术高度的教育研究平台，并且真真切切地置身于特定研究领域的学术前沿，意义深远。在先生课题总体设计思想的导引之下，我们一步一步地深入钻研，独立撰写20多万字的学术著作，这是自博士学位论文之后重要标志性的成果。回望整个研究过程，既充满求索的艰辛，也洋溢收获的喜悦，内心体验恰如王国维描述的学术三境界：一是"昨夜西风凋碧树，独上高楼，望尽天涯路"；二是"衣带渐宽终不悔，为伊消得人憔悴"；三是"众里寻他千百度，蓦然回首，那人却在，灯火阑珊处"。

总之，先生严谨的治学态度与有效的科研方法指导，既树立我们的研究信念，又切实提升我们的研究能力。该课题研究工作发起于我们博士生学习期间，结束于博士毕业后的工作之初，虽然整个过程辗转曲折，但是先生对于结果还是比较认可的。正是如此具身化体验国家级课题研究全过程，我们的理论思考力、学术判断力及战胜困难的意志力等都上升到一个新高度，为后续独立开展教育研究工作奠定了强大的学术信念与方法论基础。

四、走近先生的先生：寻访著名教育学家傅统先的问学之路

回忆跟随先生的求学岁月，难忘记忆不仅体现在课程学习、学位论文写作指导、课题研究等方面，还有行走中的问学经历。印象深刻的生活片断是跟随先生寻访我国著名教育学家傅统先教授（陆先生的导师）早期求学之地——上海小桃园清真寺①，身临其境地感受"道之所存，师之所存"。

傅统先教授早年在上海求学期间曾寄宿于小桃园清真寺。此寺规模不大，置身于上海老城区的小桃园街道，人流熙熙攘攘，如果不是陆先生做向导②，我俩或许就错过清真寺的那不太起眼的大门了。当天的游客很少，管理人员得知我们的来意之后颇为敬重，特别引我们进入平时不对游客开放的区域——藏经（书）楼，那里还陈列着傅统先著的《中国回教史》。我们走进其中一间木结构的房间，虽然老旧，却也干净整洁，有专用洗手用具、一张旧书桌等家具。环顾四周，明媚的阳光从窗棂射入，听着先生娓娓讲述，眼前清晰地浮现一位穿长衫的青年正在那里安静地读书。基于陆先生对傅先生充满深情的讲述，我们尝试还原傅先生的求学轨迹：

傅统先，祖籍云南省澄江市，初中毕业后来到上海市民立中学读书，因其回族背景，得以寄宿于小桃园清真寺，也是在这里遇到了美好的爱情。1928 年进入上海圣约翰大学③哲学系（今华东师范大学哲学系）读书，圣约翰大学丰富的中外文藏书使傅先生得以广泛研习以黑格尔为主的西方近代哲学，大学期间就开始在圣约翰大学学报《约翰声》上发表哲学论文

---

① 上海的小桃园清真寺位于上海老城区的小桃园街 52 号，因寺门正对着小桃园街，故得名"小桃园清真寺"。老上海人一般称其为"上海西城回教堂"，该寺初建于 1917 年，1925 年在现址重建，是一座四座圆顶的具有西亚伊斯兰建筑风格的清真寺。目前依然是上海穆斯林宗教和教育、文化活动中心，设有上海清真寺管理委员会、上海市伊斯兰教协会等机构。

② 寻访小桃园清真寺的经历，陆先生在接受北京师范大学于述胜教授访谈时也有谈及，详见陆有铨、于述胜、包丹丹：《傅统先教授的学术人生》，《教育学报》，2010 年第 5 期，第 3—11 页。

③ 原上海圣约翰大学，1879 年由美国圣公会创建的教会大学，1952 年秋圣约翰大学撤销，其院系被调整并入上海市多所高校，哲学系、教育系等被并入华东师范大学。

《驳无神论》《柏拉图的哲学》《关于易经的考据》等，并得到时任校长卜舫济的青睐。大学毕业之时，傅先生根据自己学习所得撰写了《知识论纲要》一书。1942年傅先生被聘为圣约翰大学教育系主任兼哲学教授。1948年傅先生去美国哥伦比亚大学攻读博士学位，其博士学位论文指导教授蔡尔兹是杜威的学生，傅先生的教育思想深受杜威教育哲学观影响。

这次有缘跟随陆先生访上海名寺、寻学术之源，重温傅先生的求学踪迹，直观感受傅先生的治学之道，尤其是体验我国教育哲学产生与发展的学术源流。后来，在陆先生家里他还拿出珍藏多年的傅统先教授当年的博士学位论文英文版①，大约 A4 版面的厚厚的黑色大开本，封面很有质地。睹物思人，陆先生又满怀深情地回忆傅先生对他的教诲与影响：

傅先生当年攻读哲学博士学位，他研究的是道德判断问题。当时，他把开题报告写得洋洋洒洒，交给导师。过了几天后，导师找他去谈话，在他的开题报告中用笔画了一句话，并说你的论文只要把这句话论述清楚就行了，你旁的都不要在意。傅先生在指导我写学位论文的时候讲述了这个故事，我从中得到的教益是学位论文研究不但要有问题，而且问题必须明确、具体，要小题大做。

关于哲学与教育的关系，傅先生对杜威的思想有继承，他的观点可以从两个方面理解：科学有它自己的实验室，一切要经过实验，用事实说话；哲学作为一门学问，也应该有自己的实验室，这个实验室就是教育，就在学校，学校就是哲学的实验室。同时，傅先生非常重视平民教育，20 世纪三四十年代的时候，他在上海的几所中学做实验，就是要实验他的哲学思想。傅先生也很重视大学生的哲学教育，1942 年秋他被聘为圣约翰大学教育系主任兼哲学教授之后，在上海当地多所大学讲授"哲学概论"（大学普通必修课程），后来在讲义基础上出版《哲学与人生》《教育哲学

---

① 傅统先教授逝世之后，其子女将傅先生留下的书信等文物一并交给陆有铨先生收藏。先生非常珍视这份宝贵的精神遗产。

讲话》两本书。

被陆先生对先师的缅怀之情所感染，我们以渴望见圣贤之心拜读傅先生的著作《哲学与人生》。虽然我们无缘聆听傅先生的教诲，但是在文字里真实体验到薪火相传的神圣感。傅先生在《哲学与人生》（1945年初版）的自序中写道："这个反常的局势总是要安定下来的，复兴中国的工作不能等待将来的太平时代，我们要从现在做起。而且我们认为一切复兴的工作都必须以精神的复兴做基础。"[1]品读这些有历史穿透力的铿锵文字，深刻感受到傅先生那代中国杰出知识分子在国运艰难时刻的坚定与坚守，也更加理解陆先生对于中国教育学者使命的强烈呼吁。[2] 今天，生活在盛世中国的我们作为新时代的中国教育学人，没有理由不履行继续建设中国本土教育学的使命。

五、学为人师：遵循先生的教书育人之道

上述四段关于陆先生的教学生活叙事出自我们跟随先生学习的生活体验片断。从研究生视角来看，这是我们在华东师大三年博士生学习生活中难以忘怀的记忆。从研究生导师视角审视这些教学生活叙事，直观把握先生的言传身教。以先生的教学活动为参照，可从两个方面反思当下的研究生教学：一是如何让研究生形成问题意识；二是如何让其拥有教育研究者的责任感与行动力。

其一，问题意识起于理论之思的课堂生活，"教"必须让研究生的学术之思发生。陆先生的教学活动提供了生动的范本。在"教育哲学"课堂上，先生基于他本人对于美国当代教育思潮评析的研究，具体而生动地阐述美国进步主义、要素主义、永恒主义、改造主义等几个重要流派的思想渊

---

[1]　傅统先：《哲学与人生》，北京：首都经济贸易大学出版社，2012年，第2页。

[2]　彭泽平、陆有铨：《论当代中国教育学者的使命》，《华东师范大学学报（教育科学版）》，2007年第4期，第21—29页。

源、社会背景、理论基础、教育主张等内容，并以马克思主义哲学为理论工具进行实事求是的评析。先生是在教书，同时，也复演着其理论之思的发生过程，他在言说中思考，学理意识化为书中的专业文字，知识与意识在此浑然一体。此时此刻，"历史的逻辑的"呈现于先生的求索之路。在先生的课堂言说中，经过先生的具身化再现，研究生的意识中生长出历史的逻辑的思之朝向，问题意识也由此孕育而出。

近些年来，研究生教育规模逐年扩大，一些公共基础课出现近百人的规模，专业课看似小班化了，但班级规模也是十几人至几十人不等。大班授课多是教师讲授为主，尽管教师的讲课思路清晰，却倾向于呈现静态化的专业知识，忽视开启学生的理论之思；小班化课堂学习多是学生自主报告或小组进行课业报告，教师较少关注或评价课堂汇报者的理论思维水平。两者比较而言，大班教学是教师讲授他所知道的知识，小班教学是学生讲述他们了解的知识，这些知识都是静态的，没有被还原为动态的意识活动，或者说学生头脑中没有发生真正的理论之思。

以陆先生的课堂为对照，作为研究生导师，我们有必要反思并改进课堂教学。教师在课堂上不是讲授知识点，而是还原真实的研究过程，将鲜活的"思"直观呈现在学生眼前。跟随教师的学术之思的展开，学生才能体验活着的专业知识，才能学会发现问题、阐释问题。当前，一些研究生导师往往感叹学生不会思考、没有问题意识，却很少反思教学本身存在的问题。

海德格尔在《什么召唤思》中说，教比学更难，教是让人去学。在海德格尔看来，学的本义是学会思，虽然我们有思的能力，甚至是有天生禀赋，但这并没有保证我们能思。[①]

事实上，现在的研究生从小学、中学至大学，其思维似乎已习惯于听

---

① ［德］海德格尔著，孙周兴译：《海德格尔选集：下卷》，上海：上海三联书店，1996年，第1228页。

教师讲授知识点，如同柏拉图的"洞喻论"中的"囚徒"。如果在研究生学习阶段大学导师还没有清楚课堂教学目的是召唤学生的思，那么，研究型大学充其量是在培养学术研究的工具人，建设中国本土教育学的理想将沦为"动听的口号"。

其二，大学导师身体力行地引导研究生在学习与研究过程中拥有教育研究者的责任感与行动力。参照陆先生的教学活动，一方面，先生不仅要求研究生对于教育现实拥有批判思维态度，而且他率先垂范，通过课堂教学、学术讲座、课题研究、著作等多种形式一以贯之地呈现坚守教育学人的立场，他是教育思想家、教育哲学家，更是真正的教育实践家。听先生讲座，叹为观止之处在于讲座实录就是一篇语言洗练、逻辑严谨的学术论文，其中多篇讲座实录已被收入《教育是合作的艺术》（北京大学出版社2012年版）。另一方面，先生把课题研究视为研究生学术生活的重要经历，并主张博士学位论文务必承担教育学原创性研究工作，因此，先生不仅主张学位论文选题的原创性贡献，而且邀请研究生自愿参加他主持的科研项目，视学生为研究共同体的平等一员，提醒并指导每个参与者经历课题设计到实施的全过程，避免一叶障目的局限性。

以此反观，一些研究生习惯称导师为"老板"，一定程度上折射出一些导师把学生当作科研项目的"雇佣工人"。在此技术路线的影响之下，研究生或许仅执行导师科研流水线的一部分工作，其研究思维能力与行动力仅得到片面发展，甚至出现马克思所批判的劳动"异化"现象。这种状况不仅影响师生关系的良性发展，也妨碍研究生形成拥有研究者的学术责任与研究原创性问题的完整能力。

总之，"道之所存，师之所存"，是先生引我们走上了为学为师之道路。先生在学生中获得了一批崇拜者，也深得同事们的尊敬。时任系主任杜成宪教授经常对我们说："你们要好好向陆老师学，他一开口就是哲学。"而先生自己却并不以榜样自居，明确说不希望我们成为"小陆有铨"。

我们试着体会先生对我们的期许：要以自己独特的方式做教育哲学，做创造性的研究。而先生所践行的为人为师为学之道，为我们提供了不竭的思想源泉。时光荏苒，从 2003 年博士毕业至今，走上先生期许的教育哲学之路二十余年了；春去秋来，从 2019 年至今，先生已离开我们近五个年头了。在日常的学术讨论过程中，脑海中时不时地回响着先生振聋发聩的声音：

你的问题是什么？

这是真问题吗？

你能用三句话说清楚说明问题吗？

先生的提问方式早已植根于我们的意识底层，很难区分是先生在说，还是我们的内心在说。如今，话一出口的刹那间，内心顿时弥漫一种感伤之情，敬爱的先生已经离开我们了⋯⋯与此同时，阅读先生的著作，耳畔依然清晰地回响起先生掷地有声的提问，一字一句中闪烁着先生深刻而鲜活的思想印迹，指引着我们前行的道路——建设中国本土教育学。

大学教师的职业境遇与道德修为①

《大学教师的职业境遇与道德修为》的写作背景是当时参加北京高师中心委托的《高等教师职业道德》课程教材撰写与教学录像工作。其间，一方面通过梳理相关文献，尝试从理论上把握大学教师的教育专业内涵；另一方面也深入课堂进行现场观察，并访谈部分师生，了解大学生和大学教师对于课堂生活质量的真实感受。时逢《北京教育（高教版）》编辑于洋老师约稿，由此成文。

肇始于 20 世纪 90 年代中叶，我国高等教育进入大发展时期，各类高校纷纷合并升格为大学，高等教育被快速推进至普及化时代。众多大学的涌现确实在一定程度上满足了更多青年人上大学的美好愿望，但是在工具理性影响之下，大学似乎比较看重大众的喜好，尤其是在大学排名导向之下，大学更顾及实际的功用。受其影响，大学教师的工作也较多地囿于实际效用之物，大学似乎逐渐远离其理想状态——"研究与传授科学的殿堂，是教育新人成长的世界，是个体之间富有生命的交往，是学术勃发的世界"②。面对如此职业境遇，大学教师对于大学理想的坚守与执着正是大学精神生命延续之根本。透过大学教师日常的教学与科研工作境遇，或许可以感受到他们的无奈、苦恼与执着。也正是在大学教师的坚守中，我们依

---

①　本文以题名《大学教师的职业境遇与道德修为》刊于《北京教育（高教版）》2017 年第 9 期，文中内容略有改动。

②　[德]雅斯贝尔斯著，邹进译：《什么是教育》，北京：生活·读书·新知三联书店，1991 年，第 150 页。

稀看到大学理想之亮光召唤着一代又一代青年人在追求真理的道路上勇于前行。

一、大学的课堂：师生对话的学术生活共同体

大学作为一所学校，课堂教学无疑是其日常样态。大学理想也正是靠着每一位教师和每一位学生在每一堂课中来具体地实践着。但是，现实的大学课堂多是教师一个人的孤独演讲，学生们则成为沉默的大多数。大学理想正被这类真实发生的课堂活动所消解。

综观当前本科生或者硕士生的课堂，一些是容纳上百人的阶梯教室，另一些容纳数十人的小教室也多是中学"插秧式"课桌的构成形式。上课、下课、选课、评课，运行着一套由教务处控制的教学系统，课程和课时早已被安排，教师和学生的自主选择权相当有限，均被裹挟其中。在几十人的小课堂里，师生之间或许有短暂的交流；在近百人阶梯教室的大课堂里，教师在讲台上进行一个人的独白，师生互动交流活动罕见。大学生们多是奔着学分而来，感兴趣的内容就听听，否则各自忙自己的事。近些年来，在大学课堂上玩手机的低头族颇有阵势。随着研究生招生规模逐年扩大，硕士生的课堂规模也与日俱增，师生在课堂上鲜有深入探讨之机会，课后交流活动更是少之又少。

针对上述大学课堂现状，大学里的多数师生似乎习以为常，泰然处之。一方面，高考重压之下熬过来的大学生，多数人把大学生活看作一种放松状态。其关注点多在学分上，少数有考研志向的大学生或许在乎学习成绩，但是他们也很少去质疑教学制度或教学质量，一些较真儿的学生或许会在期末课程评价中给主讲教师差评。另一方面，这样的评价结果对于教师的职业生存影响甚微，因为大学教师的职业生存关键是完成既定的科研工作量，这是职称晋升之重点。更何况师生早已形成某种默契——老师给学生一个高分，学生给老师一个好评，彼此安好。教学标准被悄然

降低。

　　上述课堂现象虽是描述式案例，却是当代中国大学课堂生活的一个缩影，其问题成因或许是多方面的。从整个社会的功利取向来看，大学生读大学，求文凭者多，求学问者少。大学也倾向于直接服务于学生的生存技能养成，大学教育在很大程度上已经沦为专业训练。就大学生的已有学习经验而言，他们在高考重压之下被应试学习方式驯化，多数人满足于安心听讲做笔记、做模拟题，至于自主研读经典文献、独立思考和主题讨论，对于大学生来说是十分艰难的工作。对于这样的大学生群体，多数教师持一种顺其自然的心态，将更多的精力投入科研，后者关乎其生存质量。

　　大学课堂应该呈现什么样态？大学的课堂教学对于大学生意味着什么？这是每一位大学教师必须引导大学生思考的前提性问题。教师要让每一个进入大学的学生相信：大学课堂上不能再像小学和中学那样寻求某种确定性答案，而是用来克服偏见。这或许会让大学生们感到惊讶，就像要求他们对 1＋1＝2 提出质疑一样。但是，这确实是大学教师必须认真面对的大学生思维状态。

　　美国学者布鲁贝克提醒我们，要把大学生当作大学生活的当事人[①]，而非未成年人来看待。大学生不再是高中生，而是高等学府里的一份子，他们当中的一些人还可能成为未来的学者或研究者。即使他们当中的一些人将来选择实用性职业，从事应用型工作，但是因为他们曾经是大学生，那么，在其一生中将始终拥有高贵的精神诉求和科学的世界观。这正是大学课堂生活养育之结果。因此，在大学的课堂上，教师必须引导青年人敢于突破原有思维范式之束缚，在探索真理的过程中形成独立人格和理论批判力。大学教师有把握相信，师生之间针对特定学术问题展开的对话使得真理敞亮和思想显现。其实，在苏格拉底意义的对话活动中，对话不是作

　　① ［美］布鲁贝克著，王承绪等译：《高等教育哲学》，杭州：浙江教育出版社，1987 年，第 41 页。

为知者的教师强制带动作为无知者的学生，而是师生共同寻求真理的思想交流。从这个意义上说，大学教师以对话方式在课堂上为青年人开启了一场充满思想冒险的精神之旅。

当然，对于课堂上的精神旅行，作为大学教师要保持清醒自识，即教师自己不应充当精神领袖①，不能以教师个人的价值偏好影响学生的价值判断。大学教师作为一个以学术为志向的知识人，能够办到的事情就是引导学生进入专业学科的哲学之境，即对于特定学科的所属问题进行本质上的讨论，这也是专业学习的必要前提。如果大学教师能够在这方面有所作为，就是服务于道德的力量，因为他拥有清醒的学术意识，以及与为人师的责任感。而且我们也有理由相信，一位大学教师本着知识人的学术良知，当避免向学生灌输或推荐个人的价值偏见时，他的课堂就充满理论色彩与学术魄力，进而将课堂营造成一个有助于交流思想的学术生活共同体。总之，在课堂上让大学生基于人类文明的宽大平台开拓视野，拥有理论的态度，获得思考的乐趣，深刻理解专业教育的价值，理解专业活动服务于人类生活的意义，这正是大学理想的现实样貌，也是大学教育的生命所在。

二、大学的科学研究：课堂教学的理论之源

面对课堂上沉默的学生，或许多数大学教师已经习以为常了。教学毕竟在其职业生活中的比重相当有限。若给大学教师的职业生活苦恼排序，科研工作压力似乎可以居于前列。历史地看，自1810年德国教育家洪堡创建柏林大学伊始就明确提出"教学与科研相结合"的办学宗旨。时至今日，大学教育的发展变化不断影响着大学教师的角色定位，大学教师的学术责任也呈现出多元化趋势。尽管从理论上看，教学与科研依然是大学教

---

① ［德］马克斯·韦伯著，冯克利译：《学术与政治》，北京：生活·读书·新知三联书店，1998年，第43页。

师的两项基本学术责任，并行不悖，相得益彰。但是，严峻的事实摆在那里，大学的各项管理制度在一定程度上重科研、轻教学，迫使教师们把更多精力投入科研工作之中，由此导致教学与科研两项责任的严重失衡。

相对于中小学教师的角色定位而言，大学教师首先应是研究者，他不仅满足于向学生传授已有知识，更肩负着创造知识、创造未来新文化的学术使命，这也是高等教育区别于基础教育的根本标志。因此，从大学教育发展的内在逻辑看，科研始终在教学之先。国内外各种大学排名均以科研成果为主要指标。但是，我们也要正视科研与教学的关系，科研是教学的理论之源，教师的教学质量在很大程度上取决于科研水平。正如宋代大哲人朱熹所描述的那样："问渠那（哪）得清如许？为有源头活水来。"

尽管德国著名学者韦伯曾认为"一个人可以是一名杰出学者，同时却是个糟糕透顶的老师"[1]。但是，重温中国近代大学的历史，人们耳熟能详的大学教师典范，均是在特定研究领域独树一帜的大学者。以清华大学四大导师为例，梁启超、陈寅恪、王国维、赵元任四位国学导师在执教清华大学国学院之时早已是国内有影响力的杰出学者。当年的清华国学研究院正是由于拥有他们，在创办两年后其声望就迅速超过了早于它创立的同类学校，并且由此确立了中国学术独立的传统，至今仍是中国大学教育史中的一段传奇。

以此对照今天的大学教师，迫于大学里的教学与科研管理制度的工具理性取向，一方面，承担着必须完成的繁重教学任务；另一方面，必须完成规定的科研指标，如申报特定级别的课题和发表特定刊物的成果等。这些科研工作任务直接关乎职称晋升，必须完成，否则实实在在地影响其职业生存质量。

诚然，一些优秀的大学教师以自己的辛苦付出努力实现着科研与教学

---

① [德]马克斯·韦伯著，冯克利译：《学术与政治》，北京：生活·读书·新知三联书店，1998年，第21页。

的平衡，与此同时，还有相当多的大学教师苦恼于科研与教学难以两全，这就是大学教师职业生活的真实现状。如今，在高校排名等各种压力之下，重科研、轻教学的失衡现状呈愈演愈烈之势，大学教师的教学角色也日渐边缘化。因此，那些始终坚守大学理想的大学教师尤显弥足珍贵。正是在这些教师的不懈坚守中，我们看到了大学理想之光和为师之道。

三、为师之道：在教育行动中修己育人

如前所述，大学教师遭遇职业生活之窘境在于教学指标是软性的，科研指标是硬性的。因此，多数教师很少有时间与精力与学生深入交流，那些硕导或博导的教授们指导研究生的工作已颇耗精力，更无暇顾及本科生。尽管有些大学在本科阶段推出导师制，但是获益的学生毕竟是少数。对于多数大学生来说，每当回顾其大学四年里的师生交往活动，较之他们过往的中学生活而言，他们多遗憾于师生关系之淡漠。从教育学意义看，师生之间的精神交往活动恰是教育本质所在。当一群可爱的青年人满怀人生理想走进大学之后，大学教师以何种姿态出现在他们面前，这是一个不能回避的教育实践课题。

大学是一所学校，但是它又是一所特殊的学校。学生们来到这里，不是仅仅满足于寻求确定性知识，更是在大学教师的指导下形成研究事物的理论态度，培养影响其一生的追求真理之精神与科学研究之思维。因此，大学里的各种组织形式是次要的，关键是教师唤醒学生的学术意识，引导学生对于所有可知事物、科学意义和生活的真实性保持一种开放态度，学会运用科学方法进行研究。唯有如此，追求真理才能够成为一个人内在的精神需要，才算得上真正体验大学生活。因此，大学教师要以身作则，以严谨科学的态度从事教学与科研工作，在与学生交流的具体教育活动中践行大学之理想。

现实的大学生活里，由于学科分类逐步细化，教师的治学方法、学术

境界或生活趣味也因此迥异，其教学风格也多带有比较浓厚的个人色彩，但是为师之道则是共通的：大学教师首先是研究者；大学教育不仅是专业训练，更是学术教育；师生是学术生活的同道中人。

第一，大学教师首先是一名好的研究者。

基于近代德国大学传统，教学与科研并重是大学的首要原则，构成大学教师必须承担的两项基本任务。就教学与研究的关系而言，一方面，研究基于传承；另一方面，教学要以研究成果为内容。因此，好的研究者才可能成为优秀的大学教师。大学教师开设的课程只是其研究过程中的一部分，重在向学生呈现探索未知经验世界的可能道路，而非偏重讲授完整固定的概念性知识体系。

作为一名研究者的教师，只有在课堂上带领学生接触真正的求知过程，学生与之交往，才能直观质感地体验学问的鲜活与生动，学生在教师影响之下才能产生强烈的探索未知领域的研究冲动，这也正是探索真理的应有状态。从这个意义上说，只有亲身从事研究的教师才能够真正胜任大学的课堂教学工作，而那些满足于传授僵硬的概念性知识的只是一般的教书匠罢了。

第二，专业教育与学术教育并重。

毋庸赘述，大学教育是专业教育，而任何专业都以科学原理为基础，更何况任何专业的从业者都是一个个具体的人。因此，教师在重视培养学生专业能力的同时，务必关注一般意义上的人文素养、理论态度与研究能力的养成。其实，大学里提供的专业教育只是未来职业生活的一个基础。最适合的专业教育并非传授比较系统固定的知识体系，而是在专业教育基础上形成学生的理论态度或科学思想，进而形成影响其一生的世界观。

因此，大学教师有必要帮助学生奠定两个基础：专业教育的科学基础与专业教育的人文基础。科学与人文恰是大学教育的核心内涵，这也是各类大学重视通识教育的本义所在。科学的意义在于培养学生独立思考的能力，这种能力是一个人生存的可能方式。人文的意义在于唤醒学生的精神生活，使之成为一个有文化内涵的自由之人。学生也因此在大学里学到他们在别处学不到的东西。这种特别的大学生活体验使学生克服偏见，充实内心世界，有勇气、有实力去应对走出校园后的各种人生挑战。

第三，在学术生活共同体中，师生是同道中人。

历史溯源，大学的原初意思是教师和学生的交往团体，即追求科学知识和精神生活的共同体。高等教育制度化后，大学在某种程度上沦为职业养成机构、文凭发放机构等。于是，相当多的大学生上课是为了学分，学分修满就拿着文凭离开校园。对于这些精神贫乏的大学生来说，他们在工具理性浸淫下长大，只是身体待在大学，精神却从未真正进入大学。作为大学教师，有责任关注并引导大学生身临其境地感受师生之间为探讨真理而发生的深刻辩论。

大学作为公开追求真理的场所，其生机所在就是人们能够在此自由地交往与探讨真理，这也是大学进步的前提条件。从外在形态来看，大学里教学活动有演讲、练习、实验、研讨会和小组讨论等多种形式；从内在形态看，大学是我们这个时代能够真正存在学术共同体和友谊的地方。"人类真正的共同体是那些寻求真理者，也就是全体渴望求知的共同体。"①我们也因此有理由相信：在学术共同体中，大学师生是寻求真理的同道中人。关键是教师在诸多形式中如何真正唤醒学生积极参与学术对话。无论什么形式的课堂，核心关切是启发学生重新审视已经存在的事实，对其中存在的问题进行理论上的探究，从而唤醒其好奇心，去寻求"活着"的学问，而不是为了考试去掌握僵化的知识。沿此逻辑推进，即使是阅读教科书也不会令人疲倦，因为学生开始追问作者的问题意识、研究思路与呈现架构，并由此沐浴在学术生活之中。

---

① ［美］艾伦·布卢姆著，冯克利译：《美国精神的封闭》，南京：译林出版社，2011年，第330页。

　　总之，对于大学教师而言，课堂教学与科学研究两者完美融合，乃是其职业生活之佳境。唯有如此，方有余力服务于社会。因此，对于教师个人而言，我们必须承认制度面前个人的渺小，良好学术制度的形成非一日之功，与其感叹与无奈，不如采取具体的教育行动，从中提升自身的学术实力与道德修为，实现修己育人。当然，对于大学教师而言，所谓的道德修为并非单纯意义上做一个好人，大学教师首先要是一个好学者，学术研究始终是第一要务。同时，也要努力修炼成一位好师长，以合乎时代精神的理论去唤醒青年人的自主意识与学术自觉，并以亲身示范的方式激励青年人在寻求真理的道路上砥砺奋进。

基于师生交往视域理解大学教师的为师之道①

《基于师生交往视域理解大学教师的为师之道》写作缘起于正在主持的国家社科基金项目"教师专业伦理形象构成性研究"（项目编号：BEA200110）。当时，北京师范大学班建武教授向我约稿，拟在《国家教育行政学院学报》发表一组讨论大学教师师德师风的文章。对于我个人来说，我多年来从事师德研究，也努力在课堂上践行大学教师的职业操守。从我国的师道文化传统来看，相关主题的文章可谓汗牛充栋，但是比较多地聚焦于宏大叙事话语。本文尝试改变传统研究风格，一是基于我多年以来的现象学教育学研究经历，二是结合我个人为学为师的生活体验，尝试从大学生视角切入为师之道的研究，由此展开教育学专业反思。

随着我国进入高等教育大众化时代，大学教师的师德风貌也进入公众视域。2014年教育部专门出台《关于建立健全高校师德建设长效机制的意见》，明确提出师德禁行的"红七条"，对高校的师德师风建设起到了警示作用。事实上，师德是大学教师实践大学教育之道或为师之道的具体形态，它不仅是考核规定中的"一票否决"，更是大学生在师生日常交往活动中亲身感受到的教师专业形象。因此，基于大学生对师生交往活动的体认之知，能够直观地考察大学教师的师德样态，也可弥补以往宏大叙事之不足。对此进行教育学审思，有助于大学教师拥有朝向为师之道的教育专业

① 本文以题名《基于师生交往视域理解大学教师的为师之道》刊于《国家教育行政学院学报》2022年第9期，文中内容略有改动。本文系国家社科基金项目"教师专业伦理形象构成性研究"（项目编号：BEA200110）阶段性研究成果，由朱晓宏教授与首都师范大学教育学院博士研究生景莉合作。

自觉。此举不仅关乎高校的师德师风建设效果，更关乎我国高等教育质量的整体提升。

一、本科生眼中的大学教师形象：重知识传授，轻师生交往

谈及大学的师德师风效应，其第一现场或许存在于师生直接交往的课堂教学活动之中。在多数大学生的体认之知中，他们正是在课堂教学过程中直观感受大学教师的职业风貌。通过大学生们的体验式言说，尝试还原大学教师的专业形象。

下面两位讲述人是来自不同高校的一年级新生和四年级毕业生。

案例一：大学一年级新生渐渐习惯于"师生零对话"的课堂生活

小艾（化名，F大学一年级学生）：新生报到时，辅导员曾说："从高中进入大学，要尽快适应这里的节奏，不再有老师整天盯着你啦。"当时，我没太理解这句话的言外之意。随着日子一天天展开，我似乎感受到了不同于中学的"自由"氛围，看似轻松，内心却不太自在，甚至有些茫然。一年级的课程比较多，每门课的老师或学生可能来自不同院系，彼此不熟悉，也很少交流。专业课的人数比较少，师生之间能有一些对话；通识课有近百十号人，老师在讲台上照着PPT讲授，学生在座位上随意听课，或做自己的事，师生对话很少发生。目前，入学一个多月了，明显感受到大学老师与高中老师的教学风格不同。一是教学重点不同，大学老师关注知识的逻辑，尤其要求重视理论论证，不要单纯记住所谓的观点或结论，而高中老师多是强调知识点或考点；二是作业要求不同，大学老师会明确作业提交时间，过期不候，高三各科老师则每天盯着学生要作业；三是师生课堂交流机会偏少，大学老师以讲授为主，个别老师课间也会回答一些同学的提问，但这类情况总是少的；四是师生在课后几乎不交往，中学生可以随时到办公室找到老师请教问题，大学老师一般不在办公室，上课准时来，下课准时走，看着老师匆匆离去的身影，我心中多少有点失落……

当然，一些老师会给全班同学留他的电子邮箱，但我至今也没有给任何一位老师发过邮件。

在大学一年级学生的叙事中，师生交往活动主要局限于课堂的有限时空。课堂上，教师专心于教，学生学习主要依靠自觉性。在课外生活中，任课教师与学生之间鲜有交集。这样的师生关系势必挑战大学新生在中小学校园里已获得的师生交往体验，其失落感不言而喻。随着他们对大学生活的适应，也不得不习惯"师生零对话"的现状。对此，似乎难以用现行的师德规范来评析，却提醒我们反思为师之道的应有之义，大学何为？师者何为？

从大一新生对于大学师生交往的诸多不适应可以看出，大学师生交往确实不同于中小学。基于两者比较可知，中小学生是未成年人，心智处于未成熟阶段。在中小学校里，教师对学生的直接关怀与指导的成分比较多，在一定程度上也使学生内心对教师产生依恋。而大学生是成年人，虽然师生关系的教育属性不变，但是，大学教师与大学生的交往是建立在两个成熟的独立主体之间，或许可以用德国学者哈贝马斯（Jürgen Habermas）的交往理性概念来重新理解大学师生的交往活动。在哈贝马斯看来，主体与主体之间的相互理解是交往行动的核心。对此，大学教师要有清醒的教育者身份意识，在课堂教学过程中自觉超越单纯的学科专业思维，从教育学视角主动引导大学生的精神成长。大学生已不再是中小学生，他们是独立的精神个体，是正在成长的未来学术研究者和社会主义事业建设者。帮助新生尽快适应大学学术共同体生活是全体大学教师的共同责任。

案例二：大学四年级学生在有限的师生交往中体验学术成长之愉悦

小皓（化名，S大学四年级学生）：回顾三年多的大学生活，与老师们交往的机会比较少，交流最多的是毕业论文的写作。在我们系里，先由学生自行拟定选题，然后结合教师的相关研究领域，由教学秘书帮助我们匹配导师。我对义务教育年限问题有兴趣，王老师成为我的论文指导老师。王老师还指导四位硕士生和三位博士生。我的室友说我运气好，本科阶段就遇到博士生导师。但是，王老师太忙了，他要求我隔周去他办公室，当面汇报一次论文写作进度，每次交流时间在 1 个小时之内。虽然与老师见面时间有限，但受益匪浅，老师的话总会让我茅塞顿开。半年多时间，从开题到结题，我的思维好像脱胎换骨一样。拿着装订好的毕业论文（2 万多字），看着结构清晰的目录，我几乎不敢相信这是自己写的。回顾那段日子，我真切地感受到学术研究的奇妙，也萌生了报考研究生的念头。

对于大四学生来说，毕业论文写作工作构成其难以忘怀的学术生活体验。围绕论文写作发生的师生交往活动虽是按小时计算，却让其切身感受到导师指导有方，不仅提高了个人的思维品质，也体验到学术的魅力，还发掘了自己潜在的研究能力及对学术的志趣。全面考察这段叙事，一方面，这位大四学生在毕业论文写作过程中不仅直观体验到教师学术指导的非凡影响力，而且这段经历唤醒了他对学术生活的向往；另一方面，这段叙事也呈现了一个不容忽视的现象，大学师生交往时间相当有限，这是一个严峻的客观事实。并非师生们的交往意愿不强，更多是一些身不由己的因素在左右师生的日常生活。深究其原因，或许能看到当下大学制度生活对于师生交往品质的非教育性影响。

总体而言，这些叙事是个别大学生的学习生活片段，却可见微知著，真实呈现现阶段大学本科教育的普遍面貌，为我们梳理大学教师的为师之道提供真实的校园生活线索与理论探究灵感。一方面，大学师生构成的学习共同体确实提升了学生的专业学习品质；另一方面，课堂内外的师生交往时间被各种因素所限定，尚未满足大学生的精神期待。若从教育学立场进行专业审视，或许可看到大学教师职业境遇的内在张力与冲突。

二、大学师生交往困境的教育学反思

大学生的学习生活叙事大体上呈现出了本科教育的常态——师生关系疏远，或者说教师在授业之时对学生缺乏应有的人文关怀。如此现状，虽然处于师德禁令的边界之外，但是师生交往时间被压缩至以课时为单位、以小时为单位却是无法回避的教育专业问题。从教育学视角来看，大学里的人才培养取向与评价制度等无时无刻不在塑造着教师的工作方式，也在无形中影响着师生交往样式及大学生健全人格的发展。

(一)大学课堂教学远离教育之道

综观国内外大学的教师聘任制度，新教师的入职学位均为博士，或者是有博士后研究经历的博士。大学在招聘初试环节重点考察其科学研究能力，教师的教学能力居于次要地位。新手教师的教学能力主要由个人在课堂教学实践中慢慢摸索养成。一般情况下，大学的专业课程依据院系拟定的人才培养方案设定，没有中小学那样的课程标准与统编教材；大学教师多是凭借其专业素养及受教经验来展开课堂教学。大学教育何为？为师之道何以体现在具体课程之中？鲜有任课教师对此基于教育学立场进行审思。至于教育学科重要奠基人德国学者赫尔巴特(J. F. Herbart)提出的"教育性教学"概念①，对于多数非教育学专业的大学教师来说仅是一个陌生的术语，难解其意，更不知如何落实。

以此对照，大学教师在组织课堂教学的时候或许能够关注所授知识与专业思维能力的关系，至于理论水平与人性高尚之间的关系似乎在其专业知识边界之外。即便是一些博雅教育性质的通识课程，一些教师也是偏重讲授书本知识，并不能有效组织有教育学内涵的课堂对话，多数大学生以旁观者心态观看教师"独白"。岁月"静"好的课堂景象看似正常，却似乎远

---

① [德]赫尔巴特著，李其龙译：《普通教育学·教育学讲授纲要》，杭州：浙江教育出版社，2002年，第239页。

离大学之道的原初意义，为师之道又何以显现？

(二)大学评价制度遮蔽为师之道

在大学本科教育阶段，阻碍师生有效交往的深层原因或许还与大学现行的评价制度相关。从世界范围看，各个大学的排名依据是科研成果。教师职称认定也依据科研产出量，有些高校甚至提出"非升即走"的淘汰规则。与之对应，教师的教学行为在评价制度中明显被边缘化。大学教师的主要精力被引向科学研究，教学工作仅被视为"良心活"。尽管导师工作忙碌，但仍保持隔周一次指导学生论文写作，真实呈现大学教师的专业生活状态。在课堂讲授和毕业论文指导之外，大学教师能够给予学生人文关怀的时间已经被科研工作严重挤压，爱与关心被迫远离师生。

在朝向世界一流大学奋进的征程之中，科研成果的产出质量时刻左右着当代大学的发展路径，大学也在一定程度上偏离"研究与教学相统一"的教育原则。以往大学教师所在的专业共同体一般被称为"××教研室"，其中蕴含着"教学与研究"合一的现代大学理念。近年来，这些名称正在悄然变化为"××研究所"或"××研究院"。"教学"的职能已然被"研究"遮蔽。同时，从大学教师的工作时间表看，每当科研时间与教学时间冲突时，多数教师倾向于科研第一。历史地看，"研究与教学相统一"是德国学者洪堡(Humboldt)在1810年创建柏林大学时确立的办学原则，随后成为各国大学的办学指南。现代大学经历了200多年的发展，科学研究逐步主导大学的发展方向，严重地割裂着研究与教学的原初联系。"道之所存，师之所存"。如果大学之道被科学研究强势遮蔽，大学教师也可能迷失"师者"的教育觉悟。

三、大学回归教育之道，师者拥有教育专业自觉

从词源学看，"大学"(university)是传播普遍知识的地方，大学的初期形态是一个教与学的共同体。18～19世纪欧洲社会的发展催生了现代大学

教育思想。洪堡强调的"研究与教学相得益彰"已成为各国大学之共识。蔡元培先生任北京大学校长期间，参照德国大学模式开启北京大学改革之先河，不拘一格聘请优秀师资，以期达到培养德智体美完备之国民的目的，即把青年人培养成具有社会责任感的一代新人。然而，随着科学技术的发展，大学尤其是研究型大学以崇尚科学研究为"王道"，一味追求科研成果的卓越，似乎忘却了师生关系的人文气质，而后者则关乎高尚人性之陶冶。有学者批评道，世界一流大学正在追求"失去灵魂的卓越"①。若真正回归大学教育之本然状态，需要深刻领会习近平总书记关于"高校立身之本在于立德树人。只有培养出一流人才的高校，才能够成为世界一流大学"②的深刻论断，重视本科教育的奠基性质，汲取世界知名大学的人才培养经验，尤其从教育学角度研究大学课堂，让大学教师成为拥有"教育性教学能力"的专业教育者，并且重视教学过程评价。

（一）探索本科生导师制，奠定大学教育之根基

对于大学教育而言，本科生的培养无疑具有根基地位，不仅为相应学科领域的人才培养奠基，更凸显大学教育之根本使命——培养有社会责任感的时代新人。对此，广大教师要有清晰的教育意识，而非单纯的知识目标。参考英国剑桥大学和牛津大学等大学的本科生培养经验——学院管理模式及其相应的导师制度，我们会发现不同于我们现行大学的二级学院，他们负责大学生的日常生活，如学生的住宿、指导学习、组织活动等，导师每周与学生见面，对学生在学习和生活中遇到的各类问题及时给予指导。因此，学生们都把学院当作"家"，有比较高的归属感和认同感。

诚然，我国大学的学生工作也有悠久传统，即专职辅导员负责学生的

---

① ［美］刘易斯著，侯定凯译：《失去灵魂的卓越》，上海：华东师范大学出版社，2007年，第7—10页。

② 吴晶、胡浩：《把思想政治工作贯穿教育教学全过程　开创我国高等教育事业发展新局面》，《人民日报》，2016-12-09(1)。

思想政治教育。但是，辅导员群体与专职教师群体在大学内部分属不同管理系列，两者之间缺乏有效沟通，思想教育与课堂教学似乎各自为政。近年来，国内一些大学也在本科阶段推行导师制，多数情况是本科生参与导师相关的学术活动，也有个别交流机会。但是，对比牛津大学或剑桥大学的导师教育模式，我们的本科生导师制度尚未完善，其教育影响力也比较弱。就改进现状来说，研究如何有效发挥专任辅导员与专业教师之间的教育合力、探索适合我国大学特点的导师制或导生制（优秀研究生担任本科生的助理导师），或许是改善当前大学本科阶段师生交往品质的可行性举措。

(二)基于教育学视角研究大学课堂教学

上述大学生的课堂学习感受从学生视角折射出课堂的真实生态环境。教师主要讲授相关学科领域的专业知识，至于这些专业知识与大学生接受能力之间的关系一般不在其学科视域之内。大学生以自主学习为主，其学业成绩（或 G 点）是奖学金评定或"推优保研"的重要依据，其学习效果并不直接影响授课教师的教学进度。教与学处于分离状态已久。

大学生向往有精神对话的师生交往，学生的需要或许是大学教育改革的风向标，为师之道可以始于课堂师生互动。如何改革？教师不能仅凭个人热情与试错性经验来进行，而应从教育学视角对大学课堂进行系统专业研究，大学教师之教也要进入教师教育研究视域。以往的教育学一向重视基础教育领域的教师培养，现在若依从大学之道探索人才培养新思路，大学教师的教学能力应被视为一种教育专业能力，为师之道应被赋予教育学解释力，师德与师道才可能获得内在一致性。换言之，比如现在的大学教师在入职前获得汉语言文学博士学位，代表其在汉语言文学方面的研究水平，至于在大学课堂上教授汉语言文学方面相关课程，并不是简单地知识传授，而是让学生形成专业思维能力，这是一门新专业——教育学。依据教育学原理，教师的"教"不是单纯的知识传授，要研究如何让学生的"思"

发生，或者说大学教师要研究如何让书本知识转化学生的意识活动，让学生能够以理论思维经验超越日常感知性经验，进而拓展其对世界与对人生的理解视域。这样的教学过程是化理论为方法、化理论为德性的过程，是知行合一的过程，更是实现为师之道的新路径。

(三)重视教学过程评价，提升师生交往品质

遵循大学教育规律，人才培养与学科建设本是大学发展的"一体两翼"，也是各国大学发展之共识。遗憾的是一些大学却将人才培养窄化为硕士点和博士点建设，忽视本科教育之根本使命，并未真正理解教育部建设本科一流专业的政策初衷。事实上，上述学生叙事中的大学课堂"师生零交往"状态是多种因素影响的结果，既受大学教师职业习惯的影响，更有大学内部"重科研、轻教学"评价制度的推波助澜。因此，大学须重新审视本科教育之根基地位，改革教师工作绩效评价制度，赋予教学成果与科研成果同等价值，尤其重视教学过程评价，或许能够为整体提升师生交往品质提供制度保障，可以有效落实立德树人的根本目标。

如果能够在评价导向方面激励广大教师安心于本科教育，以提高课堂教学质量为己任，超越传统的知识讲授模式，重视知行合一，尤其关注青年学生的成长困惑，大学课堂将成为师生共同成长的精神家园。正如马克思所说，"哲学家们只是用不同的方式解释世界，问题在于改变世界"①。大学的理论学习旨在让大学生成长为专业人才，同时也成为有高度责任感与担当精神的新时代社会主义建设者和接班人。由此展开，大学的师生交往及其课堂生活将出现崭新局面。长此以往，大学教师坚持理论教学与学生的现实需要相统一，基于师生交往视域用心用情开启学生的心智，其影响力就是具有创新性质的教育成果。

总之，大学的生命力在于教师与学生共同织成的精神纽带。在课堂

---

① [德]马克思、恩格斯著，中共中央马克思恩格斯列宁斯大林著作编译局编译：《马克思恩格斯选集：第1卷》，北京：人民出版社，2012年，第136页。

上，每一位教师都有责任鼓励学生勇敢地运用理性智慧打开新的研究领域，有信心突破自己原来狭小的经验世界，有力量探索更广阔的新天地。如果这样，就有更多可敬又可爱的大学教师出现在青年学生期盼的目光之中，大学教育对于一位青年人的人格成长将具有深刻的形塑意义。无奈，一些大学老师能够对着阶梯教室的众多学生侃侃而谈，却无心解读青春遭遇的精神困扰。因此，坚守"研究与教学合一"的大学教育理念，大学教师将拥有超越师德禁令的内在自由，实现"从心所欲不逾矩"，"师道"与"师德"才能在大学课堂浑然一体。

大学课堂何以淘汰"水课"?

——大学教师之教的教育学反思①

《大学课堂何以淘汰"水课"——大学教师之教的教育学反思》也是应《北京教育(高教版)》编辑于洋老师的约稿而成。于老师请我结合自己的研究领域、思考及实践,围绕当前我国高等教育亟须解决的问题为主题撰写文章。其间,我在首都师范大学教育学院担任分管科研工作的副院长,同时,也是教育学院学位评定委员会和教学指导委员会的成员,由此引发的一项重要工作内容是听评课。在每学期的听评课过程中,我深刻感受到大学课堂教学质量直接影响高等教育阶段的人才培养质量,尤其作为师范大学的教育学教授,倍感责任在肩。事实上,对于大学课堂"水课"的讨论似乎也不是什么新话题,但是,鉴于多数文章聚焦于讲道理或数据分析,本文尝试从大学生的课堂生活体验视角切入,希冀让大学教师们看到学生的需求与期待。

当今世界,国力竞争日益凸显为人才竞争,我国高等教育肩负着培养社会主义建设者和接班人的重大使命。习近平总书记指出:"高校立身之本在于立德树人。"②高校不仅要将研究水平提升至世界一流,而且也要不

① 本文以题名《大学课堂何以淘汰"水课"? ——大学教师之教的教育学反思》刊于《北京教育(高教版)》2023年第5期,文中内容略有改动。本文系国家社科基金项目"教师专业伦理形象构成性研究"(项目编号:BEA200110)阶段性研究成果,由朱晓宏教授与首都师范大学教育学院硕士研究生张嵘瑾合作。

② 习近平:把思想政治工作贯穿教育教学全过程[EB/OL].(2016-12-08)[2022-10-14].http://www.xinhuanet.com/politics/2016-12/08/c_1120082577.htm.

断提高人才培养质量。大学必须将立德树人的根本任务落实到课堂教学活动之中，而一些高校课堂现状不容乐观。由此，提醒我们重新审视大学教育现状。一方面，我国的知名大学正在努力朝向世界一流大学奋进；另一方面，大学教育质量堪忧。现有研究成果多聚焦于"学"的视角，大学课堂是师生双方共同构建的学术生活时空，不能忽视教师之教对学生之学的牵引与影响。大学教师的科学研究能力与课堂教学能力如何实现统一？这不仅是大学亟须解决的现实问题，而且也是大学教师教育领域的理论问题。从教育学视角反思大学生的课堂学习体验，尤其关注教师之教的教育专业属性，或许能够为大学淘汰"水课"、打造"金课"提供一些新思路。

一、基于大学生视角的课堂生活素描

近些年，关注大学生学习经历、倾听其声音，成为学界研究与评价大学教育质量的重要信息来源。大学生和研究生作为大学教育的对象，他们的课堂学习反馈直接构成研究大学教学质量的实证性资源。下文中三个课堂生活叙事取自研究者对于我国三所大学在读学生(本科生和研究生)的访谈资料，学生视角的课堂学习生活体验可以在一定程度上弥补问卷调查数据的局限性：一是直观地呈现课堂生活真实面貌；二是反映学生对于提升课堂生活学术品质的期待。

(一)大学里的"大"课堂：教师与学生"各行其是"

受访者 A 是某大学二年级本科生，透过她的讲述可以看到阶梯教室里的"大课"现状：教师"独自"讲授，学生"各自"学习。表面上，师生之间互不干扰；实质上，教学效果充满不确定性。

对于大学课堂生活来说，印象比较深的是"大"课堂，即都被安排在能容纳百人的阶梯教室里。课堂上，老师在讲台上读 PPT 课件里的内容，很少与我们进行互动。我们多数人也是带笔记本电脑(或平板电脑)来教室，一边听老师讲课，一边在电脑上做自己的事。偶尔，如果老师讲的内容有趣，我也停下手中的活儿听一会儿。多数情况下，我都在上网查资料或完成专业课的作业，无聊的时候也会浏览有趣的网页。一般来说，教室里很安静，只有老师一个人的讲课声音。通识课的考核形式是交一篇书面作业，没有闭卷考试，我们只要拿到学分即可。与中学课堂对比，大学里这类"大"课堂还是比较自由自在的。

在大学生的眼中，他们对于中学课堂印象深刻，以此为参照，通识课的学习生活确实轻松而自在，教师对于课堂纪律没有任何要求，也没有考试压力。学生选课是为了拿学分；教师上课是完成被规定的教学工作量，很少考虑讲授内容能否激发学生的兴趣和提高学生的参与度。从教育学角度看，在大学课堂里，师生双方如果没有针对教学内容展开具有学术味道的讨论或对话，似乎很难判断教育是否发生。如果真正的大学教育没有发生，那么，大学四年之后，如何看待大学毕业生的理论修养与实践能力呢？

(二)专业课堂：同样的课件与不同的学生

受访问者是一位大学四年级本科生，在他的学习生活经历中可以看到一些大学教师以不变的课件对待每一级选课的大学生。课件陈旧或许直接反映出教师投入教学的精力有限。

回顾这几年的大学课堂生活，与以往的中学相比，在教学方面大学老师比中学老师的工作轻松许多。在高中课堂上，由于高考压力，老师们在课上和课下都投入了大量精力。大学老师则没有类似压力，专业课的教材很少更新，一些老师的课件也多年不变。我用的教材多是二手或三手的，一些是网上淘来的，另一些是从高年级同学那里打折购买的，学长偶尔也会赠送课件。补充一个细节，在大学课堂里，一些老师允许学生拷贝课件，于是，某教师的教学课件在同学们手中一届一届地流传。从方便学习的角度来看，老师能把课件给我们，我们确实很感谢老师，考前复习的知识点都在课件里面。毕竟大学老师的主要精力是做研究、发论文，但是师生课堂上很少有交流或互动，老师上课来、下课走，我心里总觉得缺少什么，说不清楚……或许这就是大学吧，学习是学生自己的事。

在大学生的视域中，由于没有升学考试的压力，大学教师的教学工作显然比中学教师轻松许多。对此，大学教师如何让大学生感受到教学内容的学术力量？这不仅体现其科研水平，更反映其教学能力，即呈现其教育专业水平。从教育学角度看，大学课堂的学术品性不是单纯地传授知识，而是培养大学生的学术思考能力与动手做研究的能力。然而，课件更新频次低，教师"不变"的表象之下，实际上是教师缺乏对教学活动本身的专业反思。大学教师发表论文是同行对话，大学课堂才是师生对话的真正场所。在知识不断创新的时代，学科前沿成果如何进入课堂？如何把大学生培养成为创新型人才？大学教师如果对于课堂教学行为缺乏系统的教育学思考，又能给予大学生怎样的学术生活示范呢？

(三)研讨式课堂：学生"有为"与教师"无为"

受访对象是某大学二年级硕士研究生(人文学科)，她回顾其专业课的学习情形，或许是当前一些大学研究生教育的缩影。一般来说，在人文学科研究生专业课上教师提供研读文献，课堂上以学生汇报为主。

在我们这里的研究生专业课，课堂规模一般比较小，选课人数多则十几人，少则两三人，教学形式多是学生先做主题发言，老师再点评，偶尔也会有一些讨论。多数情况下，学生的汇报往往占用了大部分课时，老师的点评时间比较短。其实，我们更想多听听老师对每位同学的发言做一些针对性点评，但是由于课堂时间大部分被学生发言占用了，老师深度点评的机会很少。一堂课看起来挺紧凑，却好像体会不到学术思维方面有什么变化。两年来，几门专业课好像都是这样的风格，老师给出大量阅读文献，而我则整天都忙着看各类文献、写发言报告。一学期忙下来，真说不清自己究竟有哪些长进？

这里的研讨式课堂，学生汇报占用大量时间，教师不能组织有深度的

287

学术研讨，也不能给予学生有效的现场指导，在一定程度上反映教师的教学设计与组织课堂活动等教学能力薄弱。研究生对于专业课的学术品质是充满期待的，希望得到教师的指正，但是课堂活动时间往往处于无效使用状态，这或许是学生困惑并不满意之处。从教育学专业角度来看，大学教师的教学能力是其教育专业素养的必要组成部分，但是在现实工作中，大学很少给予教师系统的教育专业培训，多凭教师自己在课堂教学中慢慢摸索。

二、关于大学课堂教学现状的教育学反思

综观上述课堂生活叙事，从学生视角获取的信息或许有一定的局限性，却能真实地再现当前大学课堂教学的细微之处。国内外现有研究成果比较多地关注文化因素、制度因素、学生因素等方面的影响，本研究重点关注教师之教的影响力。当然，不是简单地归因于大学教师的主观不作为，而是尝试从教育学专业视角进行较深层次的理论剖析：一是强调教学能力与科研能力的专业差异性；二是关注教师缺乏教育学专业意识对学生的消极影响。

(一)科研能力遮蔽教学能力，教学的教育专业属性被忽视

目前，大学教师的专业职称评聘指标也是看其科学研究水平。从大学教授的称谓看，欧美地区的大学(英国、法国、德国、美国等国)均称 Pro-fessor，是专业者之意，学术研究是其专长，并非指其教学能力有专长。即使一些大学教师拥有教育学博士学位，这确实表明其从事教育研究的能力，但不代表其教学能力达到博士水平。在德国学者马克斯·韦伯看来，对于一位大学教师而言，将研究与教学这两种才能集于一身，却纯粹是靠运气。[①] 事实上，大学教师的专业水平仅取决于其所从事的研究领域及其

---

① ［德］马克斯·韦伯著，冯克利译：《学术与政治》，北京：生活·读书·新知三联书店，1998年，第22页。

相应研究成果，至于其课堂教学行为的专业属性始终处于被研究能力遮蔽的状态，或者说在一定程度上存在教师的科学研究水平与其教学水平相脱节的现象。

综观世界各国知名大学教师的入职条件与职称晋升条件，科学研究能力优先于教学能力，而且评价教师的教学能力也缺乏行之有效的专业指标。如果认可教学活动是一门专业就要明确一个事实：大学教师的科学研究能力与课堂教学能力是两种不同的专业素养。

不同学科的科学研究活动或许有差异。总体而言，一切科学研究活动均存在一些相通性原则，主要包括：选择研究对象、确立研究问题，提出理论假设，有严密的研究设计，运用相关的研究方法获得实证数据，以此验证或反证假设，其结果需要得到同行独立重复验证等。[①] 在此过程中，重视研究规则的客观性，强调价值中立，研究者与研究对象构成明确的主体与客体之间的关系。

以培养人为目标的教育（教学）活动是一项复杂的人类社会实践活动，基础教育目标是让未成年人拥有适应社会生活的基本文化素养与生存能力，高等教育目标是为社会培养健全人格的专门人才。在教育史的漫长时间里，教学作为具体的教育活动形式往往被视为一种艺术或技艺，这种观念依然显见于当今西方大学对于教育专业学位的表述中，即 Arts in Education。在基础教育领域中，20世纪上半叶就不断呼吁"教师专业化"，即强调教学行为的教育专业属性。这样的教学行为依赖于教育学、认知心理学等相关学科的理论支持。与之对照，大学课堂教学的专业属性尚未引起大学管理者、教师本人及教师教育研究者的足够重视。

（二）大学教师缺乏教育专业意识，教学活动呈现偶然性与随意性

在高等教育阶段，大学教师面对的本科生和研究生均为成年人，虽然

---

① ［美］理查德·沙沃森、丽莎·汤著，曹晓南等译：《教育的科学研究》，北京：教育科学出版社，2006年，第47—48页。

"以学生为中心"的大学教学理念充分认可成年学习者的自主性，但是大学课堂教学过程的复杂程度远远超过中小学课堂活动。对照中小学教师培养，世界各国的职前—职后教师教育直接指向教师从事教育活动的专业能力养成，而大学教师的教育（含教学）能力却从未被纳入大学教师教育研究视域，也未从教育学立场出发建立系统的教学能力训练课程。

从上述课堂生活叙事可知，大学课堂教学活动基本上处于自然状态。或者说，多数大学教师只是依循学科的知识逻辑呈现教学内容，至于学生是否真正理解，教师似乎较少过问。尤其在百余人规模的大课堂里，教师的教学形式基本上处于单纯讲授状态，教学活动缺乏设计，师生互动存在偶然性。即使是小型研讨课堂，师生互动呈现随意性，少有显现学术品质的师生对话。从大学教育本质看，大学是新思想、新知识的创生之地，大学课堂里如果没有进行师生之间的论辩或对话，真正的教育似乎没有发生。在雅斯贝尔斯看来，教育不是知者随便带动无知者，而是师生共同寻求真理。① 现如今，单调的大学课堂生活隐藏着巨大的教育危机。

诚然，我们不否认大学教师在教学工作中的辛苦付出，但是大学教师忽视学科知识逻辑与学生思维活动之间的内在关联，或者说教师没有思考作为书本知识的间接经验与作为学生之思的直接经验之间的关系，这两者关系正是教育学关注的核心主题。由于教师在教学设计与实施过程中缺乏教育学专业意识，仅是简单地把学生思想或思维提升的责任完全交给学生自己，因此课堂教学效果被偶然性或随机性所取代，也远离了教育宗旨。

当然，一些教师或许照顾到了学生感受，但是其教学行为仅是出于自己作为学生的个体学习经验来设计与实施，他们的教学心得构成其日常感知性经验，缺乏教与学的相关理论支持。如果教师的教学活动缺乏教育学立场的设计与组织，不能确立其所授学科知识与大学生思维之间的逻辑关

---

① ［德］雅斯贝尔斯著，邹进译：《什么是教育》，北京：生活·读书·新知三联书店，1991年，第11页。

系，也无法实现开启大学生心智、培育其健全人格的目的，那么在功利取向的强势影响之下，多数大学生以学分或绩点（学业成绩）为学习目标，而非以追求真理为行动指针，或许也是今日大学生群体中出现更多"精致利益主义者"的原因之一。

如此大学课堂，从教育学视角看算不上真正拥有教育意义的教学活动，仅是单纯地以学科知识呈现活动。教师仅是履行了讲授专业知识的任务，至于大学生是否真正明白，全靠其自觉。这样的教学也不是教育学意义上的"以学生为中心"，而是大学教师放弃教书育人的专业责任。大学生或研究生确实已经拥有一定的自学能力，但是教师的教学指导缺乏专业水准，势必妨碍大学生的专业成长，现有研究成果尤其批评我国大学在培养大学生批判性思维和创新思维方面存在的不足。如何让年轻人真正成为社会变革的推动力量，需要大学教师在课堂上展现扎实的教育功夫。

三、坚持"研究—教学"一体化原则，探索大学之教的新思路

从世界范围看，随着高等教育普及，20 世纪 80 年代以来欧美发达国家已经对大学教育质量提出批评，公众对大学的指责是过于重视科研而忽视教学质量。美国前卡耐基教学促进基金会主席厄内斯特·博耶（Emest L. Boyer）1990 年出版的专题报告《学术水平反思》一书提出了"教学学术"概念，它是一种通过咨询或教学来传授知识的学术，即传播知识的学术。尽管这个概念内涵缺乏严格的教育学依据，却促使学界关注大学的教学质量。20 世纪 90 年代以来，我国逐步进入高等教育大众化时期，一方面，更多的青年人进入各级各类大学；另一方面，在重科研的评价机制影响下，科研投入超过教学投入，课堂教学质量难以保证。着眼于我国落实立德树人根本任务的紧迫性，大学有必要从教育学立场出发，坚持"研究—教学"一体化的大学教育理念，梳理大学课堂教学改革新思路。

（一）加强大学教师教育理论研究，提升教师的教学专业能力

长期以来，在高等教育领域中"学者即良师"的观念影响深远，如"所谓大学者，非谓有大楼之谓也，有大师之谓也"。清华大学前校长梅贻琦先生的这一名言也被广泛流传。事实上，学者不一定是良师。精通某一研究领域的理论工作者，即熟悉某一领域的"道"，但是科学研究与教学分属不同领域，或者说研究与教学拥有不同的逻辑，教师个体的科学研究能力与教学能力之间无法实现自动切换。大学教师作为某一研究领域的专家，仅代表他在某一研究领域拥有专业影响力，并不意味着他同时拥有驾驭课堂教学的教育能力。

目前，大学的教育研究比较多地关注基础教育领域中的教师教育等相关问题，却忽视高等教育领域中的教师教育相关问题。或者说高校的教师培养或教师教育尚未真正进入教育学研究视域。大学课堂教学多是教师自主发挥，课堂效果好坏，教师自身也不能做出明确的理论解释。如今，中小学教师的课堂教学能力已经被认可为教育专业能力，似乎也没有理由否定大学教师的教学能力拥有教育专业属性。

从教育学视角来看，教师之教必须正视书本知识（间接经验）与学生思维（直接经验）的距离，并且努力超越两种经验之间的距离，以人类智慧成果丰富并充盈大学生的大脑，改善其学术思维水平，实现人类文明成果的代际传承，推动人类社会可持续发展。对于大学生来说，进入大学课堂的专业知识不仅是间接经验，而且是独立于大学生个体意识之外的理论知识体系。大学教育目标是培养特定领域的高层次专门人才，大学课堂是实现人才培养的教育基地。但是从大学课堂现状看，教与学的行为停留于随意状态，大学教师的主要精力还局限于研究专业知识本身，而学生理解知识的过程则处于大学教师的专业视域之外。这样的大学课堂或许已经忽视了其自身的教育使命与责任。

在有条件的大学，如拥有教育学一级学科的学术研究与教学团队，要

建立大学教师教育研究中心，组建以提升大学课堂教学质量为目标的研究培训一体化平台。坚持教师之教的理论研究与大学教师专业能力培训相统一的原则。一方面，系统研究大学课堂教学活动的特殊性；另一方面，建立模拟教学实验室，为本校新入职大学教师提供模拟教学实训机会，使得新手教师能够在教育理论引导下设计教学、模拟教学并反思教学，提升其教育反思意识与教育行动能力。

(二)重构大学教师的教育专业能力认证与培训体系

事实上，从我国现行的大学教师资格认证制度来看，基本采用社会上通行的职业资格认证模式，由各省教育主管部门下属的高师培训中心负责岗前培训与资格认证，培训内容一般包含"高等教育学""高等教育心理学""高等学校教师职业道德修养""高等教育法规概论""教育教学技能"等课程，多以专家讲授形式进行，上述内容考核通过者，即可获得我国高等学校教师资格证书。从教育专业视角来看，此类认证制度已远远滞后甚至妨碍大学教师教学专业能力提升。

高品质的大学课堂教学需要高素质的专业师资支持。从教育学角度理解教师从事教学的专业素养，就是要关注教学的教育专业属性。教学的专业之根基是教育原理。在教育理论层面上，认可"教—学"专业性质，从教育学立场展开大学教师的"教"及大学生的"学"的相关理论研究，进而发现大学课堂教学内在逻辑；依循理论指导实践原则，在实践层面的改革重点是从教育专业视角重构大学教师专业资格认证制度。

总之，关于淘汰"水课"、打造"金课"，教育部在《关于狠抓新时代全国高等学校本科教育工作会议精神落实的通知》(教高函〔2018〕8 号)中已经做出明确要求。当然，提升大学教育质量是一个系统工程，基于教育学立场升级大学教师资格认证体系仅是制度改革建议，关键是大学教师自身拥有教育学意识与教育性教学的行动力，科学研究能力与教学能力不能等同，但是教师可以也能够以严格科学的态度去研究教材、研究课堂、研究学生。"温故而知新，可以为师矣"，在传授知识的过程中实现知识再生及培养学生的创新能力。教学本是师生共同探索真理的过程，也是重新发现新我的过程。人才辈出的中国大学，才是实现中华民族伟大复兴的策源地。

参考文献

一、教育学类著作

(一)教育学类中国著作

[1]陈桂生."教育学视界"辨析[M].上海：华东师范大学出版社，1997.

[2]陈桂生.教育学辨[M].福州：福建教育出版社，1998.

[3]陈桂生.历史的"教育学现象"透视[M].北京：人民教育出版社，1998.

[4]陈桂生.到中小学去研究教育——"教育行动研究"的尝试（修订版）[M].上海：华东师范大学出版社，2003.

[5]陈桂生.师道实话[M].上海：华东师范大学出版社，2004.

[6]陈桂生.普通教育学纲要[M].上海：华东师范大学出版社，2009.

[7]陈桂生.孔子授业研究[M].北京：教育科学出版社，2012.

[8]陈桂生.学校教育原理[M].上海：华东师范大学出版社，2012.

[9]林崇德.教育的智慧[M].北京：北京师范大学出版社，2005.

[10]陆有铨.教育是合作的艺术[M].北京：北京大学出版社，2012.

[11]宁虹.重新理解教育——来自教师发展学校的报告[M].北京：教育科学出版社，2010.

[12]夏丏尊.夏丏尊教育名篇[M].北京：教育科学出版社，2007.

(二)教育学类外国著作

[1]布鲁巴克.教育问题史[M].单中惠，王强，译.济南：山东教育出版社，2012.

[2]第斯多惠.德国教师培养指南[M].袁一安，译.北京：人民教育出版社，2001.

[3]杜威.我们怎样思维·经验与教育[M].姜文闵，译.北京：人民教育出版社，1991.

[4]杜威.学校与社会·明日之学校[M].赵祥麟，任钟印，吴志宏，译.北京：人民教育出版社，1994.

[5]杜威. 民主主义与教育[M]. 王承绪, 译. 北京: 人民教育出版社, 2001.

[6]哈特. 从信息到转化: 为了意识进展的教育[M]. 彭正梅, 译. 上海: 华东师范大学出版社, 2007.

[7]赫尔巴特. 普通教育学·教育学讲授纲要[M]. 李其龙, 译. 杭州: 浙江教育出版社, 2002.

[8]康德. 康德论教育[M]. 李其龙, 彭正梅, 译. 北京: 人民教育出版社, 2017.

[9]科南特. 科南特教育论著选[M]. 陈友松, 译. 北京: 人民教育出版社, 2017.

[10]马克隆德. 教育大百科全书·教育史[M]. 张斌贤, 译审. 重庆: 西南师范大学出版社, 2011.

[11]马克斯·范梅南. 教学机智——教育智慧的意蕴[M]. 李树英, 译. 北京: 教育科学出版社, 2001.

[12]沛西·能. 教育原理[M]. 王承绪, 赵端瑛, 译. 北京: 人民教育出版社, 2004.

[13]让·皮亚杰. 教育科学与儿童心理学[M]. 傅统先, 译. 北京: 文化教育出版社, 1981.

[14]涂尔干. 道德教育[M]. 陈光金, 等, 译, 渠东, 校. 上海: 上海人民出版社, 2001.

[15]小原国芳. 小原国芳教育论著选上卷[M]. 刘剑乔, 由其民, 等, 译. 北京: 人民教育出版社, 1993.

[16]卡尔·雅斯贝尔斯. 什么是教育[M]. 邹进, 译. 北京: 生活·读书·新知三联书店, 1991.

[17]亚米契斯. 爱的教育[M]. 夏丏尊, 译. 上海: 华东师范大学出版社, 1995.

[18]约翰·洛克. 教育漫话[M]. 傅任敢, 译. 北京: 教育科学出版社, 1999.

[19]佐藤学. 课程与教师[M]. 钟启泉, 译. 北京: 教育科学出版社, 2003.

二、哲学类著作

(一)哲学类中国著作

[1]陈嘉映. 存在与时间读本[M]. 北京：生活·读书·新知三联书店，1999.

[2]陈嘉映. 从感觉开始[M]. 北京：华夏出版社，2005.

[3]刘小枫. 舍勒选集(上)[M]. 上海：上海三联书店，1999.

[4]刘小枫. 舍勒选集(下)[M]. 上海：上海三联书店，1999.

[5]倪梁康. 自识与反思[M]. 北京：商务印书馆，2002.

[6]叶秀山. 思·史·诗——现象学和存在哲学研究[M]. 北京：人民出版社，1988.

[7]张祥龙. 朝向事情本身——现象学七讲[M]. 北京：北京大学出版社，2003.

(二)哲学类外国著作

[1]马克思，恩格斯. 关于费尔巴哈的提纲. 马克思恩格斯文集第一卷[M]. 中共中央马克思恩格斯列宁斯大林著作编译局，编译. 北京：人民出版社，2009.

[2]埃德蒙德·胡塞尔. 纯粹现象学通论[M]. 李幼蒸，译. 北京：商务印书馆，1996.

[3]埃德蒙德·胡塞尔. 经验与判断[M]. 邓晓芒，张廷国，译. 北京：生活·读书·新知三联书店，1999.

[4]埃德蒙德·胡塞尔. 现象学的观念[M]. 倪梁康，译. 北京：人民出版社，2007.

[5]埃德蒙德·胡塞尔. 欧洲科学的危机与超越论的现象学[M]. 王炳文，译. 北京：商务印书馆，2008.

[6]彼特斯. 哲学在教师训练中的地位. 教育学文集·教师[M]. 瞿葆奎，主编. 北京：人民教育出版社，1991.

[7]布鲁贝克. 高等教育哲学[M]. 王承绪，等，译. 杭州：浙江教育出版社，1987.

[8]杜威. 确定性的寻求——关于知行关系的研究[M]. 傅统先，译. 上

海：上海人民出版社，2004.

[9]杜威. 经验与自然[M]. 傅统先，译. 南京：江苏教育出版社，2005.

[10]恩斯特·卡西尔. 人论[M]. 甘阳，译. 上海：译文出版社，2013.

[11]伽达默尔. 科学时代的理性[M]. 薛华，等，译. 北京：国际文化出版公司，1988.

[12]伽达默尔. 赞美理论：伽达默尔选集[M]. 夏镇平，译. 上海：生活·读书·新知三联书店，1988.

[13]伽达默尔. 真理与方法[M]. 洪汉鼎，译. 上海：上海译文出版社，2004.

[14]伽达默尔，杜特. 解释学·美学·实践哲学—伽达默尔与杜特对谈录[M]. 金惠敏，译. 北京：商务印书馆，2005.

[15]哈贝马斯. 认识与兴趣[M]. 郭官义，李黎，译. 上海：学林出版社，1999.

[16]康德. 纯粹理性批判[M]. 邓晓芒，译. 北京：商务印书馆，1997.

[17]克劳斯·黑尔德. 世界现象学[M]. 倪梁康，等，译. 北京：生活·读书·新知三联书店，2003.

[18]勒内·笛卡尔. 第一哲学沉思集[M]. 庞景仁，译. 北京：商务印书馆，1986.

[19]马丁·布伯. 人与人[M]. 张健，等，译. 北京：作家出版社，1992.

[20]马丁·海德格尔. 存在与时间[M]. 陈嘉映，王庆节，译. 北京：生活·读书·新知三联书店，2000.

[21]马克斯·范梅南. 生活体验研究——人文科学视野中的教育学[M]. 宋广文，等，译. 北京：教育科学出版社，2003.

[22]马克斯·舍勒. 爱的秩序[M]. 林克，等，译. 北京：生活·读书·新知三联书店，1995.

[23]马克斯·舍勒. 价值的颠覆[M]. 罗悌伦，译. 北京：生活·读书·新知三联书店，1997.

[24]马克斯·舍勒. 知识社会学问题[M]. 艾彦，译. 南京：译林出版社，2012.

[25]马克斯·韦伯. 学术与政治[M]. 冯克利，译. 北京：生活·读书·
　　新知三联书店，1998.

[26]曼弗雷德·S·弗林斯. 舍勒的心灵[M]. 张志平，张任之，译. 上
　　海：上海三联书店，2006.

[27]曼弗雷德·S·弗林斯. 舍勒思想评述[M]. 王芃，译. 北京：华夏
　　出版社，2003.

[28]内尔·诺丁斯. 教育哲学[M]. 徐立新，译. 北京：北京师范大学出
　　版社，2008.

[29]帕特里夏·奥坦伯德·约翰逊. 海德格尔[M]. 张祥龙，林丹，朱
　　刚，译. 北京：中华书局，2002.

[30]皮埃尔·布迪厄. 实践感[M]. 蒋梓骅，译. 南京：译林出版社，
　　2003.

[31]舒尔曼. 实践智慧[M]. 王艳玲，等，译. 上海：华东师范大学出版
　　社，2014.

[32]维特根斯坦. 哲学研究[M]. 楼巍，译. 上海：上海人民出版社，
　　2001.

[33]雅斯贝尔斯. 大哲学家[M]. 李雪涛，主译. 北京：社会科学文献出
　　版社，2005.